Ernle Bradford

Großkampfschiffe

Festungen auf See

Ernle Bradford

Großkampfschiffe

Festungen auf See

Universitas

Titel der Originalausgabe:
THE GREAT SHIP

Aus dem Englischen übersetzt von Volkhard Matyssek

Bildnachweis: Rodney Searight Collection
des Victoria und Albert Museum (1)
National Maritime Museum (2a–10a)
Imperial War Museum (10b–16b)

Schutzumschlag: Christel Aumann, München
Umschlagmotiv: Archiv für Kunst und Geschichte, Berlin
Satz: Fotosatz Völkl, Germering
Druck: Jos. C. Huber KG, Dießen
Binden: R. Oldenbourg, Heimstetten
Printed in Germany
ISBN 3-8004-1169-5

Inhaltsangabe

Vorwort

Das Großkampfschiff beherrscht nicht mehr die Weltmeere. Sein Ende kam im Zweiten Weltkrieg, als 1940 zuerst in Tarent und dann 1941 in Pearl Harbor die Überlegenheit des vom Flugzeugträger gestarteten Flugzeuges über das Schlachtschiff überzeugend demonstriert wurde. Die Ära des Linienschiffes, des Schlachtschiffes war vorüber, und obwohl die Amerikaner und die Japaner im Seekrieg im Pazifik prächtige Schlachtschiffe einsetzten, gab es nie ein Seegefecht der Art, für das sie gebaut waren. In allen großen Schlachten war der Flugzeugträger die entscheidende Waffe. Obwohl bei der Marine der Vereinigten Staaten noch immer ein oder zwei Schlachtschiffe im Dienst stehen und sie gelegentlich als Artillerieschiffe gegen Artilleriestellungen und Truppenkonzentrationen an Land eingesetzt wurden, ist die Geschichte des Großkampfschiffes abgeschlossen.
Während seiner langen Herrschaft vom 16. bis zur Mitte des 20. Jahrhunderts war es die stärkste einzelne Kriegswaffe der Welt. Strategisch bestimmte es den Ausgang von Kriegen, und es bestimmte die Taktik der Seeschlachten. Es schützte oder vernichtete Häfen und Hafeneinrichtungen und verhinderte die Konzentration von Truppen an bestimmten Punkten am Ufer. Wo das größte Kriegsschiff stand, herrschte Frieden oder Krieg, und es wurden Gebiete bewacht oder erobert. Obwohl im Zweiten Weltkrieg der Flugzeugträger zum vorherrschenden Schiffstyp wurde, war der entscheidende Faktor nicht das Schiff selbst, sondern die Flugzeuge, die es trug. Heute, wo auch der Flugzeugträger selbst aufgrund seiner Verwundbarkeit im modernen Krieg vom Aussterben bedroht ist, hat die Ära des Großkampfschiffes ihren Platz in der Geschichte eingenommen. Es ist ein ebenso farbiger und

großartiger wie erregender Platz, denn diese Schiffe waren nicht nur eindrucksvoll, sondern sie waren auch oft schöne Objekte. Seit ihren frühesten Tagen waren sie Motive für Maler (und später für Fotografen), wie überragende Beispiele der Architektur an Land. Das Atom-U-Boot, das heute nicht nur die See, sondern auch die Städte der Welt beherrscht, sieht genauso funktionell aus wie eine Zigarrenkiste. Außerdem leidet es unter dem entsetzlichen Nachteil, daß seine Stärke nur durch einen Einsatz gezeigt werden kann, der einen Holocaust auslöst. Das Großkampfschiff konnte allein durch sein Auftreten, wenn es für andere Schiffe ebenso wie vor Städten und Küsten sichtbar war, die Menschen daran erinnern, wer die Macht ausübte, ohne es beweisen zu müssen, und dabei konnte man Macht in Verbindung mit Schönheit sehen. Anders als beim Aufblitzen eines Flugzeuges am Himmel oder dem zufällig erblickten Walrücken eines U-Bootes war es die beabsichtigte Darbietung dieser beiden in einem Bild gehaltenen, sehr verschiedenen Qualitäten, die die Botschaft übermittelte.

Den Ausdruck Großkampfschiff finden wir erstmals im 15. Jahrhundert, als »*great ships*, carracks, ships, barges and ballingers« (große Schiffe, Karacken, Schiffe, Schaluppen und Balinger) in der Flotte Heinrichs V. von England aufgeführt werden. Es bedeutete zu jener Zeit wenig mehr als ein großes Frachtschiff, das an Bug und Heck mit »Kastellen« für den Kampf ausgerüstet war und während der anglo-französischen Kriege Soldaten, Pferde und Nachschub über den Ärmelkanal befördern sollte. Wenn es zu einem Seegefecht kam, kämpften Enterkommandos, die die Kastelle als Angriffs- und Verteidigungspunkte verwendeten. Beim Nahkampf von Schiff zu Schiff wurden Bogenschützen eingesetzt. Hohe Seetüchtigkeit – die Fähigkeit, Wind und Wetter zu widerstehen und die Transportkapazität für Proviant und Kriegsmaterial für einen längeren Zeitraum mitzuführen – war noch nicht erforderlich. Das Erscheinen der Kanone auf See war es, das die Seegefechte verwandelte, genauso wie die Belagerungskanone an Land schon den Landkrieg verändert hatte. Burgen und die Befestigung der Städte wurden dadurch überflüssig. Die schiffsgestützte Artillerie wurde zuerst im Mittelmeer an Bord der geruderten Galeere, dann auf der besegelten und geruderten Galeasse und später auf der Galeone eingesetzt. Die Einführung der Kanone auf dem reinen Segelschiff führte auf den Ozeanen der Welt zu einem Wandel für immer.

Es ist nicht mein Ziel, noch eine weitere Geschichte der Schlachtschiffe vorzulegen, sondern die Entwicklung dieser prachtvollen Kampfschiffe von Anfang an über die Jahrhunderte zu verfolgen, ein oder zwei Schiffe aus jeder Zeit auszuwählen und ihren Kampfeinsatz zu veranschaulichen. Die einzelnen Schiffe sind oft nicht mehr als Repräsentanten ihrer Typen – die in ihrer Zeit alle ähnlich waren –, aber die Schlachten, mit denen sie assoziiert sind, haben oft ganze Epochen der Geschichte eröffnet. Sehr wenige, so wie die *Victory* und heute die *Mary Rose,* sind erhalten geblieben, die meisten jedoch sind mit den Männern, die auf ihnen segelten und kämpften, vergangen. Während sie in ihrer Zeit wegen der Werte hoch angesehen waren, die sie vertraten, sind sie heute in Aufzeichnungen und Geschichten und vor allem auf Gemälden und Zeichnungen erhalten, auf denen sie in dem Glanz zu sehen sind, der ihnen einst zu eigen war.

1. Ferner Kanonendonner

Es war im September 1538, als eine Flotte von über 100 Galeeren des türkischen Sultans Suleiman I. plündernd an der Südküste Kretas entlangfuhr und junge Männer für den Dienst auf den Ruderbänken aushob. Der Sultan und die Republik Venedig lagen im Krieg, und alle venezianischen Gebiete – so auch Kreta – waren deshalb Angriffen ausgesetzt. Da Venedig eine Seemacht war, hatte der Sultan kurz zuvor seine Marine ausgebaut, bis er mehr Schiffe hatte als jede andere Macht im Mittelmeerraum. Sie standen unter dem Kommando seines Hochadmirals Cheir-ed-Din, der bei den Europäern als Barbarossa bekannt war und als der größte mediterrane Seemann seiner Zeit galt und zu einem der unsterblichen Namen in der langen Seekriegsgeschichte dieses Meeres geworden ist. Sein Ziel bei diesem Vorstoß von Konstantinopel nach Süden durch die Ägäis war nicht nur, Galeerensklaven auszuheben und Tribut von den früheren venezianischen Gebieten einzutreiben, sondern auch die Seemacht der christlichen Königreiche zu brechen und damit dem Heer seines Herrn einen sicheren Seeweg nach Europa zu sichern. Italien war das Hauptziel, und während die Türken sich im Jahr zuvor auf See als siegreich erwiesen hatten, war es ihnen nicht gelungen, bei Brindisi Truppen zu landen. Barbarossa wußte, daß sich eine Allianz der christlichen Mächte im Norden der Adria mit dem Ziel sammelte, die neue türkische Marine ein für alle Male zu vernichten.
Das Kriegsschiff im Mittelmeer war zu dieser Zeit noch die Galeere mit Riemenantrieb, die jahrhundertelang diese gezeitenlosen und – in den Sommermonaten – oft windstillen Gewässer beherrscht hatte. Die Angriffsmethode der Galeere, die seit den Tagen der Griechen und Römer ihre Form nur

wenig verändert hatte, war der Einsatz ihres langen Rammsporns, um den Feind zu beschädigen, und dann Enterkommandos an Bord gehen zu lassen. Die bedeutendste Änderung der vorausgegangenen Jahre war die Einführung der Kanone auf Schiffen, und da Galeeren im Leichtbau gebaut werden mußten, konnten nur kleine Kanonen für den Seekrieg umgerüstet werden. Sie wurden auf verstärkten Plattformen am Bug angebracht, aber die Hauptarbeit leistete noch immer der Rammsporn. Ähnlich leichte Kanonen konnten am Heck montiert werden, während noch leichtere an den Seiten angebracht wurden. Zu dieser Zeit hatten fast alle Schiffe schon das in der Mittellinie liegende Heckruder statt des Steuerpaddels oder des antiken Paddels (aber das Seitenruder war noch bis zum Jahre 1500 zu sehen) – und im Mittelmeer waren alle Schiffe karweelgebaut.

Der große Unterschied zwischen den Schiffen des Mittelmeeres und ihren nordeuropäischen Gegenstücken war die grundlegende Methode des Rumpfbaus. Im Mittelmeer waren die Schiffe schon in der Antike in Karweelbauweise gebaut worden, das heißt, jede Außenhautplanke wurde stumpf an die darüber- und die darunterliegende angefügt. Im Norden war im Gegensatz dazu die Klinkerbauweise allgemein üblich, bei der die Außenhautplanken dachziegelartig übereinandergelappt und mit einer Niete oder einem Nagel befestigt waren (das deutsche Wort »karweel« geht auf die Karavelle zurück, ein schnelles, leichtes Schiff spanischen und portugiesischen Ursprungs, wodurch sich die südliche Herkunft des Wortes bestätigt). Neben der Tatsache, daß die Karweelbauweise stärker war, bot sie den Schiffbauern einen weiteren Vorteil, als das Zeitalter der Kanone anbrach – das Schiff hatte eine glatte Außenfläche. Bei einem Klinkerboot war es wegen der überlappenden Außenplanken schwierig, Geschützpforten herauszuschneiden und vor allem auch dichte Deckel einzupassen. Deshalb sind die Schiffe des Nordens in dieser Übergangszeit oft vom Klinkerbau auf Karweelbau umgebaut worden, um die neuartigen Geschützpforten aufzunehmen. Die Venezianer, die einen umfangreichen Handel mit den Ländern Nordeuropas trieben, hatten seit langem beobachtet, daß die Galeere des Mittelmeers in den windigen und den Gezeiten unterliegenden Gewässern des Nordens völlig ungeeignet war. Ihre leichte Bauweise, der niedrige Freibord und die offenen Riemenluken machten sie gefährlich unsicher.

Da sie die Riemen nicht aufgeben wollten, die im Mittelmeer so wichtig waren, aber die Notwendigkeit von Segeln in den nördlichen Gewässern erkannten, war ihre Antwort ein Kompromiß: die Galeasse, eine Galeone mit Besegelung und Riemenantrieb. Venezianische Galeassen dieses Typs fuhren regelmäßig nach England, wo ihre Größe und ihre Bauweise von den einheimischen Schiffbauern natürlich bemerkt wurden. (Die illustrierte Schriftrolle von Anthony Anthony über Schiffe der Marine Heinrichs VIII. im Jahre 1545 zeigt englische Galeassen, die eindeutig nach venezianischen Prinzipien gebaut sind.) Gleichzeitig begannen die Venezianer, die an ihre nördlichen Handelsrouten dachten, gefolgt von den Genuesern und anderen, mit reinen Segelschiffen zu experimentieren – obwohl diese wie alle Segelschiffe jener Zeit immer eine Anzahl von langen Rudern an Bord hatten, um sie im Hafen mit Menschenkraft zu manövrieren oder ihnen in einer Flaute weiterzuhelfen. Dieser Schiffstyp war als Karacke bekannt: ein großes, vollgetakeltes Schiff und das ursprüngliche »Großkampfschiff« – wie es im Norden bekannt wurde.

Während Barbarossa plündernd an der Südküste Kretas entlangstreifte, erhielt er die Nachricht, daß die vereinigten Flotten Venedigs, Genuas und des Papstes unter dem Oberkommando Andrea Dorias, des Admirals von Kaiser Karl V., auf See waren. Die schnelle Galeote, die ihm diese Meldung brachte, informierte ihn, daß die Flotte mit südlichem Kurs auf die Ionischen Inseln gesichtet worden war. Dieser Teil des venezianischen Reiches, der schon im Jahr zuvor von Barbarossa bedroht worden war, war durch dessen neuesten Vorstoß offensichtlich gefährdet, und dem Admiral des Sultans war klar, daß seine Herausforderung zur Schlacht – so wie er es immer beabsichtigt hatte – von den christlichen Mächten angenommen wurde.

Die Schlacht von Prevesa, die folgen sollte, war ein Triumph für Barbarossa, während Andrea Doria sich nie von der Schande seiner Niederlage erholen sollte. Diese Schlacht ist auch heute noch von Interesse, weil sie das erste beurkundete Gefecht ist, bei dem die Stärke der Kanonen und die Stärke eines reinen Segelschiffes zeigten, daß die Tage der Galeere gezählt waren. Sie ließ die ganze Zukunft der Seemacht in Europa für die kommenden Jahrhunderte vorausahnen.

Prevesa war ein türkisches Dorf am Eingang des engen Kanals, der an der Westküste Griechenlands nördlich des Golfes von Patras und etwas nördlich der Insel Levkas in den Golf von Arta führt. Auf der Südseite des Kanals, Prevesa gegenüber, liegt die Landzunge von Aktion, die in früherer Zeit besser als Actium bekannt war, wo Antonius und Kleopatra im Jahre 31 v. Chr. von Oktavian entscheidend geschlagen wurden. Während Barbarossa auf die lange Reise über die spätsommerliche See nach Norden ging, sammelten sich die alliierten Flotten langsam. In dieser Zeit der Riemen und des Lateinsegels (das bei leichtem Wind eingesetzt wurde) war es einer der schwierigsten Teile eines solchen Unternehmens, alle Schiffe zu einer Zeit am selben Ort zu versammeln. Die Nachrichtenverbindungen waren schlecht und praktisch nicht existent, wenn die Schiffe ihre Heimathäfen verlassen hatten, und bis sich die alliierte Flotte schließlich in der Straße von Korfu versammelt hatte, war es Mitte September. Aber bevor die Schiffe nach Süden fuhren, um nach der Flotte des Sultans zu suchen, warteten sie noch auf eine Verstärkung, weitere 50 große Segelschiffe oder »Galeonen«, deren Feuerkraft, so wurde angenommen, den Spieß umdrehen und die türkische Seemacht ein für alle Male brechen würde.

Wie sich bei dieser Gelegenheit erweisen sollte, konnten ge-

mischte Flotten von geruderten Galeeren und Segelschiffen niemals gut zusammenwirken. Das Wetter, das für die einen geeignet war, paßte den anderen nicht, während die lange Verzögerung durch das Warten auf die von den Flauten des Mittelmeers verspäteten Segelschiffe dazu führte, daß die Flotte unter Andrea Doria dem Admiral des Sultans einen entscheidenden Vorteil ermöglichte, indem er seine Schiffe durch die Straße von Prevesa und in den Golf von Arta führte. Nachdem er einmal hier war, konnte er aus der Sicherheit des Ankerplatzes und im Schutz der türkischen Kanonen in Prevesa selbst Ausfälle machen und den Feind aufreiben, wie und wann er wollte. Erst am 25. September hatte sich die ganze alliierte Flotte bei Korfu gesammelt, und Andrea Doria, der einen günstigen Nordwind ausnutzen konnte, gelang es, seine schwierig zu manövrierende Kombination von Segel- und Ruderschiffen gemeinsam nach Süden zu bringen, um Prevesa zu blockieren. Zahlenmäßig übertraf er den Feind bei weitem, und mit der zusätzlichen Feuerkraft der Galeonen hatte er mehr Kanonen als die gesamte türkische Flotte.
Es ist ein kurioses Faktum der Geschichte, daß das Schiff mit schweren Kanonen zuerst in einem Gefecht gegen Truppen an Land eingesetzt wurde, und so war es auch bei dem gewiß letzten Einsatz eines Schlachtschiffes in der zweiten Hälfte des 20. Jahrhunderts. Als im Jahre 1984 die USS *New Jersey*, ein Schlachtschiff des Zweiten Weltkrieges, mit ihren schweren Geschützen das Feuer auf Truppen und Artilleriestellungen bei Beirut eröffnete, wiederholte sie das Gefecht, das zum ersten Mal bei Prevesa eröffnet worden war – den Einsatz massiver Feuerkraft von See aus gegen feindliche Truppen in sonst unangreifbaren Stellungen. Denn im Jahre 1538 entsandten die Türken – die befürchteten, daß die Prevesa blockierende Flotte Truppen landen und das relativ schwache Fort nehmen könnte, wodurch die türkische Flotte im Golf von Arta in der Falle säße – Soldaten nach Prevesa, die entlang der Küste Stellung bezogen. Ihr Einsatz war vernünftig, insbesondere weil Andrea Doria von einigen seiner

Offiziere gedrängt wurde, genau das zu tun, was die Türken von ihnen erwartet hatten.
Der Grund, warum es Doria nicht tat, war, daß er in der dritten Septemberwoche mit der Bürde einer großen gemischten Flotte zu Recht befürchtete, daß seine Schiffe vor einer in Lee liegenden Küste gefangen wären, die vom Feind gehalten wurde. Wenn das geschah, wäre er gezwungen, fortzusegeln und die gelandeten Männer aufzugeben. Wie Doria aus einer lebenslangen Erfahrung gut wußte, kann das Mittelmeer von Mitte September an stürmisch werden. Auch Barbarossa wußte es, und es war einer der Gründe dafür, daß er mit seinen Galeeren in den geschützten Golf einlief. Ein in diesem Seegebiet immer möglicher nördlicher Sturmwind konnte Dorias Schiffe auf die Nordküste der Insel Levkas zutreiben, während ihn ein westlicher Wind auf Prevesa selbst treiben würde. Nachdem die Türken den ersten Zug gemacht hatten, brauchte er nichts weiter zu tun, als auf die Feuerkraft seiner Flotte zurückzugreifen. Dies hatte Barbarossa befürchtet, als er seine Kommandeure gedrängt hatte, die Truppen nicht in die Reichweite der alliierten Flotte vorgehen zu lassen. Er selbst war nie auf das Kanonenfeuer von Galeonen gestoßen, aber er hatte wahrscheinlich davon gehört, doch die anderen, die darum bemüht waren, Prevesa zu schützen, und nur das Feuer kannten, das die Kanonen der Galeeren aufbieten konnten, hatten ihn überstimmt.
Ihre Truppen bezahlten jetzt den Preis. Sobald die türkischen Janitscharen entlang der Küste Stellung bezogen hatten, eröffneten die vor der Küste liegenden Schiffe das Feuer, und es kam zu einem Massaker. Wie wir sehen werden, hatten einige dieser Galeonen an jeder Seite 28 Kanonen. Sie waren auf festen Lafetten montiert und konnten nicht geschwenkt werden, sondern nur in eine Richtung feuern. Aber da die Soldaten an der Küste ein festes Ziel boten und keine Kanonen hatten, um das Feuer zu erwidern, liefen selbst die Janitscharen, die Tapfersten der Tapferen unter den Truppen des Ottomanischen Reiches, davon und ließen viele Tote zurück. Das

mit Batterien von Kanonen bewaffnete Großkampfschiff hatte einen seiner ersten beurkundeten Erfolge errungen.
In dem sich anschließenden Seegefecht, als Andrea Doria seine Flotte von der gefährlichen Küste von Prevesa zurückzog und Kurs auf die offene See nahm und ihm Barbarossas Galeeren auf den Fersen folgten, lag der Sieg bei den Türken. Die Genialität Barbarossas, eines der größten mediterranen Seemänner aller Zeiten, überlistete Andrea Doria, der durch die Versuche behindert war, mit seiner unbeholfenen gemischten Flotte zu manövrieren. Nur ein Ereignis im Verlaufe des laufenden Gefechtes interessiert uns. Es betraf eine venezianische Galeone und ließ erneut den Verlauf der kommenden Dinge vorausahnen: den Triumph des stark gebauten, schwer bewaffneten Schiffes.
Dieses Schiff unter dem Kommando eines der fähigsten venezianischen Seeleute jener Zeit, Alessandro Condalmeiro, blieb zurück, als Andrea Doria seine Flotte in das Gebiet südlich der Insel Levkas zurückzog, wo er hoffte, Barbarossa zur Schlacht gegenüberzutreten. Das Flaggschiff des venezianischen Kontingents wurde als schwer gebaut und schwer bewaffnet und unter Wasser mit Blech verkleidet beschrieben – was es in dem leichten Wind, der zu dieser Zeit blies, sehr langsam machte. Als es schließlich in die Windstille vor der steilen Westküste von Levkas kam, lag es manövrierunfähig auf dem Kurs von Barbarossas Flotte, als diese die Nordspitze der Insel umrundete, um Andrea Dorias alliierte Flotte nach Süden zu verfolgen.
Die türkischen Galeeren fuhren in Gefechtsordnung. Barbarossas Flaggschiff lief in der Mitte einer großen Linie, die wie ein Krummsäbel leicht gebogen war. Seine beiden fähigsten Stellvertreter fuhren am Steuerbordflügel und am Backbordflügel. In dem Augenblick, in dem Condalmeiro sie am Kap gesichtet hatte, hatte er ein Ruderboot mit der Bitte um Verstärkung an seinen Admiral gesandt. Er bat um Galeeren, die ihm in dem unmittelbar bevorstehenden Gefecht helfen sollten. Es war klar, daß der Feind dieses große Schiff nicht ein-

fach ignorieren konnte, das herausfordernd auf seiner Vormarschlinie lag. Barbarossa löste das Problem, indem er einzelne Geschwader gegen das Schiff einsetzte, die jeweils in einer Welle angriffen, sich zurückzogen, ihre Waffen neu luden und dann wiederkehrten. Es war die normale Methode, wenn Galeeren ein großes stationäres Objekt angriffen, wie ein Ziel am Ufer. Kleine Gruppen von vier in Dwarslinie laufenden Schiffen, »Quadrillen«, die vorstießen, und sich wieder zurückzogen, konnten fast ein Dauerfeuer schießen. Wenn wir annehmen, daß die türkischen Schiffe jener Zeit fast identisch mit den europäischen waren (wie sie es in der Tat gewöhnlich waren), hätten sie fünf Kanonen auf Plattformen auf dem Vorschiff montiert gehabt. Die Hauptkanone war eine »Serpentine«, die eine 48-Pfünder- oder 50-Pfünder-Kugel verschoß. Auf jeder Seite hatte sie eine 24-Pfünder, und zwischen diesen und der Schiffswand waren für den Nahkampf nach backbord und steuerbord weisende 12-Pfünder-Kanonen montiert, die seitwärts schießen konnten. Die die Hauptbewaffnung darstellenden drei vorderen Kanonen konnten weder in der Höhe gerichtet noch geschwenkt werden, und es war vom Seegang abhängig, ob sie den Feind zwischen Wind und Wasser trafen oder nicht. Tatsächlich hing alles vom Urteilsvermögen und der Entscheidung des Kanoniers über den genauen Augenblick des Zündens der Kanonen ab.

Condalmeiro, der in voller Rüstung auf dem hohen Achterdeck seines Schiffes auffällig dastand, erwartete den Angriff der Galeere. Er war wie für ein Gefecht an Land gekleidet, da sich zu jener Zeit ein Seegefecht schnell in eine Kaperung verwandeln konnte, bei der der unbewaffnete Seemann späterer Jahrhunderte wehrlos gewesen wäre. Außerdem waren bei allen Nationen die meisten Kommandeure auf See – so wie in der Antike auch – Heereskommandeure. Die Seekriegstaktik (vor allem im Kampf der Galeeren) war fast identisch mit den Bewegungen, die für Truppen an Land üblich waren, und mit der Ausnahme einiger weniger »Seeleute«

(die besonders für den Umgang mit Segeln und Tauen ausgebildet und oft ursprünglich Fischer waren), war jeder Mann an Bord eines Schiffes in erster Linie Soldat. Als das Segel die Riemen verdrängte und die Artillerie immer wichtiger wurde, führte eine ganz neue Schule des taktischen Denkens und der praktischen Ausbildung zur Entwicklung des kämpfenden Matrosen. Condalmeiro war natürlich wie alle Venezianer seiner Zeit mit der See vertraut, und er beherrschte auch den Einsatz von Kanonen an Bord. Die meisten seiner Kanonen – und sein Schiff kann neben Handfeuerwaffen bis zu 56 Kanonen gehabt haben – waren wahrscheinlich lange Serpentinen oder 24-Pfünder – die eine gewaltige Breitseite darstellten. Da er die Taktik der Galeere kannte, wird er gewußt haben, daß er um keinen Preis zulassen durfte, daß sie ihn mit den Rammspornen rammten und die Schiffe sich ineinander verkeilten, so daß ihre Kämpfer an Bord stürmen konnten. Die hohen Seiten der Galeone hätten dies schwieriger gemacht, als es im Kampf einer Galeere gegen eine Galeere gewesen wäre, und es ist ohnehin wahrscheinlich, daß Enternetze über die eng nebeneinanderliegenden Spieren gehängt waren, die normalerweise Sonnensegel trugen.

Die erste Welle der angreifenden Galeeren feuerte auch als erste, und ein glücklicher oder gutgerichteter Schuß dieser Salve traf den Großmast des Venezianers und ließ ihn in einem Gewirr von Segeltuch, Spieren und Takelwerk über Bord krachen. Ermutigt durch den Anblick des Feindes, der auch nicht manövrieren konnte, wenn der Wind auffrischte, lief die Galeere zum Rammen heran. Von der Galeone war das Feuer nicht erwidert worden, denn Condalmeiros disziplinierte Besatzung wartete, bis es keinen Zweifel mehr geben konnte, daß ihre Breitseite treffen würde. Als die erste Welle der Galeeren auf Nahkampfweite heran war, feuerte das bisher ruhig daliegende Schiff und spie Flammen von seinem Deck und aus seinen dunklen Geschützpforten. In diesem einen Augenblick änderte sich die Seekriegsführung für immer. Die Zeit, in der hohe Manövrierfähigkeit, das Ram-

men und Anbordstürmen durch Enterkommandos in Seeschlachten entscheidend gewesen waren, war künftig dem Untergang geweiht. Die neue Marine, deren Schiffe so viele Kanonen wie eine Festung an Land aufnehmen konnten, stand am Beginn von vier Jahrhunderten, in denen sie das Glück der Nationen und Reiche auf See bestimmen würde – drei Jahrhunderte unter Segeln und eines unter Dampf. Condalmeiros Galeone hatte in dem einzigen Teilerfolg (für die Alliierten) in einer Seeschlacht, die von den Türken überlegen gewonnen wurde, das Ende von mehr als 2000 Jahren signalisiert, in denen das schlanke, von Menschen angetriebene Kriegsschiff, die Galeere, geherrscht hatte. Die von dem Schock der Breitseite demoralisierten Überlebenden der ersten Welle zogen sich zurück. Eine Galeere wurde auf der Stelle versenkt, mehrere andere waren manövrierunfähig, und die See um das venezianische Schiff wurde von fallenden Masten und schreienden Männern, zerschmetterten Riemen und den Schreien der Galeerensklaven aufgewühlt, die hilflos auf ihren Bänken kämpften, um sich zu befreien.
Als sich dieses Teilgefecht weiter entwickelte und Barbarossa aufeinanderfolgende Wellen von Galeeren gegen Condalmeiros Schiff vorschickte, setzte dieser seine Kanonen mit sorgfältiger Überlegung ein. Es wurde kein Schuß vergeudet, sondern gewartet, bis eine Galeere stoppte oder zu wenden begann – und dann wurde in dem Augenblick gefeuert, in dem seine Kanoniere ein praktisch unbewegliches Ziel hatten. Sein stark gebautes Schiff konnte den Schüssen der Galeeren trotzen, die selbst einer gutgezielten Kanonenkugel nicht standhielten. Das Verhalten von Andrea Doria während der ganzen Schlacht, und daß er es unterließ, Condalmeiro Galeeren der Alliierten zu Hilfe zu senden, interessiert hier nicht. Das anschließende laufende Gefecht, zu dem die Schlacht von Prevesa wurde, von den Türken zu Recht als bedeutender Sieg gefeiert, kündigte den langsamen Niedergang Venedigs an. Barbarossa, der dem Sultan Suleiman bereits die Herrschaft über das östliche Mittelmeer erkämpft hatte, hat-

te ihm jetzt auch die Beherrschung des westlichen Beckens gegeben.
Dorias Ruf erlitt einen schlimmen Makel, aber zu seiner Entschuldigung muß gesagt werden, daß er keine Erfahrung in der Führung einer gemischten Flotte hatte. Niemand hatte zu jener Zeit diese Erfahrung, und tatsächlich zeigte sich bei Prevesa, daß gemischte Flotten aus Galeeren und Segelschiffen von niemandem geführt werden konnten. Es ist bezeichnend, daß in der berühmten Schlacht von Lepanto im Jahre 1571 – der letzten Seeschlacht, in der beide Seiten mit Schiffen mit Riemenantrieb kämpften – das reine Segelschiff völlig fehlte. Einige Jahre zuvor, als eine alliierte Flotte Malta entsetzen wollte, das damals von den Türken belagert wurde, wurde auf Anraten einiger Seeleute, die bei Prevesa gekämpft hatten, beschlossen, nicht mit einer gemischten Flotte anzugreifen, sondern nur Galeeren zu entsenden. Die Lektion von Prevesa war gelernt worden. Aber was von niemandem vergessen worden war, war das Gefecht von Condalmeiros einzelner venezianischer Galeone, die von Galeeren umgeben war. Sein Widerstand war während des ganzen Tages so hitzig gewesen, daß Barbarossa gezwungen war, seine angreifenden Geschwader noch vor Sonnenuntergang zurückzuziehen. Es gelang Condalmeiro, trotz des Verlustes seines Großmastes über Nacht mit einem günstigen Wind nordwärts zu segeln und nach Venedig zurückzugelangen – der einzige Kapitän und die einzige Besatzung der alliierten europäischen Mächte, die sich in dem Gefecht ausgezeichnet hatten.
Wenn es bemerkenswert ist, daß bei Lepanto keine Segelschiffe zu den Flotten gehörten, ist es auch wert anzumerken, daß ein großer Teil des den Türken zugefügten Schadens durch einen *Galeazza* genannten Schiffstyp bewirkt wurde. Diese Galeassen, die von Don Juan de Austria vor die Hauptkampflinie geworfen wurden, brachen den Angriffsverband der Türken auf und trugen so beträchtlich zu dem folgenden Sieg bei. Sie waren in der Tat »das Großkampfschiff« ihrer Zeit im Mittelmeer, und da einige von ihnen (mit Änderun-

gen für den Norden) für die neue Marine König Heinrichs VIII. gebaut wurden und sie auch in der spanischen Armada von 1588 auftraten, ist ihre Gesamtkonstruktion für diese Geschichte von Bedeutung. Sie waren ein Mischtyp aus der Galeere und der Galeone, die das Beste beider Welten bieten sollten, aber – wie es oft bei solchen Kreuzungen der Fall ist – sie boten keines von beiden. Sie waren jedoch in der Lage, schwere Bewaffnung aufzunehmen, und ihre Wirkung bei Lepanto trug wesentlich dazu bei, daß Don Juan den Sieg davontrug.

Die Schlacht von Lepanto, die in einer Zeit, in der die ottomanische Macht überall unbesiegbar erschien, für die Europäer von großer Bedeutung war, wurde natürlich von vielen zeitgenössischen Künstlern gemalt. Die Galeassen ziehen wegen ihres auffälligen Gewichtes und ihrer Kampfkraft sofort die Aufmerksamkeit auf sich. Sie sind Dreimaster – Fock-, Groß- und Besanmast, die alle mit einem Lateinsegel getakelt sind. Wie bei den Galeeren bestehen die großen Spieren, die für das Tragen des Gewichtes der Segel erforderlich sind, aus zwei separaten Stücken, die in der Mitte, wo die Spiere am Mast anliegt, miteinander verbunden sind. Einige von ihnen haben auch einen kleinen, einem Bugspriet ähnelnden Fockmast, der sich über den großen Rammsporn neigt. An diesem kleinen Mast ist ein Rahsegel gehißt, das der Artemone der Antike und dem Sprietsegel späterer nordischer Fahrzeuge ähnelt. Bilder von der Schlacht bei Lepanto und ein Fresko im Escorial, das eine einige Jahre später abgelaufene Schlacht vor den Azoren darstellt, zeigen dieses letzte der großen Schiffe einer ausschließlich mediterranen Konstruktion, während Anthony Anthonys Schriftrolle es in einer für die nordischen Gewässer leicht veränderten Form zeigt.

Während in den kommenden Jahrzehnten das harte Leben der Seeleute auf den Segelschiffen die Aufmerksamkeit vieler Chronisten erregte und sogar (wie im Fall von »Jack Nastyface« von Nelsons Marine) Matrosen anregte, ihre Autobiographien zu schreiben, ist die Erinnerung an den »Galeerensklaven« seit langem verblaßt, obwohl der Ausdruck noch gebraucht wird. Wie dieses Leben war (und jahrhundertelang konnte ihm auf dem Mittelmeer jeder Seereisende zum Opfer fallen), ist von dem Franzosen Jean Marteille de Bergerac beschrieben worden:

»Die Galeerensklaven sind zu sechst an eine Ducht gekettet. Diese ist vier Fuß breit und mit einem mit Wolle vollgestopften Sacktuch bedeckt, über das Schafshäute gelegt sind, die bis zum Deck hinunterreichen. Der für die Galeerensklaven zuständige Offizier steht achtern beim Kapitän, von dem er seine Befehle erhält. Es sind auch zwei Unteroffiziere da, einer mitschiffs und einer am Bug. Sie sind beide mit Peitschen bewaffnet, mit denen sie die nackten Körper der Sklaven schlagen. Wenn der Kapitän den Befehl zum Rudern gibt, gibt der Offizier das Signal mit einer Sklavenpfeife, die an einer Schnur um seinen Nacken hängt. Das Signal wird von den Unteroffizieren wiederholt, und ganz kurz darauf schlagen alle 50 Riemen wie einer ins Wasser. Stellen Sie sich sechs an eine Ducht gekettete Männer, nackt wie sie geboren wurden, einen Fuß an der Fußleiste, den anderen angehoben und gegen die Ducht vor ihm gedrückt, vor, die in ihren Händen einen enorm schweren Riemen halten und ihre Körper nach hinten strecken, während ihre Arme ausgestreckt sind, um den Riemenschaft von den Rücken der vor ihnen Sitzenden wegzuhalten ... Manchmal rudern die Galeerensklaven zehn, zwölf und sogar 20 Stunden an einem Stück, ohne die geringste Ruhe oder Pause. Bei diesen Gelegenheiten geht der Offizier umher und steckt in Wein getränkte Brotstücke in die Münder der elenden Ruderer, damit sie nicht ohnmächtig werden. Dann ruft der Kapitän den Offizieren zu, die Schläge zu verdoppeln, und wenn einer der Sklaven erschöpft über seinem Riemen zusammenbricht (was häufig vorkommt), wird er gepeitscht, bis er tot zu sein scheint, und dann ohne jede Zeremonie über Bord geworfen ...«

Bevor wir die Entwicklung des Großkampfschiffes im Mittelmeer verlassen und zu dessen Weiterentwicklung in nördlichen Ländern übergehen (deren Marinehistoriker oft dazu neigen, seine Ursprungsheimat zu ignorieren), ist es interessant zu sehen, welche Größe und Pracht die großen Schiffe des Mittelmeers im 16. Jahrhundert erreicht hatten. In seinem Werk über den Johanniterorden *History of the Order of St. John* beschreibt J. Taafe das Flaggschiff des Ordens (das von mehreren zeitgenössischen Autoren als »die große Karacke von Rhodos« bezeichnet wird), das wahrscheinlich das größte Kriegsschiff seiner Zeit war:

»(Es) hatte acht Decks oder Böden, und so viel Raum für Lager und Vorräte, daß es sechs Monate auf See bleiben konnte, ohne auch nur einmal für irgendeine Art von Vorräten, nicht einmal für Wasser, Land zu berühren, denn es hatte einen monströsen Vorrat an Wasser für diese ganze Zeit, das frischeste und klarste. Auch aß die Besatzung keinen Schiffszwieback, sondern ausgezeichnetes Weißbrot, das jeden Tag gebacken wurde. Das Korn wurde von einer Vielzahl von Handmühlen gemahlen, und der Backofen war so geräumig, daß er 2000 große Laibe auf einmal buk. Das Schiff besaß mehreren Verkleidungen aus Metall, von denen zwei unter Wasser aus Blei mit Bronzeschrauben bestanden (die das Blei nicht so zerfressen wie Eisenschrauben), und es war mit solcher vollendeten Kunst gebaut, daß es niemals sinken konnte, noch konnte es menschliche Kraft versenken. (Eine übereilte Anmerkung, die es in jedem Jahrhundert gab!) Prächtige Räume, eine Waffenkammer für 500 Mann, aber über die Menge der Kanonen aller Art braucht man nichts zu sagen, außer daß 50 von ihnen außergewöhnliche Abmessungen hatten. Aber was alles krönte, war, daß das enorme Schiff von unvergleichlicher Geschwindigkeit und Beweglichkeit war und daß sich seine Segel erstaunlich führen ließen, daß es wenig Mühe erforderte, die Segel zu reffen oder zu wenden und alle nautischen Manöver auszuführen. Ganz zu schweigen von den Kämpfern, zählten doch die reinen Seeleute 300 (Mann). Desgleichen auch zwei Galeeren mit je 15 Duchten, eine Galeere im Schlepp hinter dem Heck, und die andere an Bord gezogen, nicht zu erwähnen verschiedene Boote von diversen Größen, die auch an Bord gezogen waren, und wahrhaft (waren) ihre Seiten von solcher Stärke, daß, obwohl sie oft im Gefecht getroffen und von vielen Kanonenkugeln durchlöchert wurden, nicht eine von ihnen jemals durch sie hindurchging oder auch nur ihr totes Werk passierte.«

Selbst wenn man eine gewisse Übertreibung berücksichtigt, war dieses Schlachtschiff des Johanniterordens (das vermutlich sein Leben in der neuen Heimat des Ordens, Malta, beendete) etwas, mit dem es eine lange Zeit kein nördliches Land aufnehmen konnte. Es war ohne Zweifel ein reines und einfaches Segelschiff und seine Galeeren dienten dazu, es durch sommerliche Flauten zu schleppen oder es in einer geeigneten Richtung zu bewegen, um einen neuen Windstoß zu finden. Bedauerlicherweise haben wir keine Aufzeichnungen über seine Abmessungen, obwohl diese große Karacke vermutlich die *Santa Maria* war, auf der der Großmeister des Ordens 1553 Rhodos verließ, nachdem die Insel von den Türken erobert worden war. Von diesem Schiff wird berichtet, daß es einmal in einem Sturm im Kanal von Malta vom Blitz getroffen wurde, wobei neun Besatzungsmitglieder getötet wurden und das Schwert des Großmeisters zu Asche verbrannte, obwohl er selbst unverletzt blieb.

Eine venezianische Handschrift von 1550 gibt die Abmessungen einer großen besegelten Galeone mit 41,1 Metern über alles, 30,50 Metern auf dem Kiel und zehn Metern Gesamtbreite an. Ohne Zweifel war die große Karacke von Rhodos noch größer, aber dies waren vielleicht die Abmessungen der venezianischen Galeone, mit der Alessandro Condalmeiro in der Schlacht von Prevesa erfolgreich die Galeeren Barbarossas abwehrte und damit in einer Szene eines berühmten Seegefechtes diesen Schiffstyp einführte, der die Zukunft beherrschen sollte. Das grobe Verhältnis von 4:3:1 sollte noch lange im Schiffbau verwendet werden. Nachdem sich der Typ als seetüchtig und manövrierfähig in windigen, den Gezeiten unterliegenden Gewässern und den großen Ozeanen der Welt erwiesen hatte, sollte er für lange Zeit im Prinzip unverändert bleiben. Dies beruhte nicht nur auf dem Konservatismus der Schiffbauer und Seeleute (obwohl dies eine Rolle spielte), sondern auch auf der maximal möglichen Größe des Segeltuches und der Menschenkraft. Änderungen sollten vor allem durch die Entwicklung der Waffentechnik bewirkt werden.

2. Der König und seine neue Marine

Bis zur Einführung der Kanone auf Schiffen hatte sich der Seekrieg in den nördlichen Gewässern fast genauso abgespielt wie im Mittelmeer. Da er kaum mehr war als Überfälle von einer Küste zur anderen oder piratenartige Vorstöße in den Ärmelkanal, war die Galeere mit einem Rahsegel genauso geeignet für solche kurzen Einsätze wie im Süden. Das Rahsegel im Gegensatz zum Lateinsegel des Mittelmeerraumes war ein Unterscheidungsmerkmal, ein anderes war die Klinkerbauweise der Boote gegenüber der Karweelbauweise. Mit solchen Booten, die denen im 14. und 15. Jahrhundert gebrauchten durchaus ähnlich waren, hatten die Wikinger ihre langen Streifzüge und ihre Eroberungen in England und an anderen Orten durchgeführt, während Wilhelm der Eroberer seine erfolgreiche Invasion Englands von der Normandie aus ebenfalls in offenen Booten mit Segel- und Riemenantrieb ausgeführt hatte. Das *Drachenschiff,* das mit Ruderern besetzt war, die zugleich Kämpfer waren und den Kampf mit einem Pfeilhagel als Vorspiel zur Kaperung eröffneten (statt wie im Süden zu rammen), war das Kampfschiff des Nordens gewesen – das die nordischen Invasoren an jede erreichbare Küste und sogar in die von der Galeere beherrschten Gewässer jenseits Gibraltar brachte. Der Handelsverkehr des Nordens war jedoch mit zumeist zweimastigen Rundschiffen oder Koggen durchgeführt worden, und aus diesen Schiffen sollte sich das wirklich schwer bewaffnete Großkampfschiff der Zukunft entwickeln, auf das aber auch die Konstruktion des neuen Kriegsschiffs des Mittelmeers Einfluß hatte.

Heinrich VII., der 1485 den Thron bestieg, sicherte sich durch Bau oder Kauf eine Anzahl von »Königsschiffen« – die Grundlage, auf der sein Sohn eine Marine aufbauen sollte.

Der Vater war jedoch nur an einem Krieg auf dem Kontinent beteiligt. Er verspürte keinen Wunsch nach Verwicklungen im Ausland, und als der praktische Geschäftsmann, der er war, setzte er seine Schiffe fast ausschließlich für den Handel und den Warentransport ein und vercharterte sie zu diesen Zwecken sogar an private Bürger. Diese Schiffe waren Drei- oder Viermaster, und der achtere vierte Mast wurde *Bonaventure* genannt und trug stets ein Lateinsegel. Lateinsegel wurden oft am Besanmast, seltener am Großmast, gesetzt, aber am Fockmast wurde stets ein Rahsegel gehißt. Mit Zinnen versehene Kastelle bildeten einen Teil des Bugs und des Hecks und ließen die Back und das erhöhte Achterdeck der Zukunft vorausahnen. Die kleinen Kanonen jener Zeit dienten vor allem zur Verteidigung. Bogen- und Armbrustschützen waren die Bewaffnung, wenn das Schiff im Nahkampf stand. Solche Schiffe können (wenn man das unseemännische Auge der Silber- und Goldschmiede berücksichtigt) in einigen der kunstvoll gearbeiteten Segelschiffmodelle oder »Nefs« wiedererkannt werden, die auf dem Kontinent und in England hergestellt wurden. (Ein schönes Beispiel ist das in Frankreich hergestellte »Burghley Nef« im Victoria and Albert Museum in London, das gegen Ende des 15. Jahrhunderts entstand.)

Heinrich VIII. hatte eine ganz andere Ansicht über Königsschiffe als sein Vater. Obwohl ein Mann der Renaissance, war er dennoch in mancher Hinsicht rückständiger als sein ruhiger, fleißiger und kaufmännisch denkender Vorgänger. Als er 1509 den Thron bestieg, hatte er im Prinzip zwei Alternativen für die Königsschiffe. Die eine bestand darin, die geerbte Flotte einzusetzen, um sein persönliches Einkommen zu erhöhen und sich gleichzeitig auf die finanzielle Seite der Angelegenheit und auf die Wahrung des Rechtes in seinem noch jungen Königreich zu konzentrieren. Die zweite Alternative – und diejenige, die er wählte – war, die europäische Konzeption des kriegerischen Monarchen zu übernehmen und England als vorherrschende europäische Macht zu etablieren.

Während sein Vater sich an den Gedanken geklammert hatte, daß Kriegsschiffe eine Extravaganz waren, die von einem vorsichtigen Monarchen – genauso wie der Krieg selbst – vermieden werden mußte, und daß die Schiffe, die ein König haben mußte, soweit wie möglich für den friedvollen Handel eingesetzt werden sollten, sah Heinrich VIII. sie als für einen König notwendig an. In seiner Rivalität mit Franz I. von Frankreich verwickelte er England, so wie es frühere Könige getan hatten, in den verworrenen Irrgarten der Politik und den fast endlosen Krieg in Europa. Die Wiederaufnahme der Feindseligkeiten mit Frankreich führte dazu, daß eine Verstärkung der Königsschiffe ein Erfordernis und nicht mehr ein Luxus war. Die beiden Hauptschiffe, die Heinrich VIII. erbte, waren die *Regent* und die *Sovereign,* die beide für den Handel vorgesehen, aber mit Vorder- und Achterkastellen ausgerüstet waren und leichte Kanonen zur Verteidigung hatten. In seinem ersten Krieg gegen Frankreich folgte er dem Vorbild des Mittelmeers und setzte Karacken und andere Segelschiffe ein – Handelsschiffe, die für den Krieg umgerüstet und hauptsächlich mit kleinen, gegen Personen gerichteten Hinterladern ausgerüstet waren. So war auch eines der ersten auf seine Bestellung hin gebauten Schiffe im Jahre 1513 die *Great Galley* von 700 Tonnen, die mit 120 Riemen gerudert wurde und 200 Kanonen verschiedener Größe hatte. (Die Tonnage wurde nach dem Gewicht der Weinfässer gemessen, die der Frachtraum aufnehmen konnte – eine Tonne in zwei Fässern nahm etwa 60 Kubikfuß auf. Dann wurde ein Viertel bis ein Drittel der Summe hinzugefügt, um die Verdrängungstonnage zu errechnen.) In jener Zeit hatte ein großes Handelsschiff 400 bis 500 Tonnen, und wenn wir dann erfahren, daß eines der ersten wirklichen Kriegsschiffe, die für Heinrich VIII. gebaut wurden, 1000 Tonnen hatte, ist es möglich, seine Bedeutung zu verstehen. Die *Henry Grace à Dieu* oder *Great Harry,* wie man sie allgemein nannte, wurde 1514 gebaut. Sie war ein Viermaster und ursprünglich wahrscheinlich in Klinkerbauweise (zumindest unterhalb der Wasserlinie) gebaut, denn sie wurde 1540 vollkommen umgebaut – was üblich war, als der große Wandel in der Bauweise stattfand, um es zu ermöglichen, brauchbare Geschützpforten in die Bordwand zu schneiden.

Ursprünglich war sie mit 184 Kanonen ausgerüstet, von denen die meisten natürlich leichte Waffen aus Messingguß und gegen Personen gerichtet waren, aber es ist bemerkenswert, daß sich nach ihrem Umbau die Anzahl der Kanonen stark verringerte, weil deren Größe und Gewicht inzwischen erhöht worden waren. Die *»grete yron gonnes of oone sort that come owt of fflaunders«* (großen Eisenkanonen einer Sorte, die aus Flandern kommen) waren die Vorläufer der Waffen, die über Jahrhunderte den Seekrieg beherrschen sollten. Auf der Abbildung in der neuen Form im Jahre 1545 durch Anthony Anthony hatte die *Great Harry* das flache Spiegelheck (das ebenfalls Kanonen trägt), das man bei den zeitgenössischen Galeonen sieht, aber das größere und wenig seetüchtige Vorderkastell ähnelte dem der Karacken. Sie ist ein Viermaster mit Stengen und Bramstengen an den vorderen drei und einer Stenge an dem achteren, *Bonaventure* genannten Mast. Die Verworrenheit des laufenden und stehenden Guts erscheint dem modernen Seemann wie ein Alptraum, aber man muß versuchen, sich an einen Menschenschlag zu erinnern, der schon in der Knabenzeit mit Segelschiffen irgendeiner Art und mit der ganzen Welt des schweren Segeltuches und Tauwerks und (nach späterem Standard) untauglichem und kompliziertem Takelwerk aufwuchs.

Ein Vincent Volpe zugeschriebenes zeitgenössisches Gemälde im Hampton Court Palace zeigt die Abreise Heinrichs VIII. aus Dover zu seinem Treffen mit Franz I. von Frankreich im Jahre 1520. Das Bild ist tatsächlich ein Werk der Phantasie, denn der König überquerte den Kanal mit einem Geschwader relativ kleiner Schiffe, aber der Künstler war darum bemüht, Heinrich als den großen seefahrenden Monarchen, den Schöpfer der »Schlachtschiffmarine« Englands darzustellen, und hat ihn deshalb mit den größten und eindrucksvollsten Schiffen seiner Flotte abgebildet. Es ist bemerkenswert, daß die *Great Harry* einen Bugspriet mit einem Sprietsegel hat, und ebenso bemerkenswert sind die aus den Geschützpforten hervorstehenden Kanonen. Nach dem Umbau hatte sie später zwei volle Batteriedecks unterhalb des Mitteldecks.

Ein Vorgänger der *Great Harry* war ein Schiff, das heute viel berühmter ist, die *Mary Rose.* Das nach der Schwester des Königs benannte Schiff war das erste Schlachtschiff, das in seiner Regierungszeit gebaut wurde. Sie wurde 1509 auf Kiel gelegt und war kleiner als die *Great Harry* und wurde auf »die Tonnage von 600 Tonnen« berechnet. Im Jahre 1536 wurde sie vollkommen umgebaut. Auch dieses Schiff ist auf der Schriftrolle Anthonys im umgebauten Zustand abgebildet. Sie trägt noch die großen Vorder- und Achterkastelle. Das Achterkastell ist gut in die Konstruktion des Rumpfes eingepaßt, aber das Vorderkastell ragt in übertriebener Weise über den Bug hinaus.

Niemand, der die Augen eines Seemanns hat, kann diese frühen Schlachtschiffe betrachten, ohne daran zu denken, welche Hölle sie in einem starken Dwarswind oder bei Wind von vorn durchstehen mußten. Der Luftwiderstand (insbesondere des Vorderkastells) muß sie fast unsteuerbar gemacht haben. Es trifft zu, daß sie nur für relativ begrenzte Einsätze vor der englischen Küste oder im Ärmelkanal konstruiert waren, aber man muß nicht auf den großen Ozeanen der Welt segeln, um starke Winde und eine gefährliche See zu erleben, und die grauen Wasser des Ärmelkanals mit ihren Gezeiten (und den schroffen Klippen auf beiden Seiten) gehören zu den gefährlichsten Seegebieten der Welt. Es ist deshalb kaum überraschend, daß bis zur Regierungszeit Königin Elisabeths I. die englischen Schiffbauer die Größe und den Überhang des Vorderkastells bedeutend verringert hatten, so daß ihre Schiffe mehr den spanischen und portugiesischen Galeonen ähnelten, die seit langem ihre Atlantikfahrten durchführten. Von britischen Marinehistorikern, die darum bemüht sind, die

Leistungen Heinrichs VIII. zu preisen, wird oft die Tatsache ignoriert, daß er sich auf die mittelalterliche Ambition konzentrierte, England zu einer europäischen Macht zu machen, und deshalb die Neue Welt vernachlässigte, die Spanien und Portugal bereits erschlossen hatten. Deshalb war es für seine Nachfolger schwierig, in diese Gebiete vorzudringen. Auf der anderen Seite veranlaßten ihn seine kontinentalen Ambitionen, in Portsmouth das Fundament eines großen Marinestützpunktes zu legen, um eine Marine zu schaffen, die unübertroffen war.

Eine von der ersten *Mary Rose* vor ihrem Umbau entnommene Inventarliste zeigt, daß sie im Jahre 1514 sieben schwere Messingkanonen und 34 schwere Eisenkanonen hatte sowie 37 leichte Kanonen, zumeist aus Eisen, was eine Gesamtzahl von 78 ergibt. Eine spätere Inventarliste des Jahres 1545, also nach dem Umbau, zeigt, daß es nun 91 waren, 38 schwere und 53 leichte. Sie waren auf dem ganzen Rumpf an beiden Seiten und am Heck in Reihen verteilt, während man annehmen kann, daß bei dem ursprünglichen Bau des Schiffes eine begrenzte Anzahl schwerer Kanonen am Mitteldeck und die Mehrzahl der leichten Kanonen auf den Kastellen untergebracht war. Wie die *Great Harry* ist sie ein Viermaster mit Mastkörben unter den Stengen, aber sie hatte keine Bramstengen. Wie bei dem größeren Schiff haben die Rahnocken des Haupt- und des Fockmastes scharfe Haken (die wie Sicheln in die Takelage eines Feindes schneiden konnten), und vom Ende ihres langen Bugspriets hängt ein kleiner Anker herab. Die oberen Decks sind zum großen Teil mit Netzen zur Abwehr von Enterern bedeckt, und die gestreiften Kanonen sollen eindeutig Eisenkanonen zeigen, während die glatten glänzenden Kanonen aus Bronzeguß waren. Durch den Umbau war ihre Tonnage von 600 auf 700 Tonnen gestiegen, und danach waren mehr Kanoniere an Bord. In einem Gefecht gegen die Franzosen im Jahre 1513 hatte ihre Besatzung aus 120 Seeleuten, 251 Soldaten, 20 Kanonieren, zwei Lotsen, fünf Trompetern und 36 Munitionsträgern bestanden.

Dieses Mißverhältnis zwischen Soldaten, Seeleuten und Kanonieren sollte sich während des nächsten Jahrhunderts verändern, als die Seeleute und Kanoniere immer wichtiger wurden. Die Kanonen, die diese neuen großen Schiffe auszeichneten und die bei ihren Nachfolgern der einzige Zweck der Existenz des Schiffes waren, wurden noch durch viele Bogenschützen verstärkt (wie die *Mary Rose* gezeigt hat) sowie mit bewaffneten Soldaten und Offizieren in Rüstung, die in althergebrachter Art entern sollten. (Die normale Sollstärke der *Mary Rose* betrug 415 Mann, aber bei ihrem letzten Gefecht vor Portsmouth hatte sie nach dem Bruder des Vizeadmirals Carew, der mit ihr unterging, nicht weniger als 700 Mann an Bord.) Viele dieser Kanonen sind jetzt zusammen mit vielen anderen Gegenständen aus ihrem Wrack geborgen worden. Daher wissen wir heute viel mehr über diese Waffen und ihren Einsatz auf einem alten Schlachtschiff als vorher.

Die Kanonen jener Zeit erfreuten sich einer Vielfalt von Namen, die eine eigene finstere Poesie darstellen. Die Messingkanonen, die aus einer Legierung von etwa 100 Teilen Kupfer mit zehn Teilen Zink und acht Teilen Zinn bestanden, umfaßten Kanonen, Halbkanonen, Schlangen (Culverine), halbe Schlangen, Saker und Falken. Sie waren teurer und kosteten etwa das Dreifache der Eisenkanonen. Zu diesen gehörten Pfortenstücke, Schleudern, Halbschleudern, Schrotbüchsen und Handfeuerwaffen. Die Läufe (engl. *barrels)* der »aufgebauten« Eisenkanonen (das Wort »barrel« geht auf die Tatsache zurück, daß die schmiedeeisernen Rohre genau hergestellt wurden wie ein hölzernes Faß, ebenfalls »barrel«) wurden ursprünglich aus Längen von geschmiedetem Eisen hergestellt, die um einen kreisförmigen Holzkern gelegt wurden. Dann wurden rotglühende Eisenbänder oder Ringe darübergezogen, so daß sie nach der Abkühlung das innere Rohr fest umschlossen. Dann wurden weitere Eisenbänder zur Verstärkung auf das Ganze aufgezogen, der innere Holzkern wurde herausgebrannt, und das »Stück« war fertig. Am vorgesehenen Ende wurde eine enganliegende Kammer am Verschluß angepaßt und verkeilt. Wie eine moderne Patronenhülse hielt diese Kammer die Ladung und das Geschoß – eine Eisen- oder Steinkugel. Für jede Kanone wurden zwei oder mehr Kammern hergestellt, so daß nach dem Schuß die nächste Kammer schnell geladen und verkeilt werden konnte. Diese frühen Eisenkanonen waren Hinterlader und ähnelten in etwa modernen Kanonen. Die schweren Bronzekanonen waren in einem Stück gegossene Vorderlader. Mit ihnen gab es nicht die Probleme, die man mit den Hinterladern hatte. Die Gefahren der frühen Hinterlader in Verbindung mit der Tatsache, daß sie mit Sicherheit nur eine ziemlich schwache Ladung aufnehmen konnten, führten dazu, daß die gegossenen Bronzekanonen, die von vorn geladen wurden und damit nicht das Problem von Gasdruckverlusten aufwiesen, zur Hauptbewaffnung der nächsten Jahrhunderte werden sollten. Trotz des lästigen Verfahrens des Vorderladens sollten gegossene Kanonen aus Messing oder Eisen den Seekrieg bis zum 19. Jahrhundert beherrschen, als das Problem, den Verschlußblock fest mit dem Lauf zu verbinden, schließlich gelöst wurde. Die gegen Personen eingesetzten Waffen mit Schrotladungen, wie sie auf der *Mary Rose* gefunden wurden, waren ebenfalls Vorderlader. Der Einsatz der Waffen während der Frühzeit der ersten Schlachtschiffe lief wie folgt ab: Zuerst eröffneten die Kanonen aus Bronzeguß mit ihrer größeren Reichweite das Feuer, dann die »aufgebauten« Eisenkanonen, dann die Bogenschützen, wenn sich das Schiff näherte, und schließlich gegen Personen gerichtete Feuerwaffen wie Schrotflinten. Wenn die Schiffe in dem alten Stil mit Enterhaken aneinander befestigt wurden, verwandelte sich das Seegefecht zu einer Landschlacht. Wir befinden uns in einem Übergangsstadium der Geschichte des Großkampfschiffes, als der Sieg noch immer durch das Entern errungen wurde. In dieser letzten Phase gab es keine Gnade, außer für jene, die durch ihre Rüstung als Adlige erkannt wurden, die ein Lösegeld wert waren, und die Geschlagenen gingen über Bord, damit sie nicht in der Lage waren, das Schiff wieder zurückzuerobern. Die Feuergeschwindigkeit wird gering gewesen sein, wobei die Hinterlader natürlich schneller als die Vorderlader schossen. Das Hauptziel dieses Verschießens von Eisen- und Steinkugeln war es, die »Kastelle« des Feindes zu zerschmettern – genauso wie es bei einem Landgefecht geschah, bevor die Infanterie stürmte. Die größten Geschütze, die Bronzekanonen, wurden auf ziemlich kunstvoll gearbeitete Lafetten gesetzt, und die Räder waren sogar verschieden groß, um die Wölbung des Decks auszugleichen, während die Kanonen aus Schmiedeeisen auf Lafetten mit einfacheren Geschützbetten und Rädern gezurrt waren. Im letzten Stadium der Annäherung an den Feind war es noch immer den Bogenschützen überlassen, die Decks freizuschießen – und der englische Bogenschütze war ein gefürchtetes Mitglied der Schiffsbesatzung. Die Handfeuerwaffen sollten bald seinen Platz einnehmen, aber noch war der 1,80 Meter lange Bogen aus Eibenholz mit Pfeilen aus Pappelholz (mit »Dolchspitzen« versehen, die die Panzerung durchstießen), der von Männern »gebogen« wurde, die diese Fertigkeit seit ihrer Jugend ausübten, eine ebenso tödliche Waffe. Die auf dem Kontinent bevorzugte Armbrust war ebenfalls eine leistungsfähige Waffe, aber ihr Problem war die langsame Schußfolge. In der Zeit, in der der Armbrustschütze einen Bolzen nachgeladen hatte, konnte der englische Bogenschütze drei oder sogar vier Pfeile verschießen.

In ihrem langen Dienst mit einer Reihe von Schlachten, die 1512 begann, hatte die *Mary Rose* in einer Anzahl von erfolgreichen Gefechten gekämpft und sich nicht nur durch ihre Kampfkraft, sondern auch durch ihre Segeleigenschaften ausgezeichnet. Deshalb ist es schade, daß wir uns jetzt nur an ihren letzten Einsatz in der Schlacht vor Portsmouth erinnern, in der sie sank, nicht durch feindliches Kanonenfeuer, sondern durch die Unfähigkeit ihrer Besatzung und durch Pech. Und dennoch, wenn man die Versenkung der *Mary Rose* berücksichtigt, ist dies eine Schlacht, die es wert ist, un-

tersucht zu werden, da sie in vielerlei Hinsicht die damalige Seekriegstaktik veranschaulicht.
Es war das Jahr 1545. Die Franzosen bereiteten sich auf eine Invasion Englands vor. Jahrhunderte hatte es keine vergleichbaren Anstrengungen gegeben, und es sollte sich bis 1588, als die spanische Armada kam, nichts Vergleichbares ereignen. Alexander McKee schrieb in seinem Buch *King Henry VIII's Mary Rose:*

»... es ist ein Rätsel, warum man sich an die spanische Armada erinnert und die französische Armada vergessen hat.«

Die Antwort auf die Frage liegt wahrscheinlich in der Tatsache, daß während der Regierungszeit von Elisabeth die Renaissance in England voll erblüht war und die Ereignisse von vielen Gebildeten aufgezeichnet wurden. Bei der Schlacht vor Portsmouth fehlten ihre Berichterstatter, ihre Protokollführer für das Genie und ihre Poeten: Die wenigen Berichte, jener des französischen Kavallerieoffiziers Martin du Bellay und dem von John Hooker in seiner Biographie von Sir Peter Carew (des jüngeren Bruders des unglückseligen Vizeadmirals, der mit der *Mary Rose* unterging), sind kaum von dem Format der Berichte über die spätere Armada, die uns erhalten blieben.
Die französische Invasion von 1545 (die glückte, da starke Kräfte in Schlachtordnung landen konnten, was den Spaniern nicht gelang) wurde im wesentlichen durch die Handlungen Heinrichs VIII. im vorausgegangenen Jahr hervorgerufen, als er die englischen Besitzungen in Frankreich vergrößert hatte, indem er nach Calais auch Boulogne eroberte und mit diesen beiden Dover gegenüberliegenden Häfen die völlige Kontrolle über den Ärmelkanal erhielt. Dies konnte Franz I. natürlich nicht tolerieren, und die unmittelbaren Beweise dafür, daß Heinrich die Häfen als Stützpunkte für die Kaperung französischer Handelsschiffe im Ärmelkanal nutzte, trugen zu seiner Entschlossenheit bei, seinen alten Feind anzugreifen. Franz I. kam die Tatsache zu Hilfe, daß Schottland

gegenüber Heinrich zunehmend feindselig eingestellt war, seit er Edinburgh erobert hatte, während Kaiser Karl V., der fast den halben Kontinent beherrschte, zwar Heinrich gegenüber nicht feindselig eingestellt, gewiß aber auch nicht bereit war, ihn in irgendeiner Weise zu unterstützen. Der Kaiser war Katholik, Franz I. war Katholik, und von Heinrich, der mit Rom gebrochen hatte, war bekannt, daß er die Lutheraner auf dem Kontinent unterstützte.

Die Pläne des französischen Königs waren einfach: Er beabsichtigte, in Schottland Truppen zu landen, um Heinrichs Feinde im Norden zu unterstützen (was ihm aber nicht gelang) und ein umfangreiches Landungsunternehmen im Südosten Englands auszuführen, um das Herz von Heinrichs Königreich zu bedrohen. Als Heinrich sich dem Ende seines Lebens näherte, hatte er mit seinen Kämpfen auf dem Kontinent die Finanzen seines Königreiches zerrüttet. Allein seine Ausgaben für die Marine waren für jene Zeit ungeheuer – und jetzt hatte er noch die zusätzlichen Kosten zu tragen, das eroberte Boulogne als englische Garnison im feindlichen französischen Gebiet zu unterhalten. Die Lage vor dem Invasionsversuch, der zur Schlacht von Portsmouth führte, wurde zu jener Zeit von dem Bischof von Winchester zusammengefaßt:

»Wir haben Krieg mit Frankreich und Schottland, wir haben Feindschaft mit dem Bischof von Rom, wir haben keine gesicherte Freundschaft mit dem Kaiser ...«

Die Armada, die in der Seine-Mündung versammelt war, vermittelt ein Bild von dieser Zeit des Übergangs im Flottenwesen, wenn man berücksichtigt, daß sie für eine Invasion und nicht einfach für ein größeres Seegefecht vorgesehen war. Sie bestand aus 150 »großen« Segelschiffen, von denen wir aber bedauerlicherweise keine Abmessungen kennen. Wir wissen auch nicht, wie viele einfache Handelsschiffe darunter waren und wie viele gut bewaffnete Karacken des neuen Kriegsschiffstyps. Bei der Armada befanden sich 60 *Flouins,* ein Schiffstyp, der einer Schaluppe ähnelte und von J. Nicot (1606) mit den Worten »fährt mit Riemen oder Segeln wie eine Galeere« beschrieben wurde. Er hatte aber einen höheren Freibord als eine Galeere und verdrängte gewöhnlich 40 bis 50 Tonnen. Vermutlich sollten diese Schiffe Soldaten und Pferde transportieren. Außerdem war ein Kontingent von 25 Galeeren aus dem Mittelmeer eingetroffen, Elitekampfschiffe unter dem Admiral der Galeeren von Rhodos, Leone Strozzi, einem der berühmtesten Galeerenkommandeure seiner Zeit. Da es Hochsommer war (die Schiffe waren in der zweiten Juliwoche auslaufbereit), konnte man von diesen Galeeren erwarten, daß sie die Vorteile ihrer Manövrierfähigkeit und die Feuerkraft ihrer Bugkanonen ebenso wie ihre Geschwindigkeit bei der Kanalüberquerung zeigten, die schließlich nur 100 Meilen lang war. Das Unternehmen sollte fast wie ein Gefecht im Mittelmeer verlaufen. Die Tatsache, daß sie auf die Feuerkraft weniger neuer Schlachtschiffe unter Segeln treffen würden, wurde dadurch ausgeglichen, daß der Angriff nur erfolgen würde, wenn die Bedingungen günstig waren.

Heinrich, der genau wußte, was die Herrschaft über die See bedeutete, war nicht bereit, seinem Feind zu erlauben, sich in aller Ruhe zu sammeln und in einem ihm günstigen Augenblick seinen Angriff vorzutragen. Er entsandte Sir Thomas Seymour mit einem starken Geschwader, um das Gros der französischen Flotte, falls möglich, mit Brandern zu vernichten. (Die Historiker schreiben manchmal so, als ob Drakes Einsatz von Brandern im Jahre 1588 eine brillante Neuheit gewesen wäre. Tatsächlich wurden sie lange Zeit vor ihm verwendet.) Schweres Wetter im Kanal hielt Seymour davon ab, entweder die Franzosen zur Schlacht herauszufordern oder ihnen in ihren sicheren Häfen Schaden zuzufügen, denn seine eigenen Schiffe litten schwer unter der stürmischen See. Noch war die neue Art der Kampfschiffe nicht in der Lage, bei jedem Wetter auf See zu bleiben, und die hohen Ka-

stelle der karackenartigen Schiffe müssen sie fast manövrierunfähig gemacht haben. Seymour kehrte nach Schottland zurück, ohne seinen Auftrag ausgeführt zu haben. Die Seeleute und die Schiffbauer gingen daran, den erlittenen Wetterschaden zu reparieren. Mitte Juli befanden sich etwa 100 Schiffe in Portsmouth (oder auf dem Weg von Westengland), darunter die *Great Harry* und die *Mary Rose*. Etwa 60 Kriegsschiffe mit insgesamt 12000 Mann Besatzung waren gegen 235 französische Kriegsschiffe verschiedener Größe mit 30000 Mann angetreten. Auf den ersten Blick sieht die Zahl der Männer der Invasionstruppe unangemessen hoch aus, aber man muß bedenken, daß die Engländer viel mehr Truppen an Land zur Verfügung hatten. Heinrichs neue Küstenverteidigung war voll besetzt. Sein Hauptziel bei einem Angriff der Franzosen war es, eine Defensivschlacht vor Portsmouth zu schlagen, dem Feind seine Kräfte verausgaben zu lassen und dessen Flotte – wenn möglich – schweren Schaden zuzufügen. Die Franzosen hatten gerade durch einen Brand den Verlust ihres Flagschiffes *Carraquon* erlitten, das den Ruf hatte, das schönste Kriegsschiff der Welt zu sein, und das mit 100 Bronzekanonen bewaffnet war, während die nächstgrößere Karacke, die ihren Platz als Flaggschiff eingenommen hatte, auf Grund gelaufen und beschädigt worden war.
Am 17. Juli erschien eine Vorhut von vier französischen Galeeren unter Baron de la Garde vor St. Helens. Es war ein ruhiger Tag mit blauem Himmel, der ideal für ein Galeerengefecht war. 14 englische Schiffe liefen unter einer ablandigen Brise sofort aus Portsmouth »mit einer so großen Schnelligkeit und in einer so guten Schlachtordnung (aus)«, schrieb Du Bellay, »daß man gesagt haben würde, daß sie sich beherzt stellen und unsere ganze Flotte angreifen würden«. Der französische Admiral verlegte den Rest seiner Galeeren als Unterstützung nach vorn, und Lord Lisle, der die englische Flotte befehligte, lief aus dem Hafen aus, um der Drohung zu begegnen. Es entwickelte sich ein planloses Gefecht über eine große Entfernung, da die Galeeren nicht gewillt waren,

den schweren Kanonen der englischen Karacken zu nahe zu kommen, und diese ihrerseits den beweglichen Galeeren nicht erlauben wollten, sie mit ihren Heckgeschützen anzugreifen. (Es war ein Gefecht, wie man es in späteren Kriegen antreffen sollte, nämlich zwischen den Zerstörern der Sicherung der einen Flotte und den schweren Schiffen der anderen.) Das Gefecht endete bei Sonnenuntergang, und die Engländer zogen sich hinter den Schutz der Kanonen von Portsmouth auf der einen Flanke und die Untiefen vor Gosport auf der anderen Seite zurück, wo sie durch die Geschütze der Forts gedeckt waren. Die Franzosen ankerten für die Nacht auf der Reede vor St. Helens. Obwohl der Stich von Cowdray die Gefechte dieser Tage nicht authentisch wiedergibt, ist die *Great Harry* eindeutig zu sehen, wie sie über große Distanz das Feuer auf vier Galeeren eröffnet – wie es auch am ersten Tag geschah.

Der Gefechtsplan des französischen Admirals d'Annibault für den folgenden Tag sah vor, seine Galeeren einzusetzen, um die Engländer zu provozieren und damit zu versuchen, sie auf die offene See zu locken, damit er sie mit seiner Übermacht überwältigen konnte. Das ruhige Sommerwetter, das jetzt herrschte, war ideal für die Galeeren – aber ebenso für die Schaluppen Heinrichs VIII., die sich als Überraschung für die Franzosen erweisen sollten, weil sie keine schnellen »zerstörerartigen« Schiffe bei der englischen Marine erwarteten. Während Heinrich seine ganze Zuversicht auf die großen Schiffe gesetzt hatte, hatte er dennoch für einen Tag wie diesen eine ganze Klasse neuer leichter Schiffe bauen lassen. Wir wissen heute noch, wie sie aussahen, denn mehr als ein Schiff dieses Typs ist auf der Schriftrolle von Anthony abgebildet. Diese »Rammschaluppen«, wie du Bellay sie nennt, unterschieden sich von der Galeere dadurch, daß sie Dreimaster mit Rahsegeln an Fock- und Großmast und einem Lateinsegel am Besanmast hatten. (Eine Galeere der Flotte Heinrichs VIII., die ebenfalls von Anthony Anthony gezeichnet wurde, hat demgegenüber fast dasselbe Profil wie eine

französische Galeere dieser Zeit und ebenfalls nur einen Mast mit einem großen Lateinsegel.) Heinrichs Schaluppen hatten 16 Riemen an der Seite und ähnelten mehr den französischen *Flouins* als irgendeinem anderen Schiff. Es ist klar, daß sie nützlicher waren als die französischen Galeeren, wenn der Wind auch nur ein wenig blies, aber sie waren wahrscheinlich in der Flaute nicht so beweglich, weil dann alles von den Ruderern abhing. Sie hatten ziemlich lange Achterkastelle und höher gebaute Vorderkastelle als eine Galeere und standen insgesamt höher aus dem Wasser. Es scheint, daß sie für die Gezeitenbedingungen um den Solent konstruiert waren.
D'Annibault stellte seine Flotte in drei Abteilungen in Dwarslinie, die aus jeweils 36 Segelschiffen bestanden. Die Galeeren bildeten die Vorhut. Ihr Befehl war, sich den Engländern zu nähern und sie durch genaues Feuer ihrer schweren 30-Pfünder-Bugkanonen zu provozieren, so daß die Engländer ihnen nachsetzen und vom Land weg auf die offene See kommen würden, wo das Gewicht der französischen Armada zählen würde. Die Pläne der Engländer waren natürlich genau entgegengesetzt: sich nicht hinauslocken zu lassen, sondern den Feind näher und näher an das Ufer zu locken, wo die Gefahren der Untiefen neben den Forts am Ufer vielleicht ihren Tribut fordern würden.
Anfangs begünstigte das Glück die Franzosen, wie du Bellay uns berichtet:

»... mit der Hilfe der See, die ruhig war, ohne Wind oder starke Strömung, konnten unsere Galeeren nach freiem Willen zum Nachteil des Feindes gesteuert und manövriert werden. Er, der sich wegen des fehlenden Windes nicht bewegen konnte, lag offen der Vernichtungskraft unserer Kanonen ausgesetzt, die seinen Schiffen mehr Schaden zufügen konnten, als er uns, um so mehr, als die englischen Schiffe höher und massiger und leichter zu treffen waren, während unsere Galeeren durch den Einsatz ihrer Riemen manövrieren konnten, so daß sie nicht selbst getroffen wurden und sich, falls nötig, zurückziehen konnten.«

Etwa eine Stunde lang trugen die in der mediterranen Taktik gegen Forts und stationäre Ziele ausgebildeten Galeeren ihre Quadrillenangriffe vor. Sie verursachten offenbar einigen Schaden an der *Great Harry*, aber es wird nichts davon berichtet, ob die *Mary Rose* oder irgendein anderes der Großkampfschiffe der Engländer getroffen wurde. Die Totenflaute und der langsame Tidenhub erlaubten eine brillante Vorführung der Kampffähigkeit der Galeere, aber es zeigte sich auch, daß das schwere Holz der großen Schiffe Schlägen standhalten konnte, die die Galeeren vernichtet hätten. Daß kein Schuß ihres eigenen Feuers gegen die Galeeren Erfolg hatte, muß ihrer Unbeweglichkeit zugeschrieben werden, der Unfähigkeit des Großkampfschiffes (die es bis zum Ende seiner Tage belasten sollte), eine schwere Breitseite zu schießen, ohne dem Feind die Seite zu zeigen, und es war auch auf die noch begrenzten Mittel, die Kanonen wirksam in der Höhe zu richten, zurückzuführen. Dann begann schließlich die Ebbe einzusetzen, und mit ihr kam eine ablandige Brise auf.
Die Rufe der Bootsmänner erschollen entlang der vorderen Linie der großen Schiffe, und die Segel spannten sich, als Lord Lisles Schiffe Fahrt aufnahmen. Sie hatten dort gelegen und die französischen Angriffe ertragen und zurückgeschossen, wann immer sich die Möglichkeit bot (so daß natürlich ihre Geschützpforten offen waren). Jetzt begannen sie Fahrt aufzunehmen und liefen mit der günstigen Tide unter ihren Kielen mit ständig zunehmender Geschwindigkeit. Die Galeeren ihrerseits hatten ihre Angriffe mit solcher Zuversicht vorgetragen, daß sie jetzt in einer ungünstigen Situation gefangen waren. Wegen ihrer großen Länge brauchten die Galeeren lange zum Wenden, und während sie wendeten, war es unvermeidbar, daß sie dem Feind ihre wehrlose Seite zeigten. Als sie versuchten zu entkommen, fuhren die großen Kampfschiffe mit ihrem unbarmherzig hohen Bug

schnell auf sie zu. Abgesehen von ihrer leichten Bauweise, die bedeutete, daß selbst ein Streifstoß eines großen Schiffes sie zerschmettern oder kentern lassen würde, war ihre Antriebskraft verloren, wenn erst einmal ihre Riemen gebrochen waren. Genauso brillant geführt, wie sie während des ersten Teils der Schlacht gekämpft hatte, gelang es allen Galeeren, zu entkommen. Nachdem sie der Masse der englischen Großkampfschiffe erst einmal ihre Hecks zeigten, konnten sie sich Zeit nehmen und sich mit leichtem Schlag ihrer Riemen zurückziehen, um den Feind hinter sich herzulocken.

Während dieser frühen Phase des zweiten Teils des Gefechtes stieß der *Mary Rose* der fatale Unfall zu. Sie sank, wie heute allgemein bekannt ist, nicht durch das Kanonenfeuer der Franzosen, sondern durch die Unfähigkeit ihrer Besatzung in Verbindung mit der Tatsache, daß sie mit Soldaten und Gerät hoffnungslos überladen war. Wie bei den anderen großen Schiffen waren ihre Geschützpforten alle offen, aber die untere Reihe war wegen des erhöhten Tiefgangs weit unterhalb der vorgesehenen Höhe. Es ist auch möglich (obwohl man es nie erfahren wird), daß einige oder viele ihrer Kanonen nicht befestigt waren. Sir Gawen Carew, der Onkel des Vizeadmirals an Bord der *Mary Rose,* sah, daß sie in Schwierigkeiten war, als sie Segel setzte und sich langsam dem Feind und der offenen See zuwandte. Die *Mary Rose* krängte auf gefährliche Weise, und der Kapitän des Schiffes von Sir Gawen antwortete auf seine Frage, was mit dem anderen Schiff los sei, lakonisch, daß, wenn sie so weiter fuhr, »sie wahrscheinlich scheitern würde«. Als Sir Gawen mit seinem Schiff, der 600 Tonnen großen *Matthew Gonson,* an der sich abquälenden *Mary Rose* vorbeiglitt, rief er hinüber zu Sir George Carew und fragte, was los sei, worauf sein Neffe antwortete:

»Ich habe die Art von Buben, die ich nicht beherrschen kann.«

Es ist eindeutig, daß das Schiff wegen irgendeines schweren Fehlers beim Setzen seiner Segel stark zu krängen begann. Wie der Botschafter von Kaiser Karl V. schrieb, der einen Überlebenden zitierte:

»Als sie mit dem Wind hinüberkrängte, trat das Wasser durch die unterste Reihe der Geschützpforten ein, die nach dem Schießen offengelassen worden waren.«

Der Verlust dieses großen Schiffes beeinflußte jedoch nicht den Ausgang des Tages. Die sich zurückziehenden Galeeren sahen sich plötzlich selbst bedroht. Aus der englischen Flotte brachen unerwartet die Schaluppen-Flottillen hervor – besetzt mit Männern, die mit jeder Einzelheit des Ärmelkanals, den Gezeiten und der Küste vertraut waren und die schnell ruderten. Die Galeeren, die ihre »weichen« und unbewaffneten Hecks zeigten, nahmen Kurs in Richtung der französischen Flotte, wohin sie die Engländer zu locken hofften, und jetzt kamen sie unter das Feuer der Bugkanonen dieser neuen Bedrohung.
Wie du Bellay schrieb:

»Einige von ihnen folgten in der Kiellinie unserer Galeeren mit einer unglaublichen Geschwindigkeit und belegten sie schwer mit ihrer Artillerie, gegen die die Galeeren keine Verteidigung hatten, da sie keine Artillerie am Heck hatten. Sie konnten auch nicht wenden, um sich ihren Verfolgern entgegenzustellen, denn das hätte es der feindlichen Flotte ermöglicht, sie unter vollen Segeln niederzurennen und umzuschlagen. Aber der Prior von Capua, Peter Strozzi, der diese Schande nicht länger ertragen konnte und sich auf die Beweglichkeit seiner Galeere verließ, begann, sich dem führenden englischen Schiff entgegenzudrehen, das den anderen voraus war und mit seinem Bug fast das Heck einer unserer Galeeren berührte. Aber das englische Schiff, das kürzer war, wendete schneller und steuerte zurück auf die englischen Kriegsschiffe.«

Damit war die Jagd beendet, während die sich zurückziehenden Franzosen versuchten, das Gros der englischen Flotte auf das offene Wasser hinauszulocken, indem sie Truppen auf der Isle of Wight landeten. D'Annibault hatte gehört, daß König Heinrich selbst an der Küste war (er befand sich in seinem neu gebauten Schloß bei Southsea, als die *Mary Rose* sank), und hoffte, daß die Anwesenheit des Monarchen die Engländer veranlassen würde, hinauszukommen und zu versuchen, diese Invasion seines Königreiches aufzuhalten. Lisle ließ sich jedoch nicht hinauslocken: Er und Heinrich hatten die ganze Strategie im Detail beschlossen, bevor die Schlacht begonnen hatte, und der König, der in allen Kriegsangelegenheiten äußerst bewandert war, hatte seinen unumstößlichen Befehl gegeben:

»Die Franzosen sollten, wenn möglich, in die gefährlichen Untiefen und Strömungen der Küste und unter seine neuen Küstenkanonen gelockt werden, aber seine eigenen Schiffe durften sich nicht in Versuchung bringen lassen, die weit größere französische Flotte anzugreifen.«

Wie es sich herausstellte, endete das Gefecht an der Küste für die Franzosen in katastrophaler Weise, und die Schlacht von Portsmouth war vorüber. Auf See hatten die Engländer den Verlust der *Mary Rose* und die Franzosen den Verlust von Admiral d'Annibaults Flaggschiff erlitten – aber keines von beiden durch Gefechtseinwirkung. Die Franzosen hatten auch einige Männer an Bord der Galeeren durch englische Geschosse verloren, und es ist möglich, daß auch die Engländer einige Verluste an Bord der *Great Harry* erlitten, als sie nach dem Untergang der *Mary Rose* ungeschützt in das Feuer der Galeeren geriet.

Was in dieser Übergangsperiode zwischen der bewaffneten Karacke und dem für seine Aufgabe gebauten Großkampfschiff im Norden von besonderem Interesse ist, ist die Rolle, die die Galeeren und die Schaluppen als Schutz spielen, indem sie eine Verteidigungssicherung um die Schlachtschiffe bilden. Tatsächlich waren sie Vorboten der leichten Kreuzer und der Zerstörersicherung zukünftiger Kriege. Was sich bei diesem langanhaltenden Gefecht gezeigt hat – einer Schlacht, die von den Engländern entschieden wurde, weil sie verhinderten, daß die Franzosen Portsmouth nahmen oder mehr bewirkten, als einige örtliche Zerstörungen mit blutigen Verlusten auf beiden Seiten –, war die extreme Verwundbarkeit des Großkampfschiffes.

Es bestehen kaum Zweifel, daß das Großkampfschiff, das Heinrich wie kein anderer gefördert hatte, in seinen Augen zu einem Gegenstand des Argwohns wurde. Obwohl alle Anstrengungen unternommen wurden, um die *Mary Rose* vom Meeresboden zu heben (wo sie aber bis 1982 liegen sollte), befahl er Lord Lisle, ein neues Geschwader leichter Schiffe mit Riemenantrieb zu bilden. Er war Zeuge der meisterhaften Manövrierfähigkeit der Galeeren und der Leichtigkeit gewesen, mit der sie seine schweren Schiffe im Sommerwetter angreifen konnten (und Kriege wurden noch ausschließlich in den Sommermonaten gekämpft), und er war entschlossen, »einige seiner Schiffe zu Galeeren umzuwandeln, um den anderen Gesellschaft zu leisten, die französischen Galeeren zu verfolgen ...«. Die Schaluppen, die die französischen Galeeren bei Portsmouth überrascht hatten, waren auf ihre Weise gut, aber sie waren nicht geeignet, um die Flotte weit genug auf den Ärmelkanal und in die Irische See zu verfolgen. Es scheint, daß Heinrich nach der Schlacht von Portsmouth eine duale Marine aufbauen wollte. An erster Stelle stand noch immer das schwer bewaffnete Segelschiff, aber hinzu kam ein Verband von Schiffen mit Riemenantrieb – Galeassen und Pinassen –, die die großen Schiffe begleiten sollten: So wie zu Nelsons Zeiten die Linie der Schlachtschiffe ihre Fregatten hatte.

Dennoch ist der Beitrag Heinrichs VIII. zur Entwicklung des Großkampfschiffes hervorragend. Er war der erste Herrscher, der erkannte, daß die Zukunft auf See dem schwer bewaffneten Segelschiff gehörte. M. Oppenheim hat in seinem Werk *History of the Administration of the Royal Navy* zu Recht über ihn geschrieben:

»Beinahe 38 Jahre lang brachte fast jedes Jahr irgendeinen Fortschrit im Schiffbau oder der Verwaltung, irgendeinen Plan, der darauf abzielte, die Marine zu einem leistungsfähigen Instrument zu machen. Was die Zahlen anging, so machte er sie zur mächtigsten Marine der Welt, wobei er den begrenzten Radius im Auge behielt, innerhalb dessen sie kämpfen sollte. Er revolutionierte ihre Bewaffnung und verbesserte ihre Kampf- und Segeleigenschaften, er selbst erfand oder baute einen Typ, ... der für den Ärmelkanal und die Irische See ... geeignet war. Vorschriften für das Manövrieren von Flotten und die Disziplin ihrer Besatzungen waren ihm zu verdanken. Er schaffte den mittelalterlichen Offizier der Krone ab und organisierte eine Verwaltung, die in einer ausgeweiteten Form so breit angelegt war, daß sie noch heute besteht.«

All dies trifft zu, und es trifft ebenfalls zu, daß noch mehr als seine Ausgaben für Kriegsschiffe, die dazu führten, daß das englische Kampfschiff vorherrschend wurde, Heinrichs Hauptbeitrag für die Marine in seinen Reformen bei der Verwaltung bestand. Die Franzosen bauten auch sehr schöne Schiffe dieses neuen, mit Kanonen ausgerüsteten Typs, und die Spanier und die Portugiesen ebenfalls, aber diese Länder lagen in der Organisation ihrer Marinesysteme zurück. Diese Tatsache trug mehr als alles andere dazu bei, daß die Engländer den Vorteil über jene spätere und viel bekanntere Armada hatten, als die Zeit gekommen war.

3. Der große Konflikt

Eine zweite *Mary Rose* sollte gegen die große Armada von 1588 kämpfen, aber bis dahin hatte sich das Erscheinungsbild der Kriegsschiffe beträchtlich geändert. Tatsächlich hatte sich in den dazwischenliegenden Jahren die Konstruktion und die allgemeine Anordnung von Kampfschiffen an einem Punkt stabilisiert, an dem sich außer in Einzelheiten, der Größe und der Bewaffnung in den nächsten 300 Jahren wenig ändern sollte. Zu den vielen Gründen hierfür gehörte die Erforschung des Atlantiks und der anderen Ozeane, die bisher ein fast ausschließliches Reservat Portugals und Spaniens gewesen waren, nun aber allmählich für die Seeleute anderer Nationen offen wurden, insbesondere für die englischen. Was die Portugiesen vor langer Zeit mit ihren relativ kleinen, schnellen, hochseetüchtigen Karavellen gemeistert hatten, sollte seine Auswirkungen auf alle Schiffbauer haben. Die hohen Vorder- und Achterkastelle des Mittelalters, die starken Winden und langen Seereisen nicht gewachsen waren, wurden durch kleinere Achterdecks (für die Unterkunft und den Komfort der Offiziere) und noch kleinere und niedrigere am Vorschiff ersetzt – die die legendären Backs der späteren Seefahrer wurden.
Wie es Björn Landström in seinem Standardwerk *Das Schiff* über das 16. Jahrhundert sagt:

»Innerhalb von rund 100 Jahren machte damals das Segelschiff eine tiefgreifendere Entwicklung durch als in 5000 Jahren seiner Geschichte zuvor, ja mehr, als in den folgenden 400 Jahren kommen sollte. Das einmastige Schiff des Beginns des 15. Jahrhunderts hatte sich Schritt für Schritt, doch schnell zum zwei- und dreimastigen entwickelt, hatte Sprietsegel und Topsegel bekommen, wurde mit einem vierten Mast ausgerüstet und später auch mit Bramrahen. Was danach geschehen sollte, war in Wirklichkeit nur Politur und Vollendung.«

Mit der Ausnahme weniger Schiffbauer, die uns einige Zeichnungen der von ihnen konstruierten und gebauten Schiffe mit Details hinterlassen haben, haben wir keine Aufzeichnungen von vielen der früheren Schiffe aus dieser Zeit des Übergangs von der mittelalterlichen Karacke zur kämpfenden Galeone des elisabethanischen Zeitalters. Zum Glück haben wir aus dieser späteren Periode mehrere Zeichnungen in einer Handschrift in der Pepysian Library, die klar Einzelheiten der Konstruktion und der Bauweise zeigen. Sie werden durch andere zeitgenössische Gemälde der Zeit der Armada ebenso bestätigt wie durch eine Zeichnung eines elisabethanischen Kriegsschiffes in der Bodleian Library. Die Konstruktionszeichnungen, die vielleicht von dem bekannten Schiffbaumeister Matthew Baker 1586 gezeichnet wurden, zeigen Galeonen der elisabethanischen Zeit, die, obwohl sie eindeutig mit früheren Schiffen wie der *Mary Rose* verwandt sind, doch mehr den großen Segelkriegsschiffen ähneln, die alle späteren Jahrhunderte kennenlernen sollten. Die bedeutendste Veränderung ist die Verkleinerung des Vorderkastells, das eindeutig nicht mehr wie ein »Kastell« verwendet wurde, aus dem Land- und Seeschlachten geführt werden, während selbst das Achterkastell, das zwar noch wie eine Verteidigungsfläche wirkt, in der Höhe über dem Wasser beträchtlich verringert ist. (Es kann wenig Zweifel geben, daß der Verlust der *Mary Rose* in Verbindung mit Kritik von Kapitänen von Handelsschiffen und Kriegsschiffen die Schiffbauer dazu gebracht hatte, einige der Hauptelemente des Schiffbaus zu überdenken.)

Die 1587 gebaute *Ark Raleigh*, die vermutlich auf einem späteren Bild dargestellt ist, als sie in *Ark Royal* umbenannt worden war (nachdem sie in der Schlacht gegen die Armada das Flaggschiff Admiral Howards gewesen war), war eine solche Galeone dieser Zeit. Mit 800 Tonnen war sie ein Viermaster mit zwei Batteriedecks und zeigte ein neues Merkmal, eine Galerie, die vom Heck an beiden Seiten des Halbdecks nach vorn verlief. Sonst war sie den früheren Großkampfschiffen in der Erscheinung ähnlicher, als die auf der Zeichnung der Pepysian Library abgebildeten Galeonen. Ein interessanter Punkt ist die Verringerung der Zahl ihrer Kanonen. Sie stand lange im Dienst, und sie scheint zumeist 38 bis 44 Kanonen geführt zu haben. Dies beruhte darauf, daß sich inzwischen das Gewicht der Kanonen erhöht hatte und eine fast standardisierte Größe – die Jahrhunderte bleiben sollte – sich als der wirksamste Schiffsvernichter entwickelt hatte. Es war die gegossene 32- oder 30-Pfünder, die sogenannte Halbkanone. Alle leichteren Kanonen der früheren Zeit waren abgelöst, während natürlich das Gewehr den Bogen und die Armbrust ersetzt hatte und zur üblichen Nahkampfwaffe geworden war.

Die freibeuterischen (oder seeräuberischen) Großtaten von Männern wie Hawkins, Drake und Frobisher auf fernen Meeren, die sich gewöhnlich gegen die Schiffe richteten, die die Lebensader zwischen dem neuen spanischen Kolonialreich und seinem Heimatland waren, hatten ihnen nicht nur Kenntnisse über das Hochseesegeln, sondern auch über die Erfordernisse eines leistungsfähigen, schnellen und gutbewaffneten Kriegsschiffes gegeben – das entweder einen Geleitzug oder einen Hafen angreifen und mit hoher Geschwindigkeit entkommen konnte. Wie wir gesehen haben, bestand die Tendenz, die Größe des leistungsfähigen Kriegsschiffes zu reduzieren, und während die Spanier zu größeren Schiffen neigten, die Soldaten und Waren zwischen Spanien und seinen Kolonien ebenso wie Kanonen hin- und hertransportieren konnten, hatten sich die Engländer – die damals mehr auf Überfälle auf den spanischen Handel aus waren – auf das kleine Schiff festgelegt. Wie Laird Clowes aufgezeigt hat:

»Verzeichnisse der Tonnage einzelner im Jahre 1588 gegen die spanische Armada eingesetzten Schiffe zeigen, wie klein zum größten Teil selbst die Kriegsschiffe jener Zeit waren. Nur ein Viertel von ihnen hatte 600 Tonnen oder mehr, während mehr als die Hälfte 360 Tonnen nicht überschritt.«

In einer Anmerkung zu den Zeichnungen in der Pepysian Library sagt er weiter:

»Diese Zeichnungen zeigen, daß die späteren elisabethanischen Schiffe gut konstruiert waren, mit einem guten Einschnitt und einem feinen Linienverlauf nach achtern. Eine Zeichnung vergleicht in der Tat den Schiffskörper unter Wasser mit der Form eines Fisches und beweist, daß die Idee, daß ein Schiff mit ›dem Kopf eines Kabeljaus und dem Schwanz einer Makrele‹ konstruiert sein sollte, keineswegs erst im frühen 19. Jahrhundert aufkam. Die Schiffe haben alle die Bauweise der Galeonen, mit einer vom Vordersteven gut zurückgesetzten Back und einem langen hervorstehenden Schiffsschnabel, und sie alle haben das viereckige eingezogene oder mit Heckwerk versehene Heck ihrer Zeit.«

Ein ziemlich typisches Beispiel ihrer Zeit war die *Revenge,* die Ruhm als Flaggschiff von Sir Francis Drake errang, als er in der Schlacht gegen die Armada stellvertretender Oberbefehlshaber war, und die dann 1591 unter Sir Richard Grenville ihren unvergessenen Kampf gegen die spanische Flotte focht. Die 1577 in Deptford gebaute *Revenge* hatte die übliche farbenprächtige Dekoration des Überwasserschiffes, denn wenigstens in dieser Hinsicht folgte man noch der mittelalterlichen Praxis. Sie war grün und weiß gestrichen.
Mit 28 Metern auf dem Kiel hatte sie wahrscheinlich eine Gesamtlänge über alles von 39,60 Metern, eine Gesamtbreite von 9,75 Metern und vier Steckmasten mit Maststengen. Die Stengen konnten geklappt werden, und es muß angenommen werden, daß bei vielen der früheren in der

Schriftrolle Anthony Anthonys gezeigten Schiffe die Stengen öfter geklappt als gesetzt wurden und ihre Erscheinung mehr dem Prunk als der Praxis diente. Wie viele andere Schiffe ihrer Zeit hatte sie einen Bugspriet mit einem Sprietsegel, der so steil gestellt war, daß er fast wie ein weiterer Mast wirkte. Die *Revenge* hatte eine schwere Bewaffnung, wahrscheinlich etwas mehr als die meisten anderen Schiffe ihres Gewichtes und ihrer Klasse, und man nimmt an, daß Drake selbst sie verstärkte. Er war einer der leidenschaftlichsten Verfechter der großen Kanone und der Breitseite mit einem langen ununterbrochenen Batteriedeck mit 32-Pfündern. Sie hatte auch einige der langen, als Saker bekannten 5-Pfünder, die kaum noch im Einsatz waren, weil sie bei Breitseiten wirkungslos waren und hier wahrscheinlich vor allem als Waffen gegen Personen beibehalten wurden, für den Fall, daß es zu einem Nahkampf der alten Art kam. Sie war durch ihre Kanonen so kampfkräftig, daß sie in ihrem berühmten letzten Gefecht in der Lage gewesen wäre, 15 Stunden lang nacheinander Schiffe abzuwehren, die zwei- oder dreimal so groß waren wie sie. Wie bei den Galeeren wurden in solchen Gefechten Schiffe in Wellen gegen ein einzelnes Schiff eingesetzt, so daß jedes frisch und mit schußfertigen Kanonen in der Erwartung herankam, daß sein Gegner vielleicht vorübergehend nicht in der Lage war, das Feuer zu erwidern. Hier hatten ebenso wie in späteren Jahrhunderten die Engländer gegenüber ihren Gegnern den Vorteil einer strikten Disziplin, die zum wirksamen Artillerieeinsatz führte. Diese Disziplin, die heute im Zeitalter des kleinen Mannes von Politikern und Schriftstellern so bejammert wird, sollte die Grundlage der Überlegenheit dieser Nation auf den Weltmeeren sein und zum Erwerb eines großen Kolonialreiches führen.

Der Hauptunterschied zwischen den englischen Schiffen auf der einen und den portugiesischen und spanischen auf der anderen Seite in der Zeit der Armada ist oft genug besprochen worden – in der Tat so oft, daß quasi als Protest manchmal gesagt worden ist, daß es schließlich kaum einen Unterschied zwischen ihnen gab. Es war weniger das Gewicht der Feuerkraft, bei dem die Engländer den Vorteil hatten, als die Segeleigenschaften ihrer Schiffe, die vor allem genau für das Seegebiet gebaut worden waren, in das sich die Armada vorwagen sollte. Thomas Fuller (geb. 1608) trifft den Punkt in seinen *Worthies of England* bewundernswert, wenn er seinen Bericht auf die Erzählungen älterer Zeitgenossen gründet, die sich an diese Ereignisse erinnerten, und über Shakespeare und seinen Kreis schreibt:

»Oft gab es geistige Kämpfe zwischen ihm (Shakespeare) und Ben Jonson: Und ich sehe die beiden wie eine spanische große Galeone und ein englisches Kriegsschiff. Meister Jonson war wie die erstere viel besser ausgebildet, solide, aber langsam in seiner Ausführung. Shakespeare (war) wie das englische Kriegsschiff, weniger in der Masse, aber leichter im Segeln und konnte mit allen Gezeiten wenden, lavieren und durch die Schnelligkeit seines Geistes und seiner Erfindungsgabe Vorteil aus allen Winden ziehen.«

Die relative Kürze des Kiels von Schiffen wie der *Revenge* im Verhältnis zu ihrer Länge bedeutete, daß sie zwar schnell und wendig waren, aber bei jedem Seegang stampfanfällig waren. M. Oppenheim gibt in seinem Werk *Administration of the Royal Navy* den bezeichnenden Kommentar für alle Schiffe und Gefechte dieser Zeit:

»Es spricht genügend für den Mut des elisabethanischen Seemannes, daß während der ganzen Regierungszeit nur zwei englische Kriegsschiffe von Spanien gekapert wurden, und auch dann nur nach verzweifeltem Kampf gegen eine überwältigende Übermacht. (Es waren die *Jesus of Lübeck* und die *Revenge.)* Es spricht ebenso für seine Seemannschaft und das Geschick und die gute Qualitätsarbeit der Schiffbauer an Land, daß mit Ausnahme der kleinen *Lion's Whelp* kein auf einer Werft gebautes Schiff durch Belastungen des Wetters, durch Feuer oder durch Aufgrundlaufen verlorenging. Während derselben Jahre und in denselben Stürmen, die die englischen Schiffe erfolgreich abwetterten, gingen ganze spanische Flotten auf See unter.«

Königin Elisabeth selbst, die zwar im allgemeinen gegenüber ihrer Marine knauserig war (und auch nicht annähernd so kenntnisreich in bezug auf ihre Führung und Verwaltung wie ihr Vater Heinrich VIII.), stellte dennoch sicher, daß die Witwen aller Seeleute, die in dem letzten verzweifelten Kampf der *Revenge* fielen, sechs Monate Pensionszahlungen erhielten. Eine solche Überlegung war ungewöhnlich in einer Zeit, in der invalide Seeleute an den Straßenecken bettelten und die Witwen nichts erhielten. Es war bedeutsam und ein Zeichen für Drakes Haltung gegenüber den Seeleuten, daß er nach der Schlacht gegen die Armada eine bedeutende Rolle bei der Fürsorge für sie spielte. In Zusammenarbeit mit Hawkins gründete er den berühmten »Chatham Chest«, einen Fonds, der armen Seeleuten helfen sollte. Es war die erste solcher Fürsorgestiftungen, die in England eingerichtet wurde, und die Mutter ungezählter ähnlicher Organisationen, die noch heute gedeihen.

Über die Armada war schon lange nachgedacht worden. Sie war nicht nur von Philipp II. von Spanien als gerechtfertigte Bestrafung der Engländer geplant worden, die ständig seine Kolonien und die Lebensadern, die sein Land ernährten, bedrängten, sondern auch der Traum aller leidenschaftlichen Katholiken. Die Schwierigkeiten, ein solches Unternehmen so weit von den spanischen Flottenstützpunkten entfernt und in solch gefährlichen Gewässern, wie es der Ärmelkanal war, durchzuführen, waren niemals unterschätzt worden. Wenn spanische Schiffe auf englische getroffen waren, hatten die Engländer ohne Ausnahme eine überlegene Taktik, bessere seemännische Fähigkeiten, bessere Artillerie und Mut gezeigt. Schon 1574 hatte ein spanischer Agent in England vor ihrer Taktik gewarnt.

»Wenn die Flotten in Feindseligkeiten geraten, wäre es gut, den Befehl zu geben, wenn sie (die Spanier) sich ihnen (den Engländern) nähern, daß die Artillerie an der Wasserlinie sofort eine Breitseite abgeben sollte, und so ihre Rümpfe beschädigt und sie mit dem Rauch verwirrt. Dies ist ihre eigene Kampfesweise, und ich habe sie vor 30 Jahren viele Male so gegen die Franzosen kämpfen sehen. Ich rate den Schiffen Seiner Majestät, ihnen vorauszusein und daß sie alle, die ihnen entgegenstehen, auf den Grund senden. Dies ist der wichtigste Rat.«

Es war ein Rat, der nicht mißachtet werden sollte, und als die Armada schließlich 14 Jahre, nachdem dieser Brief geschrieben wurde, auslief, hatte Philipp II. dafür gesorgt, daß sie eine enorme Artillerie mit sich führte. Aber die spanische Taktik scheint ganz bewußt dieselbe wie in den vorausgegangenen Jahren geblieben zu sein, denn die Schiffe trugen eine erstaunliche Anzahl von kleinen leichten Kanonen – Saker, Schlangen und dergleichen –, die bei der englischen Marine unter der Führung von Hawkins schon außer Dienst gestellt worden waren und sich in der Waffenkammer des Towers von London befanden, wahrscheinlich für den Einsatz bei den Landtruppen. Aufgrund der Tatsache, daß die spanische Flotte von insgesamt 2400 Kanonen etwa 1300 leichte Waffen mitführte, scheint anzudeuten, daß ihr Endziel das Entern und der Nahkampf Schiff an Schiff war. Die Realitäten der neuen Seekriegsführung, die die Engländer entwickelt hatten, entgingen dem militärischen Verstand der Spanier – denn in ihrer Flotte herrschte ein militärischer Code und militärische Disziplin, in der die Offiziere in erster Linie noch Herren und dann erst Soldaten waren. Die Folge war, daß die Seeleute und auch die sehr wichtigen Kanoniere als niedriger Grad des gemeinen Volkes angesehen wurden – was bei ihnen zu schlechter Moral und dem Mangel an Disziplin bei der Artillerie führte, die die Engländer seit langem bezwungen hatten. Drakes Befehl: »Ich muß den Gentleman mit dem

Seemann schleppen und ziehen lassen, und den Seemann mit dem Gentleman«, wäre den Kommandeuren und Offizieren der spanischen Armada völlig unverständlich gewesen. Forschungen in jüngerer Zeit durch Prof. Michael Lewis und andere über die Bewaffnung und die Größe der spanischen Schiffe haben aufgezeigt, daß das Flaggschiff von Medina Sidonia, die portugiesische *San Martin,* die in früheren britischen Berichten immer als Riesenschiff dargestellt wurde, das sich über die englischen Kriegsschiffe auftürmte, tatsächlich nach der britischen Methode, die Tonnage zu berechnen, nicht größer als 750 Tonnen war, und 1000 Tonnen nach der kontinentalen Methode. Die größten beteiligten Schiffe scheinen mit 1000 Tonnen die Engländer *Triumph* und *White Bear* gewesen zu sein, aber es ist richtig, daß die Zusammensetzung der Armada so zahlreich war, daß ihre Gesamttonnage die englische bei weitem überstieg, und auch ihre Feuerkraft war beträchtlich stärker als die englische. Viele große Handelsschiffe, im Stil der Zeit bewaffnet, waren erforderlich, um die etwa 20000 Soldaten der Invasionstruppe zu transportieren. Die Bewaffnung dieser großen Streitmacht umfaßte, so ist berechnet worden, unter anderem etwa 160 50- und 32-Pfünder-Kanonen, über 300 24-Pfünder und eine ähnliche Zahl von 18- und 9-Pfündern. D. G. Browne hat in seinem Werk *The Floating Bulwark* eine interessante Anmerkung über die schwere Bewaffnung der Invasions- und Schlachtflotte Philipps II. gemacht:

»Dafür hatte Philipp Europa leergekratzt. In Kiplings ›Hal o'the Draft‹ verkaufen Eisengießer in Sussex Kanonen an schottische Piraten, aber wenn der Verfasser ›über die Kanonen, die König Philipps Flotte schlagen‹, schrieb, so fügte er, vielleicht, weil er Wahlbürger von Sussex war, nicht hinzu, daß König Philipp mit Kanonenfeuer aus derselben Quelle zurückschlug. Englische Kanonenbauer hatten einen guten Ruf, und in Spanien erzielten ihre Produkte nicht nur einen entsprechend hohen Preis pro Tonne, sondern sogar Pensionen für Hersteller, die so unpatriotisch waren, sie hinüberzuschmuggeln. Die Armada hatte viele englische Kanonen.«

Damals wie heute war die Rüstungsindustrie international und um Geld besorgt, nicht um Skrupel. Denken wir daran, daß viele der besten Kanonen in der Flotte Heinrichs VIII. vom Kontinent stammten. Erst während Heinrichs Herrschaft wurden die ersten Kanonengießereien in England gegründet, und die ganze Rüstungsindustrie des Landes war in Gang gesetzt worden, so daß er unabhängig von Lieferungen vom Kontinent wurde.

Nach all den vielen Verzögerungen und Mißgeschicken, die sie seit Anbeginn befallen hatten, segelte die »glücklichste Armada«, die jetzt in die »unbesiegbare« umbenannt worden war, schließlich am 12. Juli 1588 unter dem Oberbefehl des Herzogs von Medina Sidonia von La Coruña ab. Alles in allem war dies angesichts der Zeit, der Schwierigkeit der Nachrichtenverbindungen, des Landtransportes und der ganzen Organisation der Logistik eine erstaunliche Leistung. Es sollte Jahrhunderte dauern, bis wieder etwas Ähnliches versucht wurde. Es ist richtig, zu sagen, daß in diesem Augenblick nur das große Königreich Spanien unter Philipp II. dies erreichen konnte. Ein kleines Land wie England mit seiner begrenzten Bevölkerungszahl, seinem Unwissen von der Führung von Kolonialreichen und der großräumigen Organisation, konnte nur ehrfürchtig erstaunt sein. So wie es später über die Jahrhunderte zur allgemeinen Strategie für die englische Marine wurde – von mehreren größeren Häfen den zu wählen, der dem jeweiligen Feind am nächsten war –, hatten die Engländer Plymouth zu ihrem Hauptstützpunkt gegen diese Bedrohung aus dem Südwesten gemacht. Hier war Lord Howard of Effingham an Bord seines Flaggschiffes *Ark* (später *Ark Royal*), eines neuen Kriegsschiffes von 800 Tonnen, mit Drake als seinem Vizeadmiral auf der *Revenge* und Hawkins auf der *Victory*, die beide ebenfalls 800 Tonnen hatten. Die Königin, die von früheren Mißgeschicken der spanischen

Flotte gehört hatte, hatte vorgeschlagen, daß einige dieser großen Galeonen jetzt außer Dienst gestellt werden könnten, denn sie war sich immer der Beanspruchung der königlichen Kasse bewußt, wenn so viele Schiffe, für die die Krone selbst verantwortlich war, besetzt und unterhalten werden mußten. Howard hatte jedoch darauf bestanden, sie im Dienst zu behalten, und in dieser Meinungsverschiedenheit mit seinem Souverän denselben unerschütterlichen gesunden Menschenverstand gezeigt wie im Umgang mit dem hitzigen und weniger disziplinierten Drake. Wie Sir Julian Corbett über ihn anmerkte:

»... Während die Krise andauerte, beugte er sich mit feiner Demut dem Untergebenen, den er als das größere Genie anerkannte; und doch verlor er nie, obwohl er wich, die Würde oder vergaß für einen Augenblick, daß er es war, der für den Geist der Flotte verantwortlich war. Vom ersten bis zum letzten gab er ein Beispiel unermüdlicher Arbeit, loyaler Treue und des schwungvollen Mutes, der kaum zu übertreffen war und der ihm den völligen Respekt seines eigensinnigen und selbstbewußten Vizeadmirals einbrachte.«

Während die Engländer warteten, lief die spanische Flotte stetig mit einem frischen und günstigen Südwind auf den Ärmelkanal zu – mit demselben Wind, der die Engländer in ihren Häfen festhielt und auf Südwest drehte, als er die Schulter des Kontinents umrundete. Die Feuerschiffe waren gelöscht, aber sie waren ständig auf der Hut und beobachteten den Atlantik und erfüllten so, wie sie es später getan haben, die Aufklärungsaufgabe, für die sie gebaut waren. Dieser selbe Wind, der zuvor (mit Sturmstärke) die Engländer veranlaßt hatte, bei ihrem Versuch, die Armada in ihren Heimathäfen zu fangen, abzudrehen, wurde später von Admiral Howard als ein Glück im Unglück bezeichnet: »Der südliche Wind, der uns von der Küste Spaniens zurückbrachte, brachte sie heraus«, schrieb er. »Gott behütete uns, indem er uns abdrehen ließ.«

Am 19. Juli sichtete Kapitän Thomas Fleming auf seiner kleinen Bark *Golden Hind* (die nach Drakes berühmtem Schiff, mit dem er die Welt umsegelt hatte, benannt war) die ersten Segel. Er war vor den Scilly-Inseln auf Patrouille, als er die Vorhut der Armada sah, die mit gestrichenen Segeln dalag, damit die langsamen Schiffe aufholen konnten. Fleming eilte zurück nach Plymouth und brachte die große Nachricht, auf die alle gewartet hatten. Auf den ersten Blick hatten die Spanier einen taktischen Vorteil, denn sie hatten den Vorteil des Windes gegenüber ihrem Feind, der mit der Masse seiner Schiffe leewärts in den Häfen festsaß. Dies wäre in der Tat so gewesen, wenn der Ärmelkanal zur gleichen Zeit des Jahres das Mittelmeer gewesen wäre, gezeitenlos und mit Winden aus einer mehr oder weniger konstanten Richtung – wenn es überhaupt Wind gab. Aber es war nicht das Mittelmeer, und die englischen Schiffe waren für ihr unvorhersehbares Klima gebaut und ihre Kapitäne vertraut mit jeder Ebbe und Flut und ihren wandernden Strömungen. Weder Philipp II. noch sein Admiral wußten, daß fast die gesamte englische Flotte an die Mündung des Ärmelkanals nach Plymouth verlegt worden war, und ihre große Strategie baute auf einer falschen Prämisse auf: daß die Engländer aus der Vielzahl von Häfen herauskommen würden, die ihnen entlang ihrer Kanalküste zur Verfügung standen, und während der Vorbeifahrt der Armada nacheinander bekämpft würden.
Medina Sidonias Befehl war, durch den Kanal zu laufen, unterwegs keinen englischen Hafen anzugreifen und, nachdem er das nördliche Vorland vor Margate erreicht hatte, einen Landungskopf an der Themsemündung zu bilden. Die Annahme war, daß er einige der englischen Schiffe an der Mündung des Ärmelkanals treffen und schlagen würde, andere weiter kanalaufwärts, und daß er schließlich in der Meerenge bei Dover auf Admiral Howard mit der Masse seiner Schiffe treffen würde. Ebenso falsch war natürlich die Annahme, daß die Truppen des Herzogs von Parma in der Lage sein würden, von den Niederlanden herüberzukommen, wo die gesamte

Küste von den wendigen, flach gebauten Schiffen der Holländer kontrolliert wurde.
In dieser ersten Nacht war die Masse von Howards Schiffen aus dem Plymouth-Sund verholt worden und ankerte leewärts von Rame Head, das Plymouth vom Westen schützt. Am nächsten Morgen frischte der Südwestwind wieder auf, und die Engländer begannen sofort auf dem Steuerbordschlag auf die See hinauszulaufen. Bis Mittag standen 54 von Howards Schiffen, darunter einige große, leewärts von Eddystone auf See. Zehn weitere Schiffe, die die erste Tide verpaßt hatten, sollten später zu ihnen stoßen. Zur selben Zeit wurde auf Medina Sidonias Flaggschiff *San Martin* ein letzter Kriegsrat abgehalten, bevor die große Armada ihre Fahrt durch den Ärmelkanal antrat.

4. Taktik und die Schlacht gegen die Armada

Das Hauptthema, das in der Besprechung aufkam, war, wie weit sie den Kanal hinauffahren sollten, bevor sie sich vergewisserten, welche genauen Vereinbarungen es mit dem Herzog von Parma gab. Ihre einstimmige Entscheidung war, nicht bis zum North Foreland zu fahren, wie Seine Majestät befohlen hatte. Der vernünftige Grund dafür war, daß es jenseits der Meerenge keinen guten Tiefwasserhafen gab. Wenn sie von einem nördlichen oder östlichen Wind erfaßt würden, wären sie unweigerlich verloren. Bevor nicht ein genaues Treffen mit Parma vereinbart war, würden sie nicht weiter als zur Isle of Wight fahren. Diese Entscheidung wurde sofort Philipp II. mit einem der zahlreichen schnellen Segelboote gemeldet, die sich bei der großen Flotte befanden. Medina Sidonia nahm es mit den Vorschriften sehr genau.

Ein weiterer Punkt in der Besprechung war der Vorschlag, daß sie vor der Weiterfahrt mit dem ganzen Gewicht ihrer Schiffe und Männer über diesen Hafen, der vor ihren Bugen lag, herfallen sollten – Plymouth. Medina Sidonia informierte sie höflich, daß dies ganz im Gegensatz zu den Befehlen Seiner Majestät sein würde und daß er außerdem die Information hatte, daß die Hafeneinfahrt schmal und gefährlich und durch Küstenkanonen gedeckt sei. (Hätten sie es versucht, hätte die Saga von der Armada relativ kurz sein können.) Es wurde beschlossen, den Kanal hinaufzufahren – nicht weiter als zur Isle of Wight –, bis sie weitere klare Nachrichten über die Absichten Parmas hätten.

Die Taktik der Engländer bestand natürlich darin, sich von der Küste und aus der ungünstigen Position eines in Lee liegenden Ufers zu lösen und auf die Luvseite dieser großen

Flotte zu kommen. Das Signalisieren steckte in jener Zeit noch in den Kinderschuhen, aber für diese erklärte und einfache Absicht war kein Signal erforderlich. Sie hatten den Vorteil, in heimischen Gewässern zu segeln. Was noch wichtiger war, auch wenn sie es nicht selbst wußten (wie oft, wenn ihnen über die Jahrhunderte Glück widerfuhr): Die Engländer hatten das Geheimnis des Seekrieges entdeckt: die so genau und so schnell wie möglich abgegebene Breitseite. Die Schlacht gegen die Armada sollte sie in ihrem taktischen Einsatz der Waffen bestätigen, wenn auch die Disziplin der Schlachtflotte in Kiellinie noch etwas war, was in der Zukunft lag. Angesichts der bekannten Überzahl der Soldaten an Bord der spanischen und portugiesischen Schiffe wurde der alte Kampfstil des Enterns nicht in Erwägung gezogen. Das Ziel war jetzt, während die englischen Schiffe in die See ostwärts der Armada vorstießen, den Vorteil des Windes zu nutzen und die Spanier von der Luvseite her anzugreifen. Sie hatten keine Unterstützung durch ihre Kameraden in Lee, die einer nach dem anderen von Abteilungen englischer Schiffe angegriffen werden konnten, die als unabhängige Einheiten kämpften und ihren Führern folgten. Jedes der Schiffe würde dann dem anderen folgen und den Gegner auf dem Gegenschlag passieren, wenn sie vom letzten Schiff ihrer eigenen Linie freikamen. Seit der Schlacht von Portsmouth hatte sich taktisch viel entwickelt, wenn auch die Grundprinzipien der Breitseite bereits 1545 erfaßt worden waren. Die jetzige Taktik wurde nur dadurch durchführbar, weil der englische Schiffbau sich bedeutend weiterentwickelt hatte – und dabei kann die Katastrophe der *Mary Rose* sehr wohl eine Rolle gespielt haben.

Wenn die englische Taktik auch in einer ungeordneten und verwirrenden Art durchgeführt wurde, war sie für die große Flotte des Feindes dennoch sehr beunruhigend, da diese etwas Derartiges noch nie zuvor erlebt hatte. Aber wenn dies der Fall war, so war auch die Bestürzung der Engländer groß, die sehen mußten, wie ihr Gegner vorrückte. Die Armada zeigte genau die disziplinierte und ruhige Art der Annäherung, die jahrhundertelang bei allen Flotten des Mittelmeeres die Norm gewesen war. Die Taktik der Galeeren, die bis auf die Zeit von Salamis und andere vorausgegangene Schlachten zurückging, war gut ausgearbeitet. Die Präzision der Bewegungen der Armada und ihre Disziplin, die die Engländer zu jener Zeit verblüffte und von Marinehistorikern des Nordens auch später mit Überraschung vermerkt wurde, war bei allen Gefechten im Mittelmeer, das die Geburtsstätte der Schiffahrtsgeschichte war, üblich. Der Herzog von Medina Sidonia brachte die größte Flotte, jedenfalls nach der Tonnage, die die Welt je gesehen hatte, den Kanal hinauf. Sie manövrierte genauso wie eine gutdisziplinierte Armee an Land (die Grundlage der Galeerentaktik) mit fast wissenschaftlicher Präzision – angesichts ihrer langen Reise in nicht immer guten Wetterbedingungen eine ausgezeichnete Leistung. Die Engländer, die es sahen, neigten dazu, es als Mondsichel oder Halbmond zu beschreiben. Natürlich können Schiffe, wie diszipliniert ihre Besatzungen auch sein mögen, keine gebogene Linie beibehalten, aber dies war ohne Zweifel das Erscheinungsbild. Die Linien ihrer vier Hauptabteilungen wurden natürlich gehalten. Wenn auch die Zahl viel größer war, war es fast genau dieselbe Formation, die von Barbarossa bei seinem Triumph über die Christen bei Prevesa im Jahre 1538 eingesetzt worden war. Nach Filippo Pugafetta (Rom 1588) war es die Adlerformation, bei der die Vorausabteilung den Kopf bildete, die vordere, aus Pinassen bestehende Sicherung wurde beim Sichten des Feindes zurückgehalten und bildete den Hals. Die Hauptschlachtlinie war der Rumpf, die Unterstützungsflotte der Schwanz, und die beiden Flankenabteilungen bildeten die Flügel.

Von Flanke zu Flanke erfaßte sie eine breite Front von etwa vier Meilen, wodurch es schwierig wurde, sie auszumanövrieren, um in ihren Rücken zu gelangen, während die Vorausabteilung von starken Schiffen jeden feindlichen Verband schon zu Beginn eines Gefechtes auseinanderbrechen sollte.

Medina Sidonia hatte die Spitzen der Flügel mit einigen seiner besten Kampfschiffe gehärtet und so sichergestellt, daß, wenn die Engländer auf einer Flanke den Vorteil des Windes haben würden, sie sich an den Spitzen die Zähne ausbeißen würden. Wenn der Feind andererseits um die Flügel herumfahren sollte, um die achteraus fahrenden Vorrats- und Transportschiffe anzugreifen, so würde er bald feststellen, daß die Spitzen der Flügel zurückgefallen waren und ihn abgeschnitten hatten. Wenn er jedoch dem starken Kopf ausweichen und versuchen würde, hinter ihm durch die Mitte zu brechen, konnten die Flügel sich entfalten, und der Feind würde geschluckt. Die Beibehaltung dieser klassischen Formation war, auch wenn man die Tatsache berücksichtigte, daß die Spanier einen günstigen achterlichen Westsüdwestwind hatten, erstaunlich und verblüffte die einzelgängerischen (und oft ungehorsamen) Engländer. Um die Formation zu halten, rollten die Segelschiffe mit scheinbar unheimlicher Präzision die Marssegel zusammen oder breiteten mehr Segeltuch aus, während die großen Galeassen an den Flügeln den Schlag der Riemen erhöhten oder verringerten und so genau Abstand hielten.
Als am 20. Juli die Sonne unterging, brachte der Wind etwas Regen, und die Engländer, die ihre ersten ehrfürchtigen Blicke auf die Masse und die Zahl der Schiffe der Armada geworfen hatten, zogen auf dem Steuerbordschlag weiter südwärts in den Kanal hinaus. Die anderen, die zu spät aus Plymouth herausgekommen waren, kreuzten entlang der Küste zwischen dem nördlichen Flügel der Armada und dem Ufer. Howard und Drake kamen mit dem Gros in den frühen Morgenstunden auf dem Backbordschlag heran und standen wieder nördlich vor der Küste. Wenn sie alle über die Größe der einfallenden Flotte verblüfft waren (die nicht zum Teil durch den Sturm zerstreut worden war, wie sie gehört hatten), so waren am Morgen des 21. Juli die Spanier erstaunt – als sie sahen, daß die Masse der englischen Flotte auf ihrer Luvseite stand. Medina Sidonia und sein Vizeadmiral Juan Martinez

de Recalde erkannten jetzt, daß ihre Information, daß die Masse der feindlichen Flotte viel weiter ostwärts an der Küste stände und in Plymouth nur wenige Schiffe lägen, völlig falsch war. Sie konnten nicht verstehen, wie so viele Schiffe während der Nacht unbemerkt um sie herum auf die Luvseite gelangen konnten. Howard selbst fand an dieser Leistung nichts Bemerkenswertes, er kommentiert in seiner lakonischen Art:

»Am nächsten Morgen, einem Sonntag, hatten alle Engländer, die aus Plymouth gekommen waren, zwei Meilen westlich von Eddystone den Wind von den Spaniern zurückgewonnen.«

Die Spanier sollten später anmerken, daß die englischen Schiffe »am Bug sehr niedrig gebaut« waren, und dies war eines der Konstruktionsmerkmale der neuen Schiffe, die ihnen einen solchen Vorteil beim Segeln gegen den Wind gaben. Sie hatten auf zwei Schlägen die Strecke zurückgelegt, für die die älteren Galeonen der Spanier mit ihren hohen Achter- und Vorderkastellen vier oder mehr gebraucht hätten. Die schmaleren Unterwasserrümpfe der bereits erwähnten Bauart hatten ihnen ebenfalls geholfen, und man muß auch Hawkins loben, denn er und andere hatten ein Bauprogramm veranlaßt, bei dem in die Zukunft gesehen wurde, statt konservativ in der Vergangenheit verhaftet zu bleiben. Die Spanier und Portugiesen, und andere mit ihnen, hatten das Rückgrat des mediterranen Schiffbaus hinter sich, der den Ozeanreisen zwischen Spanien und Amerika angepaßt worden war. Dies bedeutete, daß sie nicht damit leben mußten, gegen den Wind zu segeln, wie die englischen Seeleute, denn die Hinreisen führten über die südliche Passatroute, und bei den Rückreisen hatten sie die atlantischen Westwinde im Rücken. Unter diesen Bedingungen bedeuteten hohe Vorder- und Achterkastelle wenig, und da sie mehr Militär transportierten, dienten beide Kastelle noch ihrem alten Zweck.

Das Hauptgefecht des Tages begann damit, daß die Engländer unter Howard eine Breitseite abgaben, als sie den äußeren Flügel der Armada passierten, und dann, anstatt einen weiteren Versuch beim Gros der Flotte zu unternehmen, alle Segel setzten und Kurs auf die Küste nahmen. Howard vermutete zu Recht, daß der Feind auf Plymouth vorstoßen wollte, das er ungedeckt ließ, weil er auf die Luvseite der Spanier gegangen war. Sein Ziel war jetzt, den Gegner möglichst nah an der Küste anzugreifen und ihn auf die andere Seite des Plymouth-Sunds zu treiben.

Howard auf der *Ark* und seine Begleiter knallten ihre Breitseiten auf das achterlichste Schiff, die *Rata Coronada* von Don Alonzo de Leiva, während die große Karacke *Regazona* zurückfiel, um ihm beizustehen. Bei diesem Zusammenstoß scheint keine der beiden Seiten großen Schaden erlitten zu haben, und Howard schrieb:

»Wir ließen einige von ihnen Raum gewinnen, um ihre Lecks abzudichten. Dennoch durften wir nicht zwischen sie fahren, denn ihre Flotte war so stark ...«

Jetzt griffen Drake auf der *Revenge,* Hawkins auf der *Victory* und Frobisher mit der *Triumph* Vizeadmiral Recalde auf seiner Galeone *San Juan* am seewärtigen Flügel der Armada an. Recalde, der erfahrenste aller Kommandeure seiner Flotte, versuchte nicht, unbeeindruckt weiterzusegeln, als der Feind angriff, sondern wendete seine große Galeone mit Schwung, so daß er diesen vorbeilaufenden Engländern Breitseite auf Breitseite geben konnte. Sein Manöver war auch so berechnet, daß es den Feind in Versuchung bringen sollte, die Schlacht auf die einzige Weise zu beenden, auf die nach seiner Meinung solche Begegnungen beendet wurden – durch Entern. Aber die Engländer hatten ihre Befehle, und sie wußten inzwischen, daß Schlachten auf See durch Schiffe gewonnen wurden, die Schiffe bekämpften, und nicht durch Enterkommandos und den Sturm bewaffneter Männer.

Nach einer Stunde, in der die *San Juan* der weitreichenden Taktik der Engländer widerstanden hatte, fielen andere Schiffe des seewärtigen Flügels zurück, um Recalde zu unterstützen und zu verstärken. Das allgemeine Durcheinander, das Recalde hatte provozieren wollen, mit Kämpfen von Schiff gegen Schiff, die mit dem Entern endeten, kam nicht zustande, und Drake und seine Begleiter zogen sich aus seiner Reichweite zurück und setzten Segel, um gegen den Wind hinter die Armada zu segeln und zu Admiral Howard zu stoßen, der jetzt am landseitigen Flügel der Armada stand. Sie konnten nicht wissen, daß bei dem Kriegsrat der Armada bereits die Entscheidung getroffen worden war, keinen Angriffsversuch auf Plymouth zu versuchen, und waren erfreut, daß die Spanier weiter den Kanal hinauffuhren, und gratulierten sich zu dem scheinbaren Erfolg ihrer Angriffstaktik. Bei weiteren Versuchen, einige seiner Schiffe auf die Engländer zurückzudrehen, um ein allgemeines Nahkampfgefecht auszulösen, mußte Medina Sidonia feststellen, daß sie sich nicht hineinziehen ließen. Sein offizielles Logbuch berichtet:

»Nachdem der Feind die Reichweite vergrößert hatte ... konnte er nichts mehr tun, denn sie hatten noch den Vorteil des Windes, und ihre Schiffe sind so schnell und so beweglich, daß sie mit ihnen tun können, was sie wollen.«

Tatsächlich hatte die Armada relativ wenig Schaden erlitten und verfolgte ihren Kurs mit unverminderter Disziplin. Die Engländer ihrerseits waren enttäuscht, daß ihre Kanonenkugeln so wenige Opfer gefordert hatten. Den erwarteten Zusammenbruch des Verbandes oder Anzeichen von Panik hatte es nicht gegeben. Drake schrieb:

»Am 21. hatten wir sie auf der Jagd, und als wir uns ihnen näherten, wurden einige gewöhnliche Schüsse zwischen einem Teil unserer Flotte und ihnen ausgetauscht, und soweit wir sehen können, sind sie entschlossen, ihr Leben mit Schlägen zu verkaufen ...«

Erst längere Zeit nach dem Ende des Gefechtes ereignete sich in der großen Flotte eine Katastrophe: eine Explosion an Bord der Galeone *San Salvador,* die einen großen Teil ihrer Achterhütte wegriß. Mit ziemlicher Sicherheit war dies ein Unfall, denn in dieser Frühzeit des hölzernen Kriegsschiffes waren Unfälle an der Tagesordnung, da es noch kaum strikte Regeln für die Feuerleitung gab. Das schwerbeschädigte Schiff wurde später in Schlepp genommen und in die Mitte der Armada gebracht, während die ganze Flotte bei dieser Rettungsaktion zu einem gut abgestimmten Stillstand kam, bevor sie wie zuvor weiterlief. Auch andere Dinge waren bei der Armada schiefgegangen. Zwei Schiffe waren kollidiert, und eines von ihnen, die *Señora del Rosario,* hatte ihren Fockmast verloren. Sie fiel während der Nacht zurück und wurde später von Drake aufgebracht. Sie war das Flaggschiff von Pedro de Valdez, dem General der Indischen Garde, der offenbar keinen Versuch machte, den Feind abzuwehren. Mit ihren 46 Kanonen war sie ein schönes Schiff und hätte es mit jedem Schiff der englischen Marine aufnehmen können. Ihre Kapitulation war nicht förderlich für die Moral der Armada, ebenso wenig wie der anschließende Verlust der *San Salvador,* die nach der Explosion so schwer leckgeschlagen war, daß sie aufgegeben werden mußte. Ihre Besatzung unterließ es, sie zu versenken oder in die Luft zu sprengen, und sie wurde ebenfalls gekapert und später nach Weymouth geschleppt. Durch diese beiden Unfälle wurde die Moral der englischen Seeleute mit Sicherheit gehoben, und als diese Nachrichten die Bewohner der Küste erreichten und sich schnell ausbreiteten, wurden sie als Beweis für die überlegene Tapferkeit der Marine angesehen. Tatsächlich scheint jedoch die Kaperung dieser beiden Schiffe mehr auf die schlechte Seemannschaft der Spanier zurückzuführen zu sein. Die *Rosario* hätte nie kapitulieren sollen (und auf jeden Fall hätte sie viele Stunden

zur Verfügung gehabt, in denen anstelle des verlorenen Fockmastes ein Notmast hätte errichtet werden können), während die *San Salvador* nicht hätte aufgegeben, sondern versenkt werden sollen.
Howards Hauptsorge war natürlich, zu verhindern, daß der Feind an irgendeinem der geeigneten Plätze auf seinem Weg eine Landung unternahm. Er konnte nicht wissen, daß Admiral Medina Sidonia bereits bei dem Kriegsrat bestimmt hatte, nicht über die Isle of Wight hinauszufahren. Am späten Nachmittag des 22. legte sich der Wind völlig, und alle Schiffe lagen in der Flaute. Die mit Riemen angetriebenen Schiffe der Armada mußten wohl oder übel bei den Segelschiffen bleiben. Da die Armada ihre Formation hielt, konnte kein separates Gefecht von Schiffen begonnen werden, die dazu in der Lage waren, und die Schwierigkeit, gemischte Flotten zu führen, zeigte sich einmal mehr. Am nächsten Morgen frischte mit dem Morgengrauen ein Ostwind auf und gab den Spaniern den Vorteil des Windes – aber sie konnten daraus keinen Nutzen ziehen (wie sie es getan hätten, wenn es nur um ein Seegefecht gegangen wäre), denn sie waren durch ihren Auftrag gezwungen weiterzufahren. Howard, der fürchtete, daß der Feind versuchen würde, den Bill of Portland luvwärts zu umschiffen und in Weymouth zu landen, versuchte, den landseitigen Flügel der Armada vom Land abzudrängen. Er hatte wenig Erfolg, denn Medina Sidonia, der entschlossen war, seine Flanke nicht umfassen zu lassen, verlegte seine Galeonen auf diesen Flügel, um die englische Linie abzufangen. Es entwickelte sich ein laufendes Gefecht, als Howards Schiffe, die landwärts gewendet hatten, auf südwestlichem Kurs zurücksegelten, um zu versuchen, auf die Luvseite des seewärtigen Flügels der Armada zu gelangen. Dies wurde erneut von der spanischen Nachhut vereitelt, die sofort zurückfiel. Nach Camdens Bericht »knallten die großen Kanonen wie Donnerschläge«, aber keine der beiden Seiten erlitt Schäden. Aber natürlich wurde sehr viel Pulver und Munition verschossen, was die Engländer während der ganzen

Schlacht nur mit großen Schwierigkeiten wettmachen konnten, indem sie dringend benötigte Schiffe in die Häfen schickten, und was die Armada überhaupt nicht ausgleichen konnte.

Während dieses Gefechtes am seewärtigen Flügel waren die schweren Schiffe der Armada ständig zurückgefallen, um zu verhindern, daß die Engländer sie umrundeten, und gleichzeitig versuchten sie, Nahkämpfe zu provozieren. Die neue Taktik des Seekrieges war gegen die alte angetreten. Inzwischen entwickelte sich am landwärtigen Flügel der großen Flotte ein weiterer Kampf, bei dem Frobisher mit dem 1000-Tonnen-Schiff *Triumph* zusammen mit fünf kleineren Schiffen und losgelöst vom Gros der englischen Flotte zwischen der Armada und der Küste abgeschnitten war. Der starke spanische Flügel – vier Galeassen »griffen sie scharf an« – hatte den Vorteil, daß, während der Tag sich dahinschleppte, der Wind auf Süd drehte, so daß er jetzt auf Frobishers Luvseite stand. Howard, der sich aus seinem Gefecht am luvseitigen Flügel der Armada löste und dieses Umspringen des Windes nützte, eilte mit 16 anderen Schiffen der *Triumph* zu Hilfe. Während seines Gefechts war Admiral Recaldes Flaggschiff *San Juan* schwer beschädigt und gezwungen worden, sich zurückzuziehen, und jetzt, als Howard im Rücken der Armada vorbeilief, fiel Admiral Medina Sidonia mit seinem Schlachtschiff, der großen *San Martin,* selbst zurück, um auf seinen englischen Gegenspieler auf der *Ark Royal* zu treffen.

In einer Geste, die einer vergangenen Zeit angehörte, strich Medina Sidonia seine Toppsegel – die Einladung an den anderen, an Bord zu kommen, um »wie Herren zu kämpfen«. Dieser spanischen Höflichkeit wurde von dem rauhen Lord Howard und seinen Begleitern keine Beachtung geschenkt. Sie bestrichen die *San Martin* beim Vorbeilaufen mit ihren Breitseiten, näherten sich aber nicht auf Enterweite. Die englische Linie war vorbeigelaufen, hatte gewendet und war erneut vorbeigelaufen, und eine volle Stunde lang hielt Medina Sidonias Flaggschiff ihrem Feuer stand – und litt schwer, aber

die Spanier kämpften mit einem Mut, der dem ihrer Gegner ebenbürtig war, tapfer weiter. Nach kurzer Zeit fielen andere Galeonen, die sahen, wie die Engländer ihren Admiral bedrängten, zurück, um ihm beizustehen. Howard und seine Schiffe, die sich auf keinen Fall in einen Nahkampf verwikkeln lassen wollten, der zum Entern hätte führen können, liefen weiter, um Frobisher zu helfen. Aber Frobisher war nicht mehr in Bedrängnis. Die Galeassen hatten sich zurückgezogen, und der Wind hatte nun auf Westen gedreht und so die Engländer wieder auf die Luvseite der Armada gebracht.
Die Schlacht am Bill of Portland, wie sie genannt werden sollte, lehrte beide Seiten eine Lektion. Die Spanier lernten, daß der alte Stil des Seegefechtes überlebt war, wenn es gegen Schiffe ging, die sowohl manövrierfähig wie schwer bewaffnet waren. Die Engländer lernten, daß stark gebaute Holzschiffe fast unsinkbar waren, wenn sie nicht mit stetigem Feuer von Schiffen, die in einer regelmäßigen und disziplinierten Linie an ihnen vorbeifuhren, belegt werden konnten. Natürlich wurden die Hintergründe zu jener Zeit nicht voll erfaßt, aber durch den Rückblick auf diese und andere spätere Gefechte erfaßten die Männer den Gedanken der Notwendigkeit der Kampflinie: schwere Schiffe, mit hohem Metallgewicht, die sich mit Präzision wie ein riesiges, eine Meile langes Kriegsschiff bewegten, um ihre Gegner zu überwältigen. Die Engländer hatten die Notwendigkeit dieser Linie gespürt, aber sie hatten weder die Disziplin noch die Signalmöglichkeiten, sie zu erreichen. Ihre ungeordneten Angriffe hatten einige ihrer Gegner schwer beschädigt, aber sie schwammen noch.
Das Hauptproblem beider Seiten war im Augenblick die Munition. Die Engländer hatten Plymouth mit etwa 30 Schuß pro Kanone und einer entsprechenden Pulvermenge verlassen, und sie hatten jetzt praktisch keine Munition mehr. Obwohl schnelle Schiffe in alle Küstenhäfen geschickt wurden, um neue Munition zu holen, war diese nur schwer zu beschaffen, und für den Rest der Schlacht mußten die Schiffe

ihre Kugeln einteilen. Die Spanier waren mit etwa 50 Schuß pro Kanone zu ihrer Expedition ausgelaufen, was sie als mehr als ausreichend angesehen hatten, aber sie waren in ein Gefecht hineingelaufen, das sie nicht erwartet hatten – wo Pulver und Kugel alles waren. Vor einer feindlichen Küste hatten sie keine Chance, neuen Nachschub zu bekommen, außer vom Herzog von Parma – und sie hatten noch immer nichts von dem Herzog gehört, weil dieser mit seinen eigenen Schiffen von den Holländern festgehalten wurde. Obwohl es zu jener Zeit natürlich noch niemand wissen konnte, war die »unbesiegbare Armada« bereits dem Untergang geweiht – selbst wenn das Wetter am Ende nicht seinen unheilvollen Verlauf genommen hätte. Aber ihre Disziplin ließ nicht nach, und während die Engländer versuchten, von der Küste Munition zu bekommen, und der Armada in ihrem Kielwasser folgten, lief diese weiterhin unerbittlich den Kanal hinauf.

Im Morgengrauen des 25. Juli lagen die beiden Flotten erneut in der Flaute – nur etwa 40 Meilen östlich von der Szene ihres letzten Gefechtes – vor der Isle of Wight. Howards Sorge war natürlich wiederum, daß der Feind eine Landung auf der Insel versuchen würde – und er hatte viel bessere Erfolgschancen als die Franzosen im Jahre 1545, denn er hatte die Waffen und die Männer, um einen ständigen Landekopf zu sichern. An diesem Tag gab es ein verworrenes Gefecht am seewärtigen Flügel der Spanier, wo die Galeone *Gran Grifon* aus der engen Formation zurückgefallen war und Drake mit der *Revenge* sofort über sie herfiel. Schnell war der ganze rechte spanische Flügel in das Gefecht verwickelt, aber die *Gran Grifon,* zwar schwer gestraft, wurde von Galeassen, die Medina Sidonia entsandt hatte, aus der Gefahr befreit. Im Verlauf der Schlacht dieses Tages müssen die Engländer eine traurige Tatsache erkannt haben – es war nicht wahrscheinlich, daß sie mit ihrer Taktik und der verfügbaren Munition auch nur ein spanisches Schiff versenken würden –, während die Spanier erkannten, daß die Engländer keinen Nahkampf akzeptieren würden, wo die Wucht ihrer Soldaten gezählt hätte. So

wie die Sache stand, war es zu einem Patt gekommen, das nur durch eine Wetteränderung beendet werden würde.
Es war gewiß ideales Wetter für eine Invasion, aber da der Herzog von Medina Sidonia nichts von Parma gehört hatte, wagte er es nicht, irgendwo zu landen. Später frischte vor der Isle of Wight ein Südwestwind auf, der es Drake ermöglichte, einen Angriff an der seewärtigen Flanke der Armada vorzutragen, während Frobisher und die mit ihm zwischen der Armada und der Küste stehenden Schiffe einige Schwierigkeiten hatten, sich hinter dem linken Flügel davonzumachen. Der seewärtige Angriff lief jedoch gut. Den Ehrenposten dort hielt jetzt anstelle von Recaldes beschädigtem Flaggschiff die *San Mateo,* eine große portugiesische Galeone. Nachdem sie durch die zermürbende Taktik und das Feuer der Engländer gezwungen war, sich zurückzuziehen, wurde ihr Platz durch die große Galeone des Großherzogs von Toskana, die *Florencia,* eingenommen. Aber allmählich, als die Engländer, die den Vorteil des Windes ebenso wie den Vorteil ihrer Manövrierfähigkeit hatten, vor diesem ganzen Abschnitt der Armada seewärts hin- und herkreuzten, begann die Formation zu wanken, und sie zwangen Schiff auf Schiff, das bemüht war, Station zu halten, sich der englischen Küste gefährlich zu nähern. Es ist möglich und angesichts seiner genauen Kenntnis des Ärmelkanals in der Tat wahrscheinlich, daß Drake und seine Schiffe absichtlich versuchten, die Armada in eines der großen Gefahrengebiete dieser gefährlichen Küste zu treiben.
Zehn Meilen östlich der Isle of Wight liegen die Owers – jene gefährliche Bank seichten Wassers, in dem Felsen wie Zähne stehen. In den Tagen des Segelschiffes forderten sie viele Opfer, und in der Tat war es 1545 eine der Hoffnungen von Lord Lisle gewesen, daß er das Gros der französischen Flotte landwärts in die Gefahren dieses Gebietes locken könnte. Medina Sidonia beobachtete, wie seine Flotte genau in dem Augenblick nach Nordosten gedrängt wurde, in dem sein Hauptlotse an der Backbordseite der Flotte seichtes Wasser melde-

te. Es wurde sofort ein Signal mit einem Kanonenschuß gegeben, und die Armada folgte ihrem Admiral, änderte den Kurs und begann, sich auf Südostkurs vom Land zu lösen. Die Isle of Wight begann hinter ihnen zu verschwinden, und die englischen Schiffe zogen sich ebenfalls zurück – erneut hatten sie fast kein Pulver und keine Kugeln mehr. Howard sah den Tag wahrscheinlich zu Recht als siegreich an, denn die befürchtete Landung auf der Isle of Wight hatte nicht stattgefunden, und der Feind stand nun in einiger Entfernung von der englischen Küste.
Hawkins schrieb über die Gefechte des Tages:

»Es war ein harter Kampf, bei dem einige Pulvervorräte verschossen und letztendlich wenig erreicht wurde.«

Der Herzog von Medina Sidonia sandte einen eiligen Kurier an den Herzog von Parma und bat ihn um Munition und um die Gestellung von 40 kleinen Schiffen, die zur Armada stoßen sollten. Er hatte sich entschlossen, den Kanal mit Kurs auf Calais zu überqueren, wo er hoffte, neu zu munitionieren und herauszufinden, welche Vorbereitungen für die Überfahrt des Gros der Truppen getroffen worden waren. Natürlich konnte keine Invasion stattfinden, bevor seine Flotte nicht in der Lage war, die englische Marine abzuwehren, und bis er über eine ausreichende Zahl von Invasionsschiffen und Parmas Truppen verfügte. Seine eigenen Soldaten, die mit der Armada fuhren, sollten landen, einen Landungskopf halten und sogar den Weg nach London freikämpfen, aber ohne die notwendige Verstärkung mit Waffen und Männern konnten sie nicht mehr tun. Der mehr als unglückselige Medina Sidonia, der seine Tage in dem Elend der Schmach beschließen sollte, hatte einen Auftrag erhalten, der einfach jenseits der wirtschaftlichen und militärischen Planungsfähigkeiten seiner Zeit war, und der Mann, der ihn ihm übertragen hatte, wußte überhaupt nichts von den Realitäten, die bei einer Expedition wie der der Armada gegeben waren. König Philipp II. hatte in seinem eigenartigen Adlerhorst des Escorial, von dem aus er alle Geschäfte seines riesigen Reiches führte, keine reale Kenntnis der Seefahrt, und er hatte alles so geplant, als ob es sich um nicht mehr als eine größere militärische Expedition handelte. Er hatte sich nicht die Umstände der Zeit vorstellen können, wie sein Admiral es darstellte:

»Die Schwere unserer Schiffe im Vergleich zur Leichtheit der ihren, machte es unmöglich, sie in irgendeiner Weise zum Nahkampf zu bringen ...«

Am Nachmittag des 27. Juli 1588 warf die große Armada in der Meerenge vor Calais die Anker. Die englischen Schiffe, die auf dem ganzen Weg durch den Kanal wie Terrier nach ihren Absätzen geschnappt hatten, waren zu keinem Zeitpunkt in der Lage gewesen, ihre gewaltige Ordnung aufzubrechen, und jetzt, als sie in ihrem Kielwasser auf Frankreich zukreuzten, nahmen sie wohl mit Sicherheit an, daß der Feind nichts anderes tat, als über den Kanal auszuholen, bevor er auf dem Gegenschlag mit Kurs auf Dover, die Downs oder das North Foreland zurückkam. Als die Spanier mit ihrer üblichen makellosen Präzision Anker warfen, sahen die überraschten Engländer keine andere Möglichkeit, als ihrem Beispiel zu folgen. Und so lagen beide Flotten mit einer Meile Wasser oder weniger zwischen sich vor Calais. Lord Henry Seymour, Howards Cousin, der die Downs gedeckt hatte, überquerte jetzt die Meerenge, um zum Rest der Flotte zu stoßen. Während der Herzog von Medina Sidonia weitere Meldungen an Parma sandte, trafen sich Howard und seine Kapitäne zum Kriegsrat.
So wie die Engländer es sahen und wie es die Spanier erwarten sollten, gab es nur eine Lösung für eine feindliche Flotte, die offenbar Zuflucht gesucht hatte, und das war, sie mit Brandern auszuräuchern. In den Tagen der Holzschiffe, als das Feuer immer die größte Gefahr war (und insbesondere seit der Einführung des Schießpulvers an Bord), war der Einsatz von Feuer gegen einen Feind eine bewährte Waffe. Die weltklugen Byzantiner hatten vor langer Zeit ihr griechi-

sches Feuer perfektioniert, als sie eine brennbare Flüssigkeit durch Röhren, die in die Bugs ihrer Kriegsschiffe eingelassen waren, geblasen hatten. Die unbedarfteren Elisabethaner beluden ihre Brander mit jedem verfügbaren Brennstoff, luden ihre Kanonen, so daß sie hochgehen würden, wenn die Hitze auf den Schiffen zu stark wurde, und sie auf den Feind niedergingen. Sie standen auf der Luvseite der Armada, aber sie warteten, bis die Flut auf Calais zulief. Dann wurden die Brander mit Wind und Tide achteraus auf diese große und bisher so disziplinierte Flotte losgelassen.

Der Hauptgrund für die anschließende übermäßige Unruhe war ein Ereignis, das sich drei Jahre zuvor in Antwerpen zugetragen hatte. Der italienische Ingenieur Giambelli, der, so war bekannt, für Königin Elisabeth arbeitete, hatte für die Holländer einen Brander entwickelt, der mehr einer enormen Bombe ähnelte. Er war mit Ziegelsteinen ausgekleidet und mit Schießpulver beladen, auf das Steine und Eisenschrott gelegt wurden. Als dieses Schiff von den Holländern freigelassen worden und mitten unter den Spaniern hochgegangen war, hatte es mehr Vernichtung bewirkt, als man seit der Erfindung des Schießpulvers erlebt hatte, und es hatte mehr Tote gekostet, als man auf einem großen Schlachtfeld erwartet hätte. So war es kaum ein Wunder, daß Medina Sidonia und seine Offiziere fürchteten, daß »der Teufel« Drake ihnen etwas Ähnliches schickte.

Diesmal waren die Brander aber nicht mehr als schnell zusammengezogene entbehrliche Schiffe. Die Wirkung auf die Armada war jedoch so, als ob ein ganzer Schwarm von tödlichen Antwerpener »Höllenbrennern« losgelassen worden wäre. Während einige der Schiffe dem Befehl ihres Admirals folgten, systematisch ihre Ankertrossen abslippen zu lassen, sie aufzubojen und dann auf See hinauszufahren, ließen andere Kapitäne ihr Schiff einfach ablaufen, ohne es aufzubojen, oder hackten die Trossen durch und fuhren weg. Medina Sidonia selbst ging auf einen kurzen Schlag auf See, wo er sicher vor den vorstoßenden Brandern war, und ankerte dann

wieder. Wäre der Rest seiner Flotte seinem Beispiel gefolgt, so hätte sie keinen Schaden genommen, denn die Brander dümpelten nur mit der Flut vorwärts, und die meisten brannten ruhig am Ufer aus. Soweit man weiß, wurde nicht ein einziges spanisches Schiff von den Brandern versenkt, aber ihre Wirkung auf die Moral war katastrophal. Nichts, was die Engländer während der Passage durch den Kanal unternommen hatten, konnte die großartige Disziplin und Ordnung der Armada brechen, aber den Brandern gelang es.
In meinem Buch *Drake* beschrieb ich das so:

»Von diesem Augenblick an war die Armada ein sterbendes Tier. Sie war in den Kanal eingelaufen wie ein Stier, der in die Arena kommt – selbstsicher, mit hochgeworfenen Hörnern und verächtlich den Matador beäugend. Er war gequält worden, Pikadore hatten ihm Lanzen in die Schultern gestoßen, und Banderilleros hatten ihre Pfeile in seine Rückenmuskeln gepflanzt. Jetzt hatte der Stier seine *Querencia* gefunden – eine Ecke des Rings, wo er sich sicher fühlte – nur um von dem ›Feuerwerk‹ wieder aus ihr herausgetrieben zu werden.«

Das planlos verlaufende Gefecht, das vor Gravelines folgte, und das endgültige tragische Schicksal der Armada sind für uns hier nicht von Belang. Soweit die Engländer betroffen waren, war für sie, obwohl sie sich einige Tage dessen nicht sicher waren, die Schlacht vorüber.
Es gibt viele Berichte über die Schlacht gegen die Armada, je nach der Zeit, in der sie geschrieben wurden, heben einige dies hervor und einige das. Aber eine Sache bleibt stets wahr: Die neue Taktik für Seeschlachten war gelernt worden, auch wenn es im Jahr 1588 zu früh war, um sie anzuwenden. Breitseiten aus schwerem Metall, die von Schiffen abgeschossen werden, die in disziplinierter Weise in Kiellinie fahren, sollten in der Zukunft das Geheimnis des Erfolges sein. Dies bedeutete den Triumph des Linienschiffes, des Großkampfschiffes, das ausgezeichnete Seetüchtigkeit und Ausdauer in Verbindung mit Manövrierfähigkeit und Feuerkraft besitzt.

5. Das 17. Jahrhundert

Wenn wir über die Jahrhunderte zurückblicken, in denen der Schiffbau in Nordeuropa eine solche Bedeutung gewann, überrascht es, wie wenig Genaues wir über die Grundabmessungen der Schiffe und ihre Konstruktion wissen. Wenn wir noch weiter zurückblicken, kann das Thema der Abmessungen und der Konstruktion der großen Schiffe der Antike noch heute Auseinandersetzungen unter Gelehrten hervorrufen, und es wäre leichter, den Parthenon oder das Kolosseum zu rekonstruieren als irgendeines der Schiffe, die ihren Städten und ihren Kulturen dienten.

Zum Beispiel sind die Abmessungen, die Tonnage und die Takelung eines so berühmten Schiffes wie Sir Francis Drakes *Pelican* – das später in *Golden Hind* umbenannt wurde und mit dem er die Welt umsegelte – unbekannt. Natürlich war sie kein großes Schiff, das wissen wir, denn eine von »Francis Drake of Plymouth« vor der Reise und seinem Ritterschlag unterschriebene Schuldurkunde bezeichnet sie als 150-Tonner. Zu klein, so könnte man denken, um an der Pazifikküste von Spaniens »Neuer Welt« eine solche Panik hervorzurufen, geschweige denn ein Vermögen heimzubringen. Doch es war in der Tat das Schiff, auf dem Drake von seiner Königin zum Ritter geschlagen wurde. Und das so berühmt war, daß Ben Jonson es in einem seiner Stücke erwähnt und Holinshed sich in seinen *Chronicles* zu ihm äußert. Jonson schlug vor, daß es auf den Stumpf des Turms der St.-Pauls-Kathedrale gesetzt werden sollte, damit es von fern und nah wahrgenommen werden und den Leuten mit diesem zutreffenden Ausspruch gezeigt werden könnte: »Dort drüben ist die Bark, die um die Welt gesegelt ist.« Es ist jedoch eine Tatsache, daß die Schiffbauer und alle Menschen jener Zeit wenig Interesse an der Vergangenheit hatten, geschweige denn darüber Sentimentalität empfanden. Drakes Schiff wurde jedoch als bedeutend genug angesehen, um es fast 100 Jahre in Deptford in einem Trockendock zu erhalten. Seine Abmessungen können nur aus den bekannten Abmessungen dieses Mauerwerks des Docks (nach Laird Clowes) berechnet werden: Kiel 14,30 Meter, Vorder- bis Achtersteven 18,30 Meter, Breite 5,80 Meter, Tiefe des Frachtraums 2,70 bis 3,00 Meter, Tonnage etwa 100 Tonnen. Erst im späteren Verlauf des 17. Jahrhunderts wurde der Schiffbau zu einem geregelten Handwerk, in dem Zeichnungen des Rumpfes und Versuche zur Vereinheitlichung eine Rolle spielten. Bis dahin muß der zynische Kommentar von Kapitän George Weymouth, einem Fachmann in einem Zeitalter erfahrener, aber ungelehrter Handwerker, zutreffend gewesen sein, daß er »doch nie zwei Schiffe sehen konnte, die von den besten und geschicktesten Schiffbauern in den gleichen Proportionen gebaut wurden, obwohl sie dasselbe viele Male unternommen haben ... Weil sie mehr ihrem Urteil als ihrer Kunst vertrauen und mehr ihrem Auge als Maßstab und Zirkel.« Oppenheim merkt an:

»Als praktische Veranschaulichung der freien Berechnungsverfahren der Schiffbauer kann erwähnt werden, daß, als die *Prince Royal*, das größte Schiff der Herrschaft (James I.), gebaut wurde, Phineas Pett und Bright schätzten, daß 775 Ladungen Holz erforderlich seien, während tatsächlich 1627 verbraucht wurden, und die allgemeine Erhöhung seiner Kosten durch diesen Schätzfehler betrug 5.908 Pfund.«

Natürlich sind auch lange nach dem Anbruch des wissenschaftlichen Zeitalters oft Berechnungsfehler vorgekommen, insbesondere wenn es um Kostenfragen ging!

So wie die *Great Harry* und die *Mary Rose* als Beispiele der großen Schiffe in der Herrschaftszeit Heinrichs VIII. angeführt werden, so scheinen die *Prince Royal* oder *Royal Prince* (1610) und die *Sovereign of the Seas* (1637) einen Abriß der nachelisabethanischen Ära zu geben. Ein Hauptgrund dafür ist die Tatsache, daß wir von beiden Schiffen Bilder haben – Paynes Stich der *Sovereign of the Seas* ist wahrscheinlich eines der ersten existierenden Schiffsbilder. Diese beiden großen Schiffe zeigten noch eine große Ähnlichkeit mit denen der elisabethanischen Zeit, so zum Beispiel das viereckige hochgezogene Heck und denselben Galeonenbug mit seinem niedrigen langen Schiffsschnabel.

Die *Prince Royal* führte auf drei Batteriedecks 56 Kanonen und beendete ihren Dienst nach zwei Umbauten mit 90 Kanonen. In den Proportionen unterschied sie sich sehr wenig von ihren Vorgängern, aber sie war etwa 200 Tonnen größer und wurde mit einer Extravaganz an Gold und Schnitzereien dekoriert, die man gewiß auf keinem der Schiffe der Armada gefunden hätte. Das 1610 von Phineas Pett, einem der ersten historisch beurkundeten Schiffbauer und ein Mann guter Ausbildung und mit technischem Wissen, gebaute Schiff hatte vom Vorder- bis zum Achtersteven eine Länge, die dem Vierfachen seiner Breite entsprach – eine Proportion, der andere Schiffbauer der Zeit folgten. Es hatte drei Galerien. Die beiden obersten waren durch eine Fensterreihe verbunden. Der Hauptteil der Dekoration konzentrierte sich um das Federnmotiv des Prinzen von Wales und um Masken, Girlanden und Kränze, die alle mit Weiß auf goldenem Schnitzwerk vor grünem Hintergrund hervorgehoben waren. Das Schnitzwerk, die Vergoldung und die kunstvolle Bemalung allein kosteten über 1.300 Pfund – für jene Zeit eine riesige Summe, die eher auf die Extravaganz der Stuarts hinweist als auf Gedanken über die Kampffähigkeit. Aber mit dieser kunstvollen Dekoration in Verbindung mit der Galionsfigur auf dem Schiffsschnabel sollte es sich als Vorbild für alle großen Schiffe seiner Zeit erweisen. Aus praktischen Gründen hatte es zur Verstärkung doppelte Beplankung, »und alle Plankenstöße waren mit Eisenschrauben doppelt verschraubt«.

Wie bei allen Schiffen seiner Zeit und seinen Nachfolgern waren die alten Enternetze durch ein Dach aus hölzerner

1 Der Kapitän Pascha kommt mit seinem zahmen Löwen an Land. (Stich von Miger nach einer Zeichnung von Louis François Cassas, 1788)

2a Die Galeere Kaiser Ferdinands I. wird angegriffen.
Maler M. Rosselli.

2b Heinrich VIII. nach der Einschiffung in Dover.

3a Möglicherweise die *Great Harry,* circa 1560.

Modelle englischer Kriegsschiffe:

3b Wahrscheinlich Drakes *Golden Hind,* 1580.

4 Ein Modell des reich verzierten Hecks der *Sovereign of the Sea*

5 a Die *Revenge* vor Gravelines. Gemälde von O. W. Brierly.

Die Armada:

5 b Englische Brander treiben auf die Armada zu.
Lithographie von P. Schotel.

6a Die Vier-Tage-Schlacht, 1. bis 4. Juni 1666, Maler A. Storck.

Die anglo-holländischen Kriege:

6b Die Schlacht am Medway, 9. bis 14. Juni 1667, die Kaperung der *Royal Charles.* Maler R. Langendyke, 1782.

7 Nelsons Verabschiedung in Portsmouth, 14. September 1805.

8 a Die Schlacht vor den Saints, 12. April 1792.
Die *Formidable* durchbricht die Linie des Gegners.
Maler T. Whitcombe.

8 b Trafalgar, die *Victory* durchbricht die Linie. Maler W. J. Huggins.

Gräting über dem Deck ersetzt, um die Kanonenmannschaften bei Gefechten vor niederfallenden Spieren, Blöcken und Takelwerk zu schützen. Es bewirkte auch, daß sich der Pulverdampf schneller verzog, und aus diesem Grunde war eine Anzahl von Planken auf dem Achterdeck und an der Back ebenfalls durch Gräting ersetzt. Dies deutet ausreichend darauf hin, daß Seeschlachten sich jetzt zu Artilleriegefechten auf Schiffen verwandelt hatten und daß die alten Tage des Enterns eigentlich vorbei waren. Auch im 18. und gelegentlich selbst im 19. Jahrhundert wurde noch geentert, aber nur sehr selten. Zum allerletzten Mal erklang das Kommando »Entermesser zieht und entert!« wahrscheinlich im Februar 1940, als die Besatzung des britischen Zerstörers *Cossack* in norwegischen Gewässern am deutschen Marinetroßschiff *Altmark* längsseits festmachte.

Das unerreichte und sichtbare Beispiel eines Kriegsschiffes des 17. Jahrhunderts ist natürlich die schwedische *Wasa,* die heute im Stockholmer Museum Vasawervet besichtigt werden kann. Sie ist eine Quelle von historischem Interesse für alle Freunde alter Schiffe, denn die Fülle ihres Schnitzwerks läßt uns erkennen, wie schön viele der europäischen Schiffe jenes Jahrhunderts waren. Sie sank am 10. August 1628 auf ihrer Jungfernfahrt, als sie von einer Böe getroffen wurde, die ihre Geschützpforten unter Wasser drückte (wie bei der *Mary Rose).* Das Schiff ging sofort unter. Mit dieser bildlichen Vorstellung des denkwürdigen Schnitzwerks und der Vergoldung kann man sich leichter den Prunk der 1637 für Charles I. vom Stapel gelaufenen *Sovereign of the Seas* vorstellen. Es ist kein Gedanke daran, daß die *Sovereign* in irgendeiner Weise typisch für ihre Zeit oder auch nur für ihre Schiffsklasse war. Von Anfang an war vorgesehen, daß sie unter der Aufsicht von Phineas Pett und auf Betreiben von Charles I. das mächtigste Schiff auf dem Meer und zum prächtigsten Anblick werden sollte. Ihre Feinde, die in einer Anzahl von Seegefechten und anderen Kampfhandlungen während des englisch-holländischen Krieges auf sie trafen, nannten sie mit einiger Bewunderung »den goldenen Teufel«. Während ihres Dienstes wurde sie, das 17. Jahrhundert nahm es mit den Namen nicht so genau, nicht nur *Sovereign of the Seas,* sondern auch *Sovereign Royal, Royal Sovereign* oder einfach *Sovereign* genannt. Die Ausgaben für ihren Bau und ihre Dekorationen führten wie keine andere Tatsache zu den Klagen über die hohen Steuern, die der König seinen Untertanen auferlegte und die ihn schließlich seinen Kopf kosteten.

Die *Sovereign* maß 38,7 Meter auf dem Kiel, 14,2 Meter in der Breite, ihr Tiefgang betrug wahrscheinlich 6,7 Meter. Auch die Schätzungen über ihre Bruttotonnage variieren, denn sie wurde in all den Jahren so oft umgebaut, daß das 1637 für Charles I. gebaute Schiff ein ganz anderes Aussehen hatte, als jenes, das fast 60 Jahre später im Jahre 1696 in Flammen aufging – nicht in einem Gefecht, sondern durch einen einfachen Unfall, der durch das Umwerfen einer Kerze entstanden sein soll. Hinsichtlich der Tonnage scheint kein Zweifel zu bestehen, daß sie etwa 400 Tonnen größer war als die *Prince,* etwa in der Größenordnung von 1500 brutto. Zu jener Zeit kostete ein Schiff mit 40 Kanonen durchschnittlich etwa 6.000 Pfund, doch bei der *Sovereign* mit ihren 100 Kanonen beliefen sich die Kosten schließlich auf 65.586 Pfund – wobei der größte Teil dieser zusätzlichen Ausgaben durch ihre verschwenderische Ausstattung und ihre außergewöhnliche Fülle an Schnitzwerk und Vergoldung entstand. Der königliche Schnitzmeister Gerald Christmas soll die gesamte Arbeit mit seinen Söhnen und Assistenten nach Entwürfen van Dycks ausgeführt haben. Björn Landström beschreibt sie in seinem Werk *Das Schiff:*

»Die Galionsfigur stellte König Edgar den Friedensmacher (!) dar, wie er sieben feindliche Könige niederreitet. In den Galionsrelings sieht man die Windhunde Heinrichs VII. und Cadwalladers Drachen mit Löwen und Einhorn, die Rosen von England, die Disteln von Schottland, Irlands Harfe und

Frankreichs Lilien samt den königlichen Monogrammen und verschiedenen heraldischen Tieren. Der Vorsteven trug eine Putte auf einem Löwen, und zwei Faune grinsten unter den Kranbalken des Vorkastells hervor, dessen ganze Front von sechs prächtigen Halbgöttinnen besetzt war, Klugheit, Vorsicht, Fleiß, Stärke, Tapferkeit und Sieg allegorisierend. Die Schiffsseiten entlang liefen drei Friese. Der unterste war der einfachste, mit Wappenschilden und Schneckenwindungen verziert, der mittlere zeigte zwischen den Geschützpforten abwechselnd Helme, Kürasse, Musikinstrumente und Wappen aller Art. Der oberste Fries enthielt die Tierkreiszeichen, abwechselnd mit Plastiken römischer Kaiser. Mythologische Figuren und Szenen, königliche Insignien und Monogramme schmückten die Galerien mit ihren Dächern und langen Fensterreihen. Das Spiegelheck beherrschte die Gestalt der Siegesgöttin, umgeben von Neptun und Jupiter, Jason und Herkules. Zu beiden Seiten des Ruders die folgende Inschrift:
Qui mare, qui fluctus, ventos, navesque gubernat, Sospitete hanc arcem, Carole magne, tuam.
Auf deutsch heißt das etwa: Der dem Meer gebietet, den Flüssen, Winden und den Schiffen dazu, das unter göttlichem Beistand, Großer Karl, bist du.«

All dies scheint weit entfernt von Kriegsschiffen wie der *Revenge*. Und doch war ihr Zweck derselbe, und die *Sovereign* nahm an vielen Seegefechten teil und wurde nie geschlagen. Es ist auch fraglich, ob die Lebensbedingungen ihrer Matrosen besser waren als in der elisabethanischen Zeit. Während die Kanonen, die sie trug, fast identisch waren – in der Tat vielleicht etwas schlichter, wenn auch ganz aus Bronze gegossen. Van de Velde der Ältere, der zu einem berühmten Schiffsmaler wurde, zeichnete dieses kunstvolle Heck, um zu zeigen, welches Kunstwerk es darstellte – aber die Kanonen wären früheren Matrosen und Kanonieren durchaus bekannt gewesen. Die Geschützpforten hatten noch dieselbe Größe wie zuvor, 76 Zentimeter im Quadrat, und im Verlaufe des 17. Jahrhunderts wurden die Kanonen selbst genormt. Sie waren nicht mehr so reich verziert wie zum Beispiel viele Kanonen der *Mary Rose* und in einem Stück gegossen, wenn auch der Lauf noch immer durch vier Ringe oder Formstücke verstärkt war. Diese 32-Pfünder, die etwa drei Tonnen wogen, hatten Zapfen hinter dem zweiten dieser Ringe, die in die Lager auf der Lafette paßten. Die Lafette selbst unterschied sich kaum von den ersten zur Zeit Heinrichs VII. gebrauchten. Sie blieben über die Jahrhunderte fast unverändert und sind noch heute an Bord der HMS *Victory* zu sehen.

Zum Hochhebeln der Kanonen wurden Handspieße gebraucht, wobei ein keilförmiger Holzklotz unter den Verschluß getrieben wurde, um ihn im erforderlichen Winkel zu halten, während zum Schwenken der Kanone nach rechts oder links, soweit es innerhalb der Breite der Geschützpforte möglich war, ähnlich primitive Mittel eingesetzt wurden. Auch hier wurden Handspieße gegen die Lafette gedrückt, wobei sich die Hebelkraft auf das Deck auswirkte. Douglas G. Browne merkt dazu an:

»Dieser rohe Gebrauch von Handspießen verursachte an der Beplankung des Decks viele Beschädigungen, und Kapitäne, die das äußere Erscheinungsbild vor die Leistung stellten (eine Tendenz, die sich zwischen Trafalgar und dem Krieg von 1812 in gefährlicher Weise entwickeln sollte), nahmen es als Vorwand, Übungen mit den Kanonen zu beschränken. Solange die ganze ›Maschinerie‹ des Schiffes allein mit Menschenkraft betrieben werden mußte, sollte sich sehr wenig in der Konstruktion der Rümpfe, der Bemastung und des Takelwerks ändern – oder auch nur bei den Kanonen selbst. Über viele Jahrhunderte war derselbe Stillstand wie bei den Schiffbauern der Antike im Mittelmeer erreicht worden – und er sollte sich erst durch das Aufkommen des Schießpulvers und dann durch leistungsfähige segelgetriebene Kriegsschiffe ändern.«

Schiff- und Bootsbauer sind stets beschuldigt worden, daß sie zu den konservativsten Menschen gehören: Dies wurde ihnen immer dann vorgehalten, wenn in anderen Ländern neues Material, neue Konstruktionen oder Antriebsmethoden entwickelt worden waren. Ist ihr Konservatismus jedoch merkwürdiger als der des Hausbauers, »der immer noch Ziegelsteine und hölzerne Fensterrahmen verwendet«? Ein charakteristischer Unterschied, der bei der *Sovereign* und anderen Schiffen aus ihrer und späterer Zeit auffällt, ist, daß der *Bonaventure*-Besanmast verschwunden ist. Bei der Konstruktion war die Rundung des Hecks, das erst drei Meter oberhalb der Wasserlinie flach wird, neu, und wurde so zu einem Merkmal englischer Schiffe. Die Holländer und die Franzosen behielten das alte flache Heck bei. Der Dreimaster ist jetzt, selbst bei den allergrößten Schiffen, das normale Rigg: Änderungen und Verbesserungen an Segeln und Tauwerk führten zur Erzielung größerer Leistung und Kraft. Die *Sovereign* kann zum Beispiel an ihrem Besanmast über dem Toppsegel ein Bramsegel setzen und Royalsegel über dem Bramsegel am Fock- und Großmast hissen. Die Royalsegel waren ihrer Zeit voraus, denn sie wurden erst in der Mitte des 18. Jahrhunderts allgemein eingeführt. In dieser Zeit waren sie eine Eigentümlichkeit der *Royal Sovereign*, und aus diesem Grunde wurden sie, als sie später wieder eingeführt wurden, von den Seeleuten »Royalsegel« genannt. Es bestehen einige Zweifel, ob die »Royalsegel« der *Sovereign* jemals gesetzt wurden, und tatsächlich erwies sich das Schiff anfangs als die Katastrophe, die alle ihre Kritiker (sowohl bezüglich der Größe wie der Kosten) seit langem prophezeit hatten. Erst als ihre Besegelung reduziert und ein Großteil des Aufbaus entfernt wurde, wurde sie – lange nach der Hinrichtung Charles' I. – ein leistungsfähiges Kampfschiff. Nach ihrem Stapellauf wurde schnell festgelegt, daß sie so tief im Wasser lag, daß die unteren Geschützpforten an der Leeseite nie geöffnet werden konnten, wenn sie auch nur eine geringe Schlagseite hatte.

Die anglo-holländischen Kriege, die während des ganzen 17. Jahrhunderts die Seekriegsszene beherrschten und zwischen zwei Seefahrtsnationen gekämpft wurden, die mit den Gewässern der Nordsee und des Ärmelkanals gleich vertraut waren, waren durch Rivalitäten im Handel unvermeidbar geworden und begannen eigenartigerweise erst richtig, nachdem England wie Holland zur Republik geworden war. Oliver Cromwell selbst widmete der Marine viel Aufmerksamkeit, und in der Zeit der Republik wurden viele Schiffe gebaut. Aus den vielen Gefechten zwischen Engländern und Holländern ergab sich der Triumph der Breitseite und damit die Kiellinie als ideale Schlachtformation. Es braucht nicht hervorgehoben zu werden, daß sie nur selten eingehalten wurde, und tatsächlich zogen es die Holländer oft vor, in einzelnen Geschwadern zu kämpfen, während die Übergröße der Flotten beider Seiten und die Tatsache, daß Schiffe ersten, zweiten und dritten Grades wahllos gemischt wurden, dazu führte, daß sich keine organisierte Taktik entwickeln konnte. In welcher Schlachtordnung die meisten Schlachten auch begannen, sie führten zumeist zu verworrenen Einzelkämpfen Schiff gegen Schiff. Der holländische Schiffbau war in dieser Zeit dem englischen überlegen. Als Seemacht erwies sich Holland oft als dem Feind voraus. Es ist bemerkenswert, daß Kardinal Richelieu, als er die neue Marine Frankreichs aufbaute, sich wegen des Baus der ersten neuen, großen Schiffe für seinen König an Holland wandte. Eine überraschende Tatsache dieser anglo-holländischen Kriege ist, daß, während die Holländer Admirale als Befehlshaber ihrer Flotten hatten, die Engländer wieder zu der schlechten alten Praxis zurückgekehrt waren, das Kommando in die Hände von Soldaten oder »Generälen auf See« adliger Herkunft zu legen. Pepys erzählt, wie er die Frau von Monck, dem Herzog von Albemarle (der selbst »General auf See« war), »mächtig gegen die Haltung von Gentleman-Kapitänen mit Feder und Bändchen schreien hörte, und (sie) wünschte, daß der König (Charles II.) ihren Gatten mit den einfachen alten Seekapitänen zur See schicken sollte, mit denen er zuvor gedient hatte«.

Die Restauration hatte nicht dazu geführt, daß diese veralteten Absurditäten aufhörten: Der einzige große Unterschied war, daß der »Schwarze Junge« bei all seiner Extravaganz und seinem ausschweifenden Hofleben Schiffe und die See hoch schätzte (was sein Vater nicht tat) und daß er das große Glück hatte, Samuel Pepys bei der Admiralität zu haben. Ein Nachfolger von Pepys in der Regierungszeit von Königin Anne merkte in einem Brief an den damaligen Lord Hochadmiral an, daß, wenn auch die Herrschaft Charles' II. andere Dinge zunichte gemacht haben mochte, dies in bezug auf die Marine nicht so war, »denn die Sorge Seiner Majestät erstreckte sich nicht nur auf die Ausstattung der Flotte mit fähigen Seeleuten als Offiziere, sondern auch auf die Bewahrung einer guten Verwaltung«. Trotz der großen und bekannten Katastrophe (für die Engländer), als die Holländer unter de Ruyter die Themse blockierten und Chatham angriffen, wurde im Jahre 1667 der Frieden schließlich von den beiden kriegführenden Nationen in Breda endgültig unterzeichnet. Die Holländer brauchten den Frieden wegen ihrer geographischen Lage, denn es war klar, daß Holland trotz seiner Erfolge nicht auf unendliche Zeit der permanenten Bedrohung seines Handels und seiner Versorgung durch eine feindliche englische Flotte, die den Kanal beherrschte, widerstehen konnte. Beide Seiten behielten ihre Eroberungen aus dem Kriege, so daß England New York und New Jersey erhielt. Vor dem großen Angriff de Ruyters auf Chatham, der den Holländern die Trumpfkarten für den Abschluß eines Friedens gab, hatte es eine Reihe von typischen Gefechten gegeben, die manchmal die »Schlacht vom Gunfleet« genannt werden, da ein Teil der Kämpfe in der Nähe der Gunfleet Sands vor der Themsemündung stattfand.

Am 29. Juni 1666 war de Ruyter ausgelaufen, um die Themse mit einer Flotte von über 100 Schiffen, die in der üblichen Mischung aus großen und kleinen Schiffen bestand, zu blockieren. Van Tromp und Jan Evertszoon waren ebenfalls Befehlshaber. Mit ihrer beträchtlichen seemännischen Erfahrung und dem Einsatz jener kleinen Schiffe mit geringem Tiefgang, die ihre Spezialität waren (und mit denen sie so viel zur Niederlage der Armada beigetragen hatten, indem sie Parma von einem Invasionsversuch abhielten), gelang es ihnen, den Handel Londons stillzulegen. Ihre kleinen Schiffe stießen aus den Untiefen und den Sandbänken vor der Themseküste heraus vor und glitten wieder zurück, während das Gros ihrer Flotte vor der Küste von Essex lag. Bezeichnenderweise hatten die Holländer neben ihren über 70 Schlachtschiffen und 26 Fregatten auch 20 leichte Schiffe, die sie als Brander einsetzen wollten. Bei diesen Gefechten im 17. Jahrhundert spielten Brander oft eine bedeutende Rolle. Die englische Flotte unter Monck, dem Herzog von Albemarle, und Prinz Rupert, dem verwegenen Reiterführer des Bürgerkrieges, als seinem Stellvertreter bestand aus über 80 Kampfschiffen verschiedener Grade und einem Geschwader Brander. Unter den Kampfschiffen war auch die nagelneue *Loyal London,* die in jenem Jahr direkt von der Werft in Chatham in Dienst gestellt worden war. Als Dreidecker mit 96 Kanonen war sie ein Schiff eines neuen Typs kleinerer Dreidecker und wurde von der Finanzwelt der City of London als deren Beitrag zu den Kriegsanstrengungen finanziert. Mit 38 Metern auf dem Kiel und etwa zwölf Metern Breite über alles war sie so kampfstark wie ein Schiff ersten Grades mit 100 Kanonen. Wie so oft im Verlaufe der Jahrhunderte, gingen die Schiffstypen ineinander über, so daß es manchmal schwierig ist, sie einer bestimmten Klasse zuzuschreiben. (Zum Beispiel haben wir im späten 20. Jahrhundert »Zerstörer« mit 5000 oder 6000 Tonnen, während diese Schiffe im Zweiten Weltkrieg als Leichte Kreuzer bezeichnet worden wären.) Im allgemeinen stellten jedoch sowohl die Engländer wie die Holländer fest, daß der große Zweidecker der beste Kriegsschifftyp war.

Nachdem Monck seine Flotte in der unteren Themse gesam-

melt hatte, war er mit dem Problem konfrontiert, sie angesichts des Feindes hinauszubringen, denn es gab keinen Weg durch die engen, tiefen Kanäle außer in Kiellinie – mit der großen Gefahr, daß die Vorhut von der wartenden holländischen Flotte leicht einer nach dem anderen vernichtet werden konnte. Er mußte versuchen, die ganze Flotte bei einer schnellen Ebbe mit einem guten achterlichen Wind hinauszubringen. Dies gelang ihm am 22. Juli. Die erfahrenen Themselotsen brachten eine starke Schlachtflotte durch, ohne daß ein einziges Schiff Grund berührte. Einige holländische Schiffe, die am Rande der Gunfleet Sands auf Beobachtungsposten standen, zogen sich zurück, als ein Geschwader von neun Linienschiffen unter Führung der *Revenge* gemeinsam mit Brandern daranging, sie anzugreifen. Es wurde schon dunkel, so daß sich kein größeres Gefecht entwickeln konnte. De Ruyter hielt sich auf offener See zurück, während die ganze englische Flotte vor den Gunfleet Sands ankerte.
Auch am folgenden Tag entwickelte sich das erwartete Gefecht nicht, weil eine beunruhigende Flaute herrschte, der gegen Sonnenuntergang ein typisches Sommergewitter folgte, in dessen Verlauf der einzige Verlust dieser hinausgezogenen Ouvertüre die vom Blitz getroffene *Jersey* war, deren Takelung so schwer beschädigt wurde, daß das Schiff im Morgengrauen des folgenden Tages die Flotte verlassen mußte. Am nächsten Morgen stellte Monck fest, daß die Holländer sich vollständig zurückgezogen hatten. De Ruyter war klugerweise auf See hinausgesegelt, um abzuwarten, bis bessere Wind- und Wetterbedingungen herrschten, bei der er seine Taktik anwenden konnte. Erst am 25. Juli, als wieder ein leichter Wind die graue Nordsee kräuselte, kam es zu dem Gefecht.
In der festgeformten Gepflogenheit jener Zeit waren beide Seiten in drei Teile aufgeteilt, die Vorhut, die Mitte und die Nachhut. Jan Evertszoon befehligte die holländische Vorhut, de Ruyter die Mitte und von Tromp die Nachhut. Auf der englischen Seite wurde die Vorhut von Sir Thomas Allen, die Mitte von Monck und Prinz Rupert und die Nachhut von Sir

Jeremy Smith geführt. Zu jener Zeit teilten die Engländer ihre Flotten nach dieser formalen Schlachtordnung ein, mit der weißen Flagge für die Vorhut (die heute die Flagge der Royal Navy ist), roten Flaggen für die Mitte (die heute die Handelsmarine führt) und der blauen Flagge für die Nachhut (die heute die Flagge der Marinereserve ist). Bei dieser systematischen Kriegsführung, die so sehr an die »Quadrillen« der Galeeren erinnert und so weit entfernt von dem individualistischen Stil der elisabethanischen Zeit ist, erwartete man, daß die Vorhut auf die Vorhut, die Mitte auf die Mitte und die Nachhut auf die Nachhut treffen sollte. (In der Praxis liefen die Dinge natürlich nie so ab wie geplant, aber der Formalismus solcher Seeschlachten ist auf einigen der großen holländischen Gemälde jener Zeit in vollkommener Weise dargestellt.)

Die Schlacht begann am frühen Morgen, doch der Wind war so schwach, daß es kaum Raum zum Manövrieren gab und die beiden Flotten langsam aufeinander zutrieben. Monck griff mit seinem Flaggschiff *Royal Charles* de Ruyters *De Zeven Provinciën* an. Sie fochten ein langes Kanonenduell aus, die anderen Schiffe beteiligten sich daran. Auf beiden Seiten traten schwere Verluste ein, denn die Gegner zeigten die gleiche verbissene Standhaftigkeit, die für ihre Nationalcharaktere typisch war. Beide Seiten versuchten auch, den toten Punkt durch den Einsatz von Brandern zu überwinden, aber die Holländer erzielten den einzigen Erfolg. Die alte *Prince Royal* (Baujahr 1641) wurde in Brand gesetzt und trieb auf eine Sandbank, wo sie aufgegeben wurde und bis an die Wasserlinie abbrannte.

In London war das Kanonenfeuer während des ganzen schwülen Julinachmittages zu hören. Die Menschen vernahmen das ferne Grollen mit jener Furcht, mit der Menschen über die Jahrhunderte und an vielen Orten dem Geräusch unsichtbarer Schlachten gelauscht haben, die ihre Schicksale bestimmen konnten. Pepys war nach Whitehall gegangen, hatte aber festgestellt, daß der Hof beim Gottesdienst war, und so »warteten wir, bis der Gottesdienst vorüber war und die Menschen aus dem Park herauskamen und uns erzählten, daß die Kanonen klar zu hören waren. Und so ging jedermann zum Park, und nach und nach, nachdem der Gottesdienst vorüber war, gingen der König und der Herzog auf den Bowling-Platz und auf die Anhöhe, wohin auch ich ging, und dort waren die Kanonen klar zu hören ...«

Als gegen Sonnenuntergang auch noch der leichte Wind abflaute, waren beide Seiten scheinbar in zwei separate Kämpfe verwickelt. Dunkelheit und Flaute beendeten den Tag. Am 26. herrschte wieder Flaute, und es war kein Gefecht mehr möglich, außer einem typischen unbekümmerten Ablenkungsangriff durch Prinz Rupert, der seine kleine Jacht unter das Heck von de Ruyters Flaggschiff brachte (wo keine Kanonen zum Erwidern des Feuers waren) und seine kleine Kanone in das große und vergoldete Heck des Holländers schoß, um danach schnell in Deckung zu eilen. Die gegnerischen Seiten verbrachten den Tag damit, Beschädigungen an ihrem Aufbau, dem Tauwerk und den Segeln zu reparieren, während sie ihre Verwundeten in leichte Schiffe umluden, die sie nach Hause brachten.

In jener Nacht kam der erste Wind der »Vier-Tage-Schlacht« auf, und de Ruyter entschied sich für den Rückzug. Er hatte schließlich einen taktischen Sieg errungen, indem er den Handel Londons behindert und damit dieser Stadt und anderen an der Küste gezeigt hatte, wie verwundbar sie durch die holländische Seemacht waren. Am folgenden Tag trugen sich verworren verlaufende Gefechte zu, als die Holländer sich in die Sicherheit ihrer eigenen Küste zurückzogen, während die Engländer ihnen auf den Fersen folgten. Später hat es den englischen Historikern gefallen, die ganze Angelegenheit als »im großen und ganzen ein Sieg« zu werten, aber es ist schwierig, dies so zu sehen. Es war aber vielleicht ein Erfolg, da die Blockade der Themsemündung gebrochen war und die Holländer schließlich gezwungen wurden, sich auf die Nordsee zurückzuziehen und ihre Heimathäfen anzulaufen. Aber in vielerlei Hinsicht war diese Schlacht typisch für das 17. Jahrhundert, zumal zwischen diesen beiden gleich starken Kräften, die beide in etwa ähnliche Schiffe und dieselbe gute Kenntnis ihrer heimatlichen Seegebiete hatten und die beide von hartnäckigem Mut erfüllt waren.

Aus diesen ziemlich ergebnislosen anglo-holländischen Kriegen ergab sich eine definitive Schlußfolgerung: Die gemischte Schlachtordnung, in der Schiffe unterschiedlicher Größen und Kanonengewichte zusammen segelten und kämpften, war eine genauso ungeeignete Mischung, wie sie die Admirale des Mittelmeers früher in der Verbindung von Segelschiffen und riemenangetriebenen Schiffen gehabt hatten. Zu jener Zeit gab es die großen Schiffe ersten Grades mit über 90 bis 100 Kanonen, Schiffe zweiten Grades mit über 70 bis 90 Kanonen und die Schiffe dritten Grades mit 60 bis 70 Kanonen. Diese letzte Klasse sollte sich als die erfolgreichste für alle Einsätze erweisen. Es war nicht nur eine Frage des Geldes, die Schiffe dritten Grades hatten sich als vielseitiger einsetzbar erwiesen, wobei ihnen ihr geringerer Tiefgang viele Vorteile bot. Sie waren leichter zu führen und beweglicher, gleichzeitig waren sie stark genug bewaffnet – besonders wenn sie in Gruppen eingesetzt wurden –, um mit fast jeder Lage fertig zu werden. Hier wiederholte sich in gewissem Sinne der frühere Triumph von Schiffen wie der *Revenge* im Vergleich zur *Great Harry*. Es wurden auch weiterhin Schiffe ersten Grades gebaut, aber eher zum Zweck der Absicherung dagegen, daß der Feind plötzlich ein Schlachtschiff aufmarschieren ließ, und sie waren natürlich auch Verkörperungen des nationalen und königlichen Stolzes.

Sir Anthony Deanes *Doctrine of Naval Architecture,* die sich unter Pepy's zeitgenössischen Manuskripten befand, enthält Bemastungs- und Takelpläne für sechs Schiffsgrade und Rumpfzeichnungen. Unter ihnen befindet sich das erste bekannte Muster eines Schiffes dritten Grades, das sich in der Zukunft als so bedeutend erweisen sollte. Der Schiffbau hatte schließlich die Disziplin des Professionellen erreicht. Unter den Rumpfzeichnungen Deanes ist das Schiff dritten Grades das erste in England gefundene Beispiel einer Zeichnung, die einen Schiffskörper vollständig genug zeigt, um die Form des Schiffes genau zu bestimmen. Eine allgemeine Tendenz sowohl im englischen wie im holländischen Schiffbau war in dieser Zeit die Verkürzung des Schiffsschnabels, der zugleich breiter gemacht und in einem viel höheren Winkel eingesetzt wurde. Dies geschah, weil besonders auf kleineren Fahrzeugen der alte, lange und niedrige Schiffsschnabel bei fast jedem Seegang sehr »naß« wurde, während sowohl in den Augen der Schiffbauer wie der der Seeleute die niedrigere Back ebenfalls harmonischere Linien forderte. Eine andere Verbesserung gab es bei der Methode der Verkleidung von Schiffen zum Schutz gegen Schiffsfäule und den gefürchteten Schiffsbohrwurm *Teredo navalis,* den man in warmen Gewässern antraf. Frühere Methoden hatten darin bestanden, das Unterwasserschiff nach dem Bau mit einer Schicht aus Teer, Schwefel und Talg zu bestreichen und später eine austauschbare Beplankung anzubringen. 1670 verkleidete Anthony Deane erstmals die *Phoenix,* ein Schiff vierten Grades, mit Blechen aus Walzblei, die mit Kupfer- oder Eisenschrauben befestigt wurden. Diese Art der Verkleidung wurde an den neuen Schiffen dritten Grades und den kleineren Schiffen verwendet, aber die Kosten waren hoch, und auf lange Sicht stellte sich heraus, daß zwischen den Blechen und den Schrauben Elektrolysevorgänge stattfanden. Das Mittel gegen die Schiffsfäule unter Wasser wurde erst im 18. Jahrhundert gefunden, als man die Eignung des Kupfers entdeckte. Der Schutz wurde immer wichtiger, da Schiffe über lange Zeit auf See bleiben mußten und in unterschiedlichen Wasserarten fuhren. Die Tatsache, daß es etwa seit der Restauration in England üblich wurde, vor dem Bau bedeutender Schiffe Modelle herzustellen – die sowohl bei der Admiralität wie beim König eingereicht wurden –, bedeutet, daß von dieser Zeit an die Veränderungen im Schiffbau ebenso wie bei Architekturzeichnungen gut belegt sind. Ein schönes frühes Modell, das sich heute im Science Museum London befindet, zeigt die *Prince* (1670) mit 100 Kanonen. Es kann weit besser den Eindruck von einem Großkampfschiff des späten 17. Jahrhunderts vermitteln, als es mit Worten möglich wäre. Dort ist auch ein Modell zu sehen, von dem angenommen wird, daß es sich um die *Loyal London* handelt, die an der Schlacht an den Gunfleet Sands beteiligt war.

Während man diese Hauptentwicklungen des großen Kriegsschiffes betrachtet, darf man nicht vergessen, daß im Mittelmeer noch die Galeere und die Galeasse vorherrschend waren. Die beiden großen Mächte, die sowohl Atlantik- wie Mittelmeerküsten hatten, Frankreich und Spanien, waren natürlich gezwungen, zwei verschiedene Schiffstypen zu behalten. Sie hatten bis weit in das 18. Jahrhundert hinein Schiffe mit Riemenantrieb, ebenso wie die Ritter des Malteserordens, die über Jahrhunderte von ihrer kleinen Festungsinsel Malta aus ihren unaufhörlichen Krieg gegen die islamischen Mächte führten, nachdem die Nationen Europas bereits die Kreuzzüge vergessen hatten. Die Korsaren der Barbarenküste, die aus »Piratenstaaten« wie Algier und Tripoli operierten, belästigten unaufhörlich die europäische Handelsschiffahrt. (Die meisten Mächte waren eher bereit, eine Art »Danegeld« zu zahlen, als etwas dagegen zu unternehmen.) Die italienischen Seehandelsstaaten mußten ebenso wie die Ordensritter und Frankreich ihre Schiffahrt und ihre Küsten gegen die schnellen islamischen Korsaren verteidigen, die ständig mit Segel- und Ruderschiffen das Leben auf See gefährdeten.

Die Galeeren der französischen Marine des 17. Jahrhunderts werden im allgemeinen in zwei Klassen aufgeteilt: *Ordinaire* mit 26 Paar Ruderduchten und *Extraordinaire* mit 33 Paaren. Gewöhnlich saßen fünf Ruderer auf einer Ruderbank, so daß die Gesamtzahl auf einer *Ordinaire* 260 Mann betrug. Hinzu kamen natürlich Matrosen, Soldaten, Kanoniere und Offiziere. Die größten dieser riemengetriebenen Schiffe waren die

»königlichen« Galeeren Frankreichs. Das Flaggschiff der französischen Galeerenflotte hieß stets *La Réale* und führte die Flagge des Königs und die des Befehlshabers der Galeerenflotte. Im Marinemuseum in Paris ist noch das Schnitzwerk zu sehen, das das Heck eines dieser Schiffe schmückte. Es war von dem Bildhauer Pierre Pudget geschaffen, und Björn Landström, der mit zeitgenössischen Zeichnungen arbeitete, ist es gelungen, das Schiff zu rekonstruieren. Bei einer Wasserlinie von etwa 52 Metern und einer Breite von 6,4 Metern hatte es 31 Paar Duchten. Bei sieben Mann an einem Riemen hätte die Zahl der Galeerensträflinge allein 427 Mann betragen, und diese *Réale* führte auch zwei Lateinsegel mit insgesamt etwa 745 Quadratmetern Segelfläche. Sie litt jedoch noch unter dem Hauptmangel der Galeere in diesem neuen Zeitalter – der fehlenden Feuerkraft. Auf den Laufplanken zwischen den Ruderern und der Bordwand befanden sich leichte, schwenkbare Kanonen, aber wie immer waren ihre Hauptwaffen nach vorn gerichtet: Die größte Kanone, eine 36-Pfünder, war in der Mitte der vorderen Kampfplattform montiert, und auf jeder Seite befanden sich eine 24-Pfünder und eine 18-Pfünder.

Aus den oben dargestellten Gründen behielten solche Schiffe bis in das 18. Jahrhundert hinein einen Platz in der Seefahrtsgeschichte des Mittelmeers. Die letzte französische *Réale* wurde 1720 gebaut. Die von der Barbarenküste ausgehende Bedrohung bestand jedoch bis zum Beginn des Zeitalters des Dampfers weiter. Erst eine Macht aus der Neuen Welt, die amerikanische Marine, vertrieb die letzten Korsaren. Daher stammen die Worte des Liedes der amerikanischen Marine: *»From the halls of Montezuma to the shores of Tripoli ...«*, denn es waren die Kapitäne Bainbridge und Stephen Decatur an der Spitze eines Geschwaders, welche schließlich die Macht der berüchtigten Paschas von Tripolis brachen. Die jüngste Geschichte dieses Teils der nordafrikanischen Küste hat ein unerfreuliches Wiederaufleben dieses alten Geistes gebracht.

6. Das Linienschiff und die Fregatten

Das 18. Jahrhundert und die ihm folgenden Jahrzehnte wurden von den Kriegen zwischen Frankreich und England beherrscht, und so ist es natürlich, die Entwicklung der größten Kampfschiffe jener Zeit bei diesen beiden Nationen zu untersuchen. Spanien befand sich im Niedergang, war aber noch in der Lage, gute Schiffe zu bauen, was es als Verbündeter Frankreichs zeigen sollte. Holland begnügte sich mit seinem Kolonialreich in Übersee, und wie ein vernünftiger Händler hielt es sich so weit wie möglich vom Kampf zurück. Der Mittelmeerraum war ruhig, abgesehen von den Korsaren oder den Gelegenheiten, bei denen sich die beiden großen kriegführenden Mächte in seinen Gewässern trafen. Die anderen Großmächte der Zukunft waren noch nicht entstanden. Im Norden hatte jedoch Peter der Große, der Zar aller Russen, bereits seine Absichten für sein Land eindeutig signalisiert: »Ich suche nicht nach Land, ich suche nach Wasser.«

Wie die Engländer während dieser Reihe von langwierigen Kriegen feststellen mußten, waren die auf französischen oder auch auf spanischen Werften gebauten Schiffe ihren eigenen klar überlegen. In England beherrschten die Schiffbaumeister auf den königlichen Werften die Szene, und die Mathematiker und Architekten, von deren Talent man einmal angenommen hatte, daß es beim Entwurf und dem Bau von Schiffen angewendet werden konnte, mußten ihre Aufmerksamkeit anderen Dingen zuwenden, während dieselbe konservative Gruppe (auf den königlichen Werften wurden die Meisterstellen sogar vererbt) weiterhin mit den Methoden arbeitete, die von Kapitän Weymouth im 17. Jahrhundert beklagt worden waren. Hinzu kam, wie Oppenheim anmerkt:

»... das System, das es zu jedermanns finanziellem Interesse machte, so viele Schiffe wie möglich zum Bau und zur Reparatur zu erhalten und seinen ganzen persönlichen Einfluß auf diesen Zweck auszurichten, verwandelte die Werften in Intrigennester.«

Auf dem europäischen Kontinent und selbst im fernen Rußland gab es Verbesserungen in fast jedem Bereich des Schiffbaues im neuen Geist der wissenschaftlichen Untersuchungen, die von Frankreich so gefördert wurden. Die Gleichgültigkeit und der einheimische Konservatismus der englischen Werften sollten sich kaum erschüttern lassen, bis ihnen durch die harten Tatsachen des Krieges ein neuer Geist aufgezwungen wurde. Noch zur Zeit der Napoleonischen Kriege waren die Engländer immer glücklich, wenn sie ein französisches Schiff kapern konnten, weil es sich zumeist erwies, daß es in jeder Hinsicht besser war als ihre eigenen Schiffe der vergleichbaren Klasse. Auf der anderen Seite wurde mit dem Verlauf des Jahrhunderts die Tatsache offenbar, daß die Tage in England, in denen hohe Kommandos auf See an prominente Soldaten und Männer des Adels vergeben wurden, vorbei waren. Es gab eine Umkehr zu dem viel vernünftigeren Standpunkt der elisabethanischen Zeit und zum Einsatz von Männern, die ohne militärische Ehren oder Einfluß am Hof zur Spitze aufgestiegen waren und in erster Linie Seeleute waren. Die französische Marine war jedoch bis zur Revolution (die sie zu einem Zeitpunkt beinahe vernichtet hätte) fast genauso mit Offizieren besetzt, wie es die spanische zur Zeit der Armada gewesen war. Während ihre Schiffe die besten der Welt waren, kamen ihre hohen Offiziere aus dem Umkreis des Hofes, mit allen Beschränkungen, die dies mit sich brachte. Die Engländer waren andererseits durch den starren Kodex der »Kampfanweisungen für die Marine« eingeschränkt, die erstmals vom Herzog von York (dem späteren James II.) verfaßt worden waren, als er Lord Hochadmiral war.

Sie stellten ein festes Schema dar, nach dem Seegefechte ausgeführt werden sollten, und obwohl sie Raum für die Erfahrung vieler Kommandeure ließen, führten sie doch dazu, allen Befehlshabern die Hände zu binden. Vor allem gingen sie von einer formalen Schlacht aus, bei der beide Flotten in Kiellinie aneinander vorbeiliefen, sich erneut auf dem Gegenschlag trafen und dabei Breitseiten austauschten. Die Linie durfte nie verlassen werden, noch durfte sich ein Schiff ohne Erlaubnis des Admirals zurückziehen. Weil die Franzosen eine fast identische Taktik anwandten, wurden die Schlachten zu formalen Duellen. Nur wenn eine Linie in Unordnung geriet und floh, durfte die Linie verlassen und das Signal für die allgemeine Jagd gegeben werden. Wie man sich vorstellen kann, endete ein großer Teil der Seeschlachten dieses Jahrhunderts zumeist in einem Patt: Beide Seiten beanspruchten anschließend den Sieg, und der ganze Bericht ist vom Standpunkt des Historikers langweiliger Lesestoff.

Ein bedeutender Unterschied zwischen den beiden Marinen war die Art des Schießens. Die Engländer neigten dazu – so wie sie es zur Zeit der Armada getan hatten –, sich auf den Rumpf des Feindes zu konzentrieren (und ihn »zwischen Wind und Wasser« zu treffen), während die Franzosen auf Masten und Takelage zielten und hofften, ihren Gegner manövrierunfähig zu machen, so daß er gezwungen war, die Linie zu verlassen. Die früher wichtige Frage, ob man den Vorteil des Windes hatte, war aufgrund der strengen Steifheit solcher Gefechte belanglos, und der einzige Vorteil, den der Wind jetzt noch bot, war, daß er den Feind zwingen konnte, sich auf ein Gefecht einzulassen, das er aus irgendeinem Grunde vermeiden wollte. Französische Admirale bevorzugten die Position in Lee, denn sie konnten, da sie nicht durch dieselben Kampfanweisungen wie ihre Gegner gebunden waren, beidrehen, wenn es erforderlich war, und sich dabei auch auf die Tatsache verlassen, daß ihre Schiffe fast immer schneller als die englischen waren – die sie ohnehin nicht verfolgen durften, bis ihr Admiral die allgemeine Jagd signalisiert hatte. Erst als kühnere Geister auf beiden Seiten auftraten, löste das nahe, entscheidende Gefecht wiederum die langen und zermürbenden steifen Schemata des Seekrieges ab, die ein Jahrhundet lang bestanden hatten. Beim Lesen der Berichte über diese Schlachten wird man immer wieder an langwierige Schachpartien zwischen Großmeistern mit fast identischen Fähigkeiten erinnert – wobei die ganze Anlage des Spiels schließlich eine Art der Stagnation erreicht, bei der ein Genie erforderlich ist, um sie aufzulösen.

Dies sollte in der Tat geschehen, und es wurde durch das Gefecht Rodneys vor der westindischen Insel Dominica, der Schlacht bei den Saintes im Jahre 1782, angekündigt.

Als sich durch eine plötzliche Windänderung unmittelbar gegenüber Rodneys Flaggschiff eine Lücke in der französischen Linie öffnete, schlug ihm sein rechter Nebenmann Sir Charles Douglas vor, daß sie durch die Linie stoßen und so die französische Nachhut von der Vorhut abschneiden sollten. Wenn der Rest der Linie Rodneys Flaggschiff folgte, würde er in der Lage sein, die französische Nachhut zu vernichten, bevor der französische Admiral de Grasse ihr zu Hilfe kommen konnte. Rodney hatte zunächst noch Bedenken, erkannte dann aber die außergewöhnliche Klugheit des Vorschlags und drehte mit anderen Schiffen, deren Kapitäne ohne Zweifel mehr als verblüfft waren, auf die Lücke zu. Der folgende entscheidende Sieg rechtfertigte Rodneys Handlung, denn er wäre in Ungnade gefallen und ruiniert gewesen, wenn er keinen Erfolg gehabt hätte. Er hatte schließlich die 16. jener unantastbaren »Kampfanweisungen« gebrochen: »In allen Fällen des Gefechts mit dem Feind sollen die Kommandanten der Schiffe Seiner Majestät *die Flotte in einer Linie halten* und (so weit wie möglich) diese Schlachtordnung beibehalten, die sie auch vor der Zeit des Gefechts halten sollen.« (In diesem besonderen Fall hatte Admiral Rodney das Signal zum »Kämpfen im Lee« der Franzosen gesetzt. Als er auf Douglas' Vorschlag hin seine Meinung geändert hatte

und zur Seite gedreht war, führte sein Flaggschiff *Formidable* noch dieses vergessene Signal.)
Während dieser Zeit der »Festlegungen«, in der die Normalabmessungen jeder Kriegsschiffsklasse definiert wurden, arbeiteten sowohl die Engländer wie die Franzosen allmählich auf eine ähnliche Bauweise hin, aber »die französische Überlegenheit in der Konstruktion« war, wie Laird Clowes hervorgehoben hat, »noch eindeutiger«, und »der Ursprung oder fast jeder unserer verbesserten Typen kann auf irgendeine französische Prise zurückgeführt werden«. In Anbetracht dieser Tatsache entstanden schließlich sechs Kriegsschiffsklassen, die die Schlachtflotte bildeten. Die unterste Klasse, das Schiff sechsten Grades hatte 28 Kanonen, das Schiff fünften Grades 36 und 44. Beide Klassen bestanden aus Vollschiffen und wurden Fregatten genannt. Sie bildeten jene »Augen der Flotte«, nach denen Nelson vergeblich rief, als er einen seiner Versuche unternahm, die Franzosen zu finden und sie zur Schlacht zu stellen. Schiffe vierten Grades verschwanden gegen Ende des Jahrhunderts, denn sie waren unzeitgemäß und paßten mit über 50 Kanonen in keine der Klassen. Da die Fregatte an Bedeutung gewann und die Franzosen und Spanier ihre Fregatten größer und besser als die Engländer bauten, wurden sie in allen Marinen immer bedeutender, und gegen Ende des Jahrhunderts hatten einige Schiffe dieser Klasse bis zu 40 Kanonen. Schiffe dritten Grades sollten in den Napoleonischen Kriegen zum »Mädchen für alles« werden und führten zwischen 64 und 68 Kanonen. Aber das Schiff mit 74 Kanonen wurde in beiden Marinen zum vorherrschenden Typ. (Von den 27 Schiffen der Flotte Nelsons bei Trafalgar waren 15 74-Kanonen-Schiffe.) Sie waren Kriegsschiffe mit zwei Decks, während die Fregatten nur ein Deck hatten. Die Klasse über ihnen, die Schiffe zweiten Grades, hatte drei Decks. Sie führten 90 Kanonen und hatten eine Besatzung von etwa 700 Mann. Schließlich kam ganz oben auf der Liste das Großkampfschiff selbst, das Schiff ersten Grades mit 100 Kanonen und mehr auf drei Decks, mit einer Besatzung

von etwa 850 Seeleuten, Marinesoldaten und Offizieren. Eine bedeutende, wenn auch sehr gemischte Gruppe, die jeder Flotte beigegeben wurden, waren Schiffe wie Bombenketschen, Kanonenboote, Kutter, Schoner und Brander.
Die entscheidende Schlacht dieser ganzen Zeit der großen Segelkriegsschiffe war natürlich die Schlacht vor Trafalgar am 21. Oktober 1805. Sie ist auch die bekannteste – vor allem, weil sie die britische Seeherrschaft auf den Weltmeeren für über ein Jahrhundert begründete. Sie trug wesentlich zur Niederschlagung der Pläne Napoleons für eine Invasion Englands und seiner Ambitionen auf dem europäischen Kontinent bei, obwohl diese natürlich erst am 18. Juni 1815 bei Waterloo endgültig beendet wurden. Trafalgar war jedoch in mancher Hinsicht kaum so interessant wie die Schlacht bei Abukir im Jahre 1798, die Napoleons Träume vom Osten zerschlug und die ein glänzendes Beispiel für die Taktik und einer der umfassendsten Siege der ganzen Seekriegsgeschichte war. Kopenhagen war auf der anderen Seite die Schlacht, in der am härtesten gekämpft wurde, und sie wird den Freund des großen hölzernen Segelkriegsschiffs weiterhin interessieren, da sie vor allem gegen befestigte Landstellungen und große, gut vorbereitete Hulken gekämpft wurde, die selbst in schwimmende Forts verwandelt worden waren. Die Fähigkeit des aus Holz gebauten Großkampfschiffes, schweren Beschuß hinzunehmen und ihn abzugeben, wurde kaum jemals besser gezeigt als bei Kopenhagen. Auch wenn die Trafalgar-Schlacht bekannt ist, muß sie hier doch kurz skizziert werden, da sie sowohl wegen der Taktik wie auch wegen des Verhaltens der Großkampfschiffe den Höhepunkt einer Ära darstellt. Der Dampf, der am Horizont auftauchte, sollte schließlich die Antriebskraft bieten, um das Segelkriegsschiff genauso wirksam zu verdrängen, wie das Segelschiff die riemengetriebene Galeere verdrängt hatte.
Als das einzige existierende Schiff ersten Grades, als das einzige Großkampfschiff und als Vertreter einer ganzen Ära hätte die *Victory* auch Anspruch auf unsere Aufmerksamkeit,

selbst wenn sie nicht als Nelsons Flaggschiff bei Trafalgar ewigen Ruhm errungen hätte. Ganz abgesehen von der Tatsache, daß sie jedes Jahr von fast einer halben Million Menschen in ihrem Trockendock in Portsmouth besucht wird, wäre die *Victory* noch immer eines der berühmtesten Schiffe der Geschichte, auch wenn sie wie Drakes *Golden Hind* nicht mehr existierte. Sie wurde von Sir William Slade, einem der größten britischen Schiffbauer, entworfen. Er war ein Mann, der zusammen mit anderen einen Durchbruch in der Wissenschaft auslöste, der das Land aus der Apathie zurückrief, in die es verfallen war, und den Geist wieder zurückeroberte, der für lange Zeit die französischen Schiffsentwicklungen und Bauten beseelt hatte. Zu seiner Zeit war Slade erwähnenswert als Konstrukteur der meisten jener bedeutenden frühen 74-Kanonen-Schiffe sowie einer Anzahl der frühen Fregatten. Das Schiff ersten Grades, die *Victory,* war die Krönung seiner glänzenden Laufbahn. Schon zu seinen Lebzeiten wurde sie als sein Meisterstück angesehen, und es war das einzige Mal, daß Slade ein 100-Kanonen-Schiff zu bauen hatte.
Die Zahl dieser Schiffe war während des 18. Jahrhunderts leicht zurückgegangen, und ein neues Schiff ersten Grades wurde zu jener Zeit genauso selten in Dienst gestellt wie ein neues Schlachtschiff während der Zeit zwischen den Kriegen im 20. Jahrhundert. Nach den 1745 gefaßten Beschlüssen über die Ausrüstung waren zwei neue Schiffe ersten Grades gebaut worden, und erst 1758 erhielt Slade den Auftrag für ein neues 100-Kanonen-Schiff von der Admiralität. Schiffe ersten Grades wurden normalerweise in einem Dock gebaut und dann »zu Wasser gelassen«, wenn ihre Zeit kam, und diese Regel galt auch für die *Victory,* deren Kiel im alten Einzeldock auf der königlichen Werft in Chatham am 23. Juli 1759 aufgelegt wurde. Aber erst im Mai 1765 wurde sie vom Stapel gelassen.
Ihr Kiel bestand aus etwa 45 Metern englischer Ulme, maß 50 Zentimeter im Quadrat und wurde aus sieben Stämmen ge-

bildet. Ihre größte Breite betrug 15,7 Meter. Die Spanten und die Beplankung bestanden aus Eiche, und wahrscheinlich ist es auf ihre lange Bauzeit zurückzuführen – mehr als die doppelte Zahl der Jahre, die normalerweise für ein Schiff ersten Grades erforderlich war –, daß sie imstande war (selbst wenn man Umbauten berücksichtigt), so lange standzuhalten. (Die Praxis, Schiffe »im Gerippe stehenzulassen«, so daß das Holz auswittern konnte und morsche Stellen vor der Beplankung und dem Fertigbau auffielen, war sehr wichtig.) Die 2162 Tonnen große *Victory* hatte 104 Kanonen und eine Besatzung von 850 Offizieren und Mannschaften. Zu der Zeit, als sie in Dienst gestellt wurde, hatten die Schiffe ersten Grades auf dem unteren Batteriedeck die größten Kanonen – 42-Pfünder. Der Nachteil ihrer gegenüber den 32-Pfündern geringeren Feuergeschwindigkeit war bereits offenbar geworden, und es ist bezeichnend, daß der erste Admiral der *Victory*, der ehrenwerte Augustus Keppel, der im April 1778 seine Flagge auf ihr hißte, verlangte, daß die 42-Pfünder durch 32-Pfünder ersetzt wurden. Zur Zeit ihres hohen Ruhmes war sie mit 30 12-Pfündern auf dem oberen, 28 24-Pfündern auf dem mittleren und 30 32-Pfündern auf dem unteren Batteriedeck bewaffnet. Die Kanonen auf dem oberen Batteriedeck hatten ein Gesamtgewicht von 52 Tonnen, auf dem mittleren betrug es 70 Tonnen, und auf dem unteren wogen sie 84 Tonnen. Auf dem Halbdeck trug sie zwei 12-Pfünder und auf dem Backdeck zwei 12-Pfünder und zwei 68-Pfünder-*Carronaden*. *Carronaden* waren starke Kanonen mit kurzer Reichweite, die ihren Namen der Stadt Carron in Schottland verdankten, wo sie von der dortigen Eisengießerei hergestellt wurden. Sie hatten kurze Läufe, eine relativ schwache Pulverladung, aber eine große Kugel. Es war behauptet worden, daß sie sich sehr gut für den Nahkampf eignen würden – und die meisten Gefechte bestanden aus Nahkampf. (Als die *Victory* bei Trafalgar am Heck des französischen Flaggschiffes *Bucentaure* vorbeifuhr, feuerte sie ihre backbordseitige *Carronade* mit schrecklicher Wirkung durch die Heckfenster des Feindes.)

Eine andere Neuerung zur Zeit der Einführung der *Carronade,* die aufkam, nachdem die *Victory* einige Zeit im Dienst gestanden hatte, war die Verkleidung mit Kupferblechen. Während der anglo-französischen Kriege hielten sich die Schiffe oft und lange in der Karibik auf, wo der Schiffsbohrwurm zur Plage wurde und der Wasserpflanzenbewuchs stark war. So hielt man die Kosten der Verkleidung mit Kupferblechen für gerechtfertigt. Frühere Versuche mit dem Gebrauch dünner Kupferbleche für diesen Zweck waren aufgegeben worden, weil die zwischen dem Kupfer und den Eisenbefestigungen einsetzenden Elektrolysevorgänge als nicht akzeptabel angesehen wurden. Gegen Ende der siebziger Jahre war man dann der Meinung, daß eine mit Teer am Rumpf befestigte dicke Papierschicht, die als Isolierung zwischen den Kupferblechen und den eisernen Befestigungen diente, den Zweck erfüllen würde. (Dieses Verfahren wurde bei kleinen Booten mit Holzrumpf und Eisenbefestigungen noch bis in das 20. Jahrhundert hinein angewandt.) Man stellte jedoch fest, daß auf lange Sicht die einzig richtige Lösung war, die Befestigungen am Rumpf aus einer Mischung von Kupfer und Zink anzufertigen. Inzwischen genossen aber die Schiffe der Royal Navy auf ihren Ozeanüberquerungen und in den Gewässern der warmen Meere die Vorteile dieses Schutzes gegen den Schiffsbohrwurm und gegen den Bewuchs.
Die *Victory* hatte ihr erstes Gefecht im Jahre 1778. Die Anerkennung der amerikanischen Kolonien durch Frankreich hatte zu einem Kriegszustand zwischen England und Frankreich geführt. Das Gefecht war unentschieden, die *Victory* erlitt einige Schäden an der Takelage und den Spanten. Aber immerhin hatte sie sich ebenso wie das frühere Großkampfschiff *Mary Rose* als ebenso schnell und manövrierfähig wie ein Schiff einer kleineren Klasse erwiesen. (Nelson wird sie erstmals 1771 gesehen haben, während sie noch unerprobt in Reserve lag, als er mit zwölf Jahren und drei Monaten als Leutnant in Chatham auf die *Raisonable* kam.) Die *Victory* war bis Ende 1782 auf See und ging dann nach einem Umbau

zur Reserve. Es folgte ein Frieden, der, unterbrochen von einigen Kriegsbefürchtungen, bis 1789 dauerte. Aber 1793 begann sie als Flaggschiff von Admiral Lord Hood ein Leben der Kämpfe, das während der ganzen Zeit der Napoleonischen Kriege andauern sollte. Sie war lange Zeit im Mittelmeer eingesetzt, an den Blockaden französischer Häfen beteiligt und kämpfte 1797 in der Schlacht am Kap St. Vincent. Als Flaggschiff von Admiral Sir John Jervis führte sie die Flotte von 15 britischen Linienschiffen und errang einen gewaltigen Sieg über einen spanischen Geleitzug, der aus 27 ähnlichen Kriegsschiffen und einer Anzahl weiterer schwer bewaffneter Schiffe bestand. Es war das größte Seegefecht seit dem Tag, an dem Rodney in der Schlacht an den Saintes im Jahre 1782 die Linie aufgegeben hatte. Es ist bemerkenswert, daß bei dieser Schlacht Nelson mit dem 74-Kanonen-Schiff *Captain* ebenfalls in Ungehorsam gegenüber den »Kampfanweisungen« die Linie verließ und dadurch zwei große spanische Kriegsschiffe, darunter das Flaggschiff des spanischen Admirals, kaperte. Peter Whitlock beschreibt in seiner Geschichte der *Victory* ihren teuren Umbau im Jahre 1803:

»Die Heckgalerien wurden entfernt und das Heck umschlossen. Die Galionsfigur wurde gegen das einfache attraktive königliche Wappen ausgetauscht, das sie bei Trafalgar führte. Die Kugelgestelle und die Geschützpforten wurden geändert. Der Besanmast erhielt eine Gaffel anstelle der alten Lateinrah. Die Magazine wurden mit Kupfer ausgekleidet, um das Eindringen von Ratten zu verhindern, die sich hereinnagten und dann mit ihrem Fell Pulverspuren auf dem ganzen Schiff verursachten. Im Bug wurde ein Schiffslazarett eingerichtet, um das Los der Kranken, nicht der Verwundeten zu lindern, und Nelson, der sie jetzt als sein Flaggschiff übernehmen wollte, befahl, daß die Lichtluke des Achterdecks eingedeckt wurde, um den Decksraum zwischen den 12-Pfünder-Kanonen des Achterdecks zu vergrößern. Die Hauptbewaffnung bestand jetzt aus 32-Pfünder-Steinschloßkanonen – wahrscheinlich das erste der Schiffe ersten Grades, das so ausgerüstet war.«

Sir Charles Douglas, der in der Schlacht an den Saintes Rodneys rechter Nebenmann gewesen war, war Artilleriefachmann, und es war im wesentlichen ihm zu verdanken, daß die alten Pulverhörner und die langsam brennenden Zünder bei der Marine durch Steinschlösser und Zündrohre ersetzt wurden. Die Takelung der *Victory* wurde geändert, indem das Lateinsegel am Besanmast durch die leichter zu handhabende Gaffel ersetzt wurde (die wahrscheinlich ihren Ursprung bei den Holländern hatte). Die Lateinspiere selbst wurden als Reserve an Bord behalten, falls eine andere beim Gefecht beschädigt wurde. Ebenfalls bemerkenswert war eine Änderung, die gegen Ende des 18. Jahrhunderts bei vielen Zwei- und Dreideckern erfolgte – das Umschließen des Hecks. Die offenen Heckgalerien hatten seit langer Zeit einen Mangel an Stärke an diesem Punkt gezeigt, aber sie waren beibehalten worden, weil sie bei höheren Offizieren verständlicherweise beliebt waren. Die *Victory* ist ein ausgezeichnetes Beispiel für diesen Umbau, während in der Schlacht bei Trafalgar die *Bucentaure* Schwächen zeigen sollte. Da aber Flaggoffiziere ein anspruchsvoller Menschenschlag sind, erschienen die Heckgänge im 19. Jahrhundert wieder, und trotz aller Modernisierungen fand man sie sogar noch auf einigen Großkampfschiffen des Zweiten Weltkrieges.
Admiral Villeneuve, der als Konteradmiral der französischen Expeditionstruppen vor der Schlacht bei Abukir den Angriff der Briten mit völliger Zuversicht erwartet hatte, hatte dazu bei Trafalgar keinen Grund. Er war auf Befehl Napoleons mit der spanischen Flotte aus Cadiz ausgelaufen, obwohl er wußte, daß die unter seinem Befehl stehende Flotte nicht kampfbereit war. Zahlenmäßig hatte er den Engländern mehr als genug entgegenzuwerfen. Zahlen bedeuteten für den Soldaten wie den Kaiser wahrscheinlich mehr als für einen erfahre-

nen Seemann wie Villeneuve, der wußte, daß auf See Disziplin, Ausbildung und der Zustand der Schiffe genauso wichtig sind wie die Gesundheit der Männer. Sein Befehl lautete, von Cadiz in das Mittelmeer zu fahren, um Napoleons Vorgehen gegen Österreich zu unterstützen, und er hoffte, daß er die Straße von Gibraltar passieren konnte, ohne in ein größeres Gefecht verwickelt zu werden. Da er sich jedoch bewußt war, daß dies wahrscheinlich nicht möglich sein würde (denn er wußte, wie gut die Briten Wache hielten), hatte er ein Reservegeschwader unter dem spanischen Admiral Gravina an der Luvseite der Flotte postiert. Er befürchtete, daß, wenn ihm Nelson begegnen würde, dieser wahrscheinlich versuchen würde, die Überlegenheit über einen Teil seiner Flotte zu bekommen. Dies war bei anderen Gefechten für ihn typisch gewesen – wobei er jeweils kaltblütig jene »Kampfanweisungen« mißachtet hatte.

Nelson hatte in der Tat Befehle für seine Offiziere verfaßt, in denen er erklärte, wie er beabsichtigte, die Schlacht zu schlagen. Sie sind in dem bekannten »Nelson-Memorandum« enthalten, verfaßt zu einer Zeit, als er noch erwartete, wesentlich mehr als die 27 Schiffe seiner Kampfgruppe als Begleitung zur Verfügung zu haben. Kurz gesagt, besagten seine Befehle, daß die britische Flotte in zwei Abteilungen angreifen sollte. Die stärkere unter Collingwood sollte die Nachhut des Feindes überwältigen (wie Villeneuve befürchtete), während die kleinere unter Nelson die Vorhut und das Gros des Gegners angreifen und sie aufhalten sollte, wenn sie der Nachhut zu Hilfe eilen wollten.

Kurz nach dem Morgengrauen des 20. Oktober verließen die französische und die spanische Flotte den Hafen von Cadiz. Sie wollten sich westwärts des Hafens halten, bis alle Schiffe auf offener See waren. Diese Flotte bestand aus drei Abteilungen. Eine vierte Abteilung unter dem spanischen Admiral nahm die Luvstation ein und versuchte (zu spät), die sie beschattenden britischen Fregatten abzudrängen, die der britischen Flotte als Aufklärer dienten und wie ein Verband von

Kreuzern und Zerstörern späterer Kriege eingesetzt waren.
Villeneuves Flotte bestand sowohl aus französischen wie aus spanischen Schiffen, so daß die Franzosen ihre Verbündeten im Auge behalten konnten, denn es herrschte zwischen dem dominierenden Partner und seinen Verbündeten derselbe Argwohn, der bei den meisten Alliierten in allen Kriegen herrscht.
Der 21. Oktober war der erste schöne Tag nach schlechtem und regnerischem Wetter. Der Wind blies leicht aus Nordwesten, und die alliierte Flotte lief jetzt mit Südkurs auf die Meerenge zu. Während der zurückliegenden Stunden, in denen die Flotte aus dem Hafen von Cadiz ausgelaufen war, hatte Nelson seine eigene Flotte sorgfältig unterhalb des Horizontes außer Sicht gehalten, obwohl dann und wann die Mastspitzen jener Fregatten (die »Augen«) an der Kimm erschienen, ohne die in jener Zeit eine Flotte genauso blind gewesen wäre wie eine moderne, der alle Aufklärungs- und Fernmeldemittel fehlen. Als Nelson etwa zwölf Meilen westlich der alliierten Flotte stand, befahl er seinen Schiffen, die beiden Linien nach seinem Plan zu bilden. Er selbst führte die eine und Collingwood auf der *Royal Sovereign* die andere. Neben dem leichten achterlichen Wind hatten die Briten noch einen weiteren Vorteil. Da der Feind im Westen stand, war seine Linie bei Morgengrauen klar sichtbar, bevor Villeneuve seinerseits die sich von Westen nähernden Kolonnen sehen konnte.
Als Villeneuve die Engländer sichtete, erkannte er, daß er die Zahl der Schiffe unterschätzt hatte, die auf ihn warteten, und er beging jetzt einen Ermessensfehler, als er dem spanischen Admiral Gravina befahl, mit dem Reservegeschwader zu ihm zu stoßen. Er gab so den einen ursprünglichen Teil seiner Dispositionen preis und verschlimmerte dadurch seinen Irrtum, indem er seiner Flotte befahl, vor dem Wind zu wenden und einen nördlichen Kurs zu steuern, um Cadiz als Zuflucht zu haben, wenn die unvermeidbare Schlacht stattfand. Damit zeigte er nicht nur seine eigene ängstliche Unsicherheit,

sondern er ließ auch seine Flotte ein schwieriges Manöver (es dauerte fast zwei Stunden) in leichtem Wind ausführen, das einfach zur Unordnung führen mußte. Eine lange Dünung, die sich drohend aufgebaut hatte, während der Wind noch leicht und wechselnd war, deutete für alle mit diesem Seegebiet Vertrauten an, daß ihr ein harter Schlag auf den Fersen folgen würde. Nelson erinnerte sich daran, wie Hawke die britische Flotte gerettet hatte, als er unmittelbar nach dem Gefecht in der Bucht von Quiberon befohlen hatte zu ankern, während die Franzosen auf offener See durch den Sturm ein Desaster erlitten hatten. Er ließ das Signal »Vorbereiten zum Ankern nach Sonnenuntergang« setzen. So näherten sich die Engländer in ihren beiden Angriffslinien. Ihre Geschwindigkeit kam nie über zwei Knoten hinaus, selbst mit gesetzten Leesegeln – was es zuvor noch nie bei einer ins Gefecht gehenden Flotte gegeben hatte. Der Ausgang des Tages ist bekannt: Collingwood führte Nelsons Befehl glänzend aus, brach durch die Nachhut, um die letzten zwölf Schiffe abzuschneiden. Tatsächlich schnitt er die letzten 15 ab, während Nelsons Kolonne, die ebenfalls in unregelmäßiger Kiellinie vorstieß, in das Gros einbrach, das abgedrängt war, und zwölf Schiffe abschnitt, während er am Heck der *Bucentaure* vorbeifuhr. Die meisten der ihm folgenden Schiffe fuhren nach steuerbord in Gefechtsformation und brachen an verschiedenen Punkten zwischen Nelson und Collingwood durch die alliierte Flotte. Nachdem das Rückgrat des Feindes gebrochen war, folgte das Durcheinander, das Nelson zu provozieren gehofft hatte und durch das er den Sieg errang. Sie nahmen 20 Prisen bei nur einem britischen Verlust. Dies ist zum großen Teil der überlegenen Schießkunst zu verdanken, die die Überlegenheit von Nelsons Taktik ergänzte. Die alliierte Flotte hatte Raum zum Manövrieren und einen freundlichen Hafen in ihrem Lee, aber die Alliierten wurden von dem Stil des Angriffs und der Art und Weise, in der ihre Flotte auseinandergerissen wurde, so verblüfft, daß ihre Reaktion völlig zusammenhanglos war. Es war gewiß kein Mangel an Mut, denn wie Kapitän Blackwood von der Fregatte *Euryalus* schrieb:

»Sie erwarteten den Angriff der Briten mit einer solchen Kaltblütigkeit, die ich mit Bedauern zur Kenntnis nahm. Und sie kämpften auf eine Weise, die ihnen zur Ehre gereichte.«

Obwohl die Engländer gegen eine größere Flotte antraten, hatten sie den Vorteil, daß sie durch die lange Zeit auf See geschliffen waren, während die Franzosen und Spanier in der Enge des Hafens eingepfercht waren, wo sie zum Beispiel nicht einmal die nötige Schießpraxis hatten, die vielleicht einen anderen Ausgang bewirkt hätte. Der schwächste Punkt von Nelsons Plan (ein kalkuliertes Risiko) war die Zeit, während der seine beiden Pfeilspitzen sich der alliierten Flotte näherten, als – theoretisch – jedes führende Schiff durch das zusammengefaßte Kanonenfeuer der langen gebogenen Linie der Spanier und Franzosen versenkt werden konnte und die nachfolgenden jeweils dasselbe Schicksal erleiden konnten, wenn sie die Führung übernahmen. Mit Sicherheit gingen sowohl Nelsons *Victory* wie Collingwoods *Royal Sovereign* durch einen starken Kugelhagel, während sie den Ansturm führten. Die *Victory* befand sich mindestens 20 Minuten innerhalb der Reichweite der französischen Kanonen, bevor sie einen einzigen Schuß erwidern konnte, aber das Feuer des Gegners war weder stark genug noch gut genug gezielt, und als die Engländer einmal inmitten der alliierten Flotte waren, trugen sie durch ihr diszipliniertes, schnelleres Feuer den Sieg davon. Über ein Jahrhundert lang war es den Franzosen mit ihren schnelleren Schiffen immer wieder gelungen, sich mit dem größeren Teil ihrer Flotte mehr oder weniger intakt aus Gefechten zu lösen, was zu den zahlreichen unentschiedenen Kampfhandlungen geführt hatte, mit denen sie die Engländer genarrt hatten. Nelson hatte das Problem, dies zu beenden, brillant gelöst, eine Tatsache, die Trafalgar seinen großartigen Rang in der Seekriegsgeschichte verleiht. Von seinem eigenen Standpunkt gesehen, hatte er bei Trafalgar in gewissem Sinn versagt, denn seit der Schlacht bei Abukir hatte er ein neues und fürchterliches Konzept in den Seekrieg eingebracht – die Vernichtungsschlacht.

Es ist ein kurioses Faktum der Seekriegsgeschichte, daß die letzte große Seeschlacht unter Segeln in fast genau demselben Gebiet ablief, in dem alles begonnen hatte. Prevesa, wo Barbarossa auf die große venezianische Galeone getroffen war, lag nicht sehr weit im Norden, und Lepanto, wo die letzte Seeschlacht mit Galeeren stattfand, lag noch näher. Am 20. Oktober 1827 schlug bei Navarino an der Südwestküste Griechenlands in der großen sandigen Bucht von Pylos eine Flotte ungleicher Alliierter – Engländer, Franzosen und Russen – unter dem Kommando von Admiral Sir Edward Codrington eine türkisch-ägyptische Flotte. Dies förderte die Sache der griechischen Unabhängigkeit mehr als der Tod Byrons in den Sümpfen bei Mesolongion oder alle Aktivitäten europäischer Politiker. Die Tatsache, daß Codrington diesen Angriff auf das Ottomanische Reich in vollkommen eigener Verantwortung herbeiführte, zeigt die Entscheidungsfreiheit, die damals ein britischer Admiral in Übersee hatte. Die Tatsache, daß die Franzosen und die Russen ihn bereitwillig begleiteten, verdeutlicht, wie groß das internationale Prestige der Royal Navy war. Abgesehen davon, daß es das letzte große unter Segeln gekämpfte Gefecht war, war es auch das letzte, bei dem alle eingesetzten Kanonen noch einen glatten Lauf hatten. In gewissem Sinne war es auch der Schwanengesang der alten Royal Navy, denn Codrington selbst hatte unter Nelson bei Trafalgar gedient. In den 87 Jahren, die vergehen sollten, bevor die Engländer wieder eine große Schlacht auf See schlugen, sollte sich das ganze Gesicht des Krieges, der Schiffe und in der Tat das ganze Leben auf dem Planeten durch die industrielle Revolution verändert haben.

Obwohl das Leben der Seeleute und die persönlichen Berichte über Seegefechte bei diesem Bericht über das Großkampfschiff keine Rolle spielen, können die Memoiren eines anonymen britischen Seemanns *(Life on Board a Man of*

War, 1829) als Totengedicht für das ganze Zeitalter dienen, ebenso wie als Erinnerung daran, welche Schrecken in den vier Worten »eine Schlacht fand statt« enthalten sein können.

»Leutnant Broke zog seinen Degen und befahl uns, nicht zu feuern, bevor er den Befehl gab. ›Richtet eure Kanonen, Männer‹, sagte er, ›und laßt jeden Schuß sitzen – das ist die Art, ihnen das britische Spiel zu zeigen!‹ Er warf jetzt seinen Hut auf das Deck und befahl uns, den Türken drei Hochrufe zuzurufen, was wir mit ganzem Herzen taten. Dann rief er ›Von den Kanonen weggetreten‹ und gab den Befehl *›Feuer!‹*, und sofort wurde die ganze Reihe von Kanonen mit fürchterlicher Wirkung in die Seite des Schiffes des türkischen Admirals abgeschossen, das uns gegenüber lag ... Der erste Mann, den ich auf unserem Schiff fallen sah, war ein Marinesoldat, und es geschah erst, als wir fünf oder sechs Salven vom Feind erhalten hatten. Er stand dicht neben mir. Ich hatte den Schwamm aus seiner Hand genommen, und beim Umdrehen sah ich ihn zu meinen Füßen liegen. Sein Kopf war vom Körper getrennt, als ob es mit einem Messer geschehen wäre. Mein Meßkamerad Lee zog den Körper von den Lafetten der Kanonen weg und schleppte ihn nach mittschiffs, unter die Achterleiter ... Da mittschiffs an den Pfosten immer ein ›Gefechtswasser‹ genanntes Faß Wasser festgezurrt ist, kam einer der Offiziere zum vorderen Teil des Decks auf seinem Weg zum Verbandsplatz nach achtern und bat um einen Schluck Wasser. Er war am rechten Arm von einem Kartätschengeschoß schwer verwundet, und der linke war so zugerichtet, daß er die Kanne nicht zum Munde führen konnte. De Squaw (ein Deutscher, Mitglied der Besatzung der *Genoa)*, der an der Kanone mit einer Aktivität und Gewandtheit arbeitete, die mich bei einem Mann seines Alters überraschte, nahm die Kanne, und nachdem er das Blut und den Schmutz von der Oberfläche des Wassers abgeschöpft hatte, füllte er sie und bot sie dem Offizier an. Aber gerade als er sie an den Mund des Verwundeten hielt, fiel er als zerfetzter Leichnam. Er war von einer Kartätsche in Stücke gerissen worden ... So kaltblütig auch ein britischer Matrose in Gefahr ist, so kann es in dieser Hinsicht niemand dem Türken gleichtun. George Finney hatte einen in das Boot gezogen (sie hatten eine Trosse zu Codringtons *Asia* hinübergebracht, um sie von einem Brander freizuschleppen), einen gutaussehenden und elegant gekleideten Burschen. Er saß noch nicht ganz im Bug des Bootes, als er eine tragbare Vorrichtung herausholte und begann, seine Pfeife zu füllen, und als er dies getan hatte, schlug er ein Feuer mit derselben Vorrichtung und begann, mit unfaßbarer Apathie Rauchwolken aus seinem Mund auszustoßen ... Ich darf noch ein anderes Beispiel für die türkische Kaltblütigkeit erwähnen, das, obwohl es nicht auf unserem Schiff vorkam, mir unter gut verbürgten Umständen erzählt wurde. Einige Besatzungsmitglieder der französischen Fregatte *Alcyone* hatten einen Türken aufgegriffen, der nach seiner Kleidung eine Person von Rang in ihrer Marine zu sein schien. Als er an Bord gebracht wurde, sah er, daß sein Arm so zerschmettert war, daß er amputiert werden mußte. Also stieg er die Leiter zum Schiffslazarett mit einer Leichtigkeit hinab, als ob er die Fregatte als Prise genommen hätte. Er zeigte auf seinen zerschmetterten Arm und bedeutete dem Schiffsarzt, daß er ihn abgetrennt haben wollte. Der Schiffsarzt erwies ihm diesen Gefallen, und nachdem der Stumpf verbunden und richtig bandagiert war, ging der Türke an Deck und sprang in das Wasser, schwamm zu seinem eigenen Schiff, das zusammen mit einem anderen neben der Fregatte lag, bei der er an Bord gewesen war. Er wurde gesehen, wie er mit einem Arm an der Schiffsseite hochkletterte, aber er war noch nicht lange an Bord gewesen, als es in die Luft flog ...«

Das unter dem unteren Deck gelegene Schiffslazarett, wo der Schiffsarzt und seine Gehilfen die Verwundeten versorgten, bot auf den bei Navarino kämpfenden Schiffen das übliche gräßliche Schauspiel wie in allen Seeschlachten über die Jahrhunderte:

»Das unterdrückte Stöhnen, die Gestalten des Schiffsarztes und seiner Gehilfen, ihre nackten Arme, die mit Blut verschmierten Gesichter, und andere, die unter dem Amputationsmesser schrien, bildeten eine grauenvolle Szene des Elends und stellten einen abscheulichen Kontrast zu dem Pomp, dem Stolz und den Verhältnissen des glorreichen Krieges dar.«

Es gab einen großen Unterschied zur Vergangenheit. Der unbekannte Seemann war jetzt zum ersten Mal in all den Jahrhunderten in der Lage, sich auszudrücken und zukünftigen Generationen zu erzählen, »wie es war«.

7. Der große Umbruch

Es war kaum eine Überraschung, daß es eine junge Nation war, die Vereinigten Staaten, die im 19. Jahrhundert als erste den Dampfantrieb bei ihrer Marine einführte. Ohne die Beeinflussung durch große Traditionen der Vergangenheit, die sich in der Gegenwart und der Zukunft als Bremse auswirkten, waren die Vereinigten Staaten die natürliche Heimat der neuen Welt der Eisenschiffe mit durch Dampf angetriebenen Schrauben und der großen Kanone mit gezogenem Lauf. Es ist jedoch interessant, darüber nachzudenken, daß auch schon vor dieser Revolution der Seemacht die Vereinigten Staaten gezeigt hatten, daß sie sich im Bau der alten Kriegsschiffe unter Segel und mit herkömmlichen Kanonen mit glatten Läufen und im Kampf mit ihnen gegenüber den älteren Nationen durchaus als starker Rivale erweisen sollten.
Im Krieg von 1812–14 erlitt die britische Marine bei Einzelgefechten zwischen ihren Fregatten und denen der Amerikaner mehrmals einen heilsamen Schock. Die britischen Seeoffiziere waren zu dieser Zeit etwas gleichgültig gegenüber der Fähigkeit ihrer Schiffe und ihrer Männer geworden, solche Einzelkämpfe zu gewinnen. So wurde ihnen durch die Erkenntnis, daß ihre frühere Kolonie in der Lage war, Fregatten zu bauen, die stärker, schneller und besser zu sein schienen als ihre eigenen, in Erinnerung gerufen, daß im Seekrieg ewige Wachsamkeit geboten ist. Die Entstehung dieser neuen beeindruckenden Marine der Vereinigten Staaten wird durch die Korrespondenz zwischen dem amerikanischen Schiffbauer Joshua Humphreys und dem Finanzminister Robert Morris belegt, in der Humphreys schrieb:

»Nach dem derzeitigen Anschein der Angelegenheit glaube ich, daß es Zeit ist, daß dieses Land eine Marine besitzt, aber

da diese Frage noch aufgeworfen werden muß, wage ich es, einige Anmerkungen zu dem Thema zu machen.
Die Schiffe, die die europäischen Marinen bilden, werden im allgemeinen durch ihre Grade unterschieden. Aber da die Situation und die Wassertiefe unserer Küsten und Häfen sich in gewissem Maße von jenen in Europa unterscheiden, und da unsere Marine für eine beträchtliche Zeit zahlenmäßig unterlegen sein wird, müssen wir überlegen, welche Schiffsgröße die kampfstärkste ist und denen des Feindes überlegen sein wird. (Solche) Fregatten, die bei stürmischem Wind Zweideckschiffen überlegen sein würden und sich bei leichtem Wind einem Gefecht entziehen könnten, oder Zweideckschiffe, die einfachen Zweideckschiffen überlegen sein würden und bei stürmischem Wetter Schiffen mit drei Decks überlegen sein würden oder sie bei ruhigem Wetter oder leichten Winden totsegeln könnten. Schiffe, die nach diesen Prinzipien gebaut werden, werden die eines Feindes zu einem gewissen Grad wirkungslos machen oder eine größere Anzahl erfordern, bevor er wagt, unsere Schiffe anzugreifen ... Da solche Schiffe eine große Summe Geld kosten werden, sollten sie aus den besten Materialien gebaut werden, die zu bekommen sind ...«

Amerika war natürlich ein kaum berührter Kontinent für all diese Materialien zu einer Zeit, als zum Beispiel England seine heimischen Nutzholzwälder abgeholzt hatte und Eichenholz und viele andere Materialien aus den Ostseeländern kaufen mußte. Um sich den Respekt sowohl Englands wie Frankreichs vor seiner neutralen Flagge zu sichern, bewilligte der Kongreß die Mittel für sechs Fregatten. Eine von ihnen, die USS *Constitution* zeichnete sich später im Krieg von 1812–14 gegen die Engländer aus. Die Fregatten ähnelten jenen, die ihr Konstrukteur Humphreys vorausgesehen hatte (Das Schiff, das von der amerikanischen Nation liebevoll »Old Ironsides« genannt wird, ist restauriert worden und liegt im Hafen von Boston, wo es ähnlich wie die *Victory* in

Portsmouth jedes Jahr von einem Besucherstrom bewundert wird.)

Obwohl diese amerikanischen Fregatten in keiner Weise »Großkampfschiffe« waren, waren sie von einem Format, das sich nicht sehr von dem eines Linienschiffes unterschied, und mit dem Wissen der amerikanischen Konstrukteure über ihre eigenen Gewässer und Küsten hatten sie die Eigenschaften, die Joshua Humphreys vorausgesehen hatte. Ihre Sollstärke betrug 44 Kanonen. Doch führten sie mehr als 50–30 24-Pfünder auf dem Batteriedeck und 22 32-Pfünder-Karronaden auf dem Oberdeck – mit sich. Sie hatten auch zwei 24-Pfünder und eine 18-Pfünder mit langem Lauf auf dem Oberdeck. Nach dem britischen Vorbild waren Karronaden eingeführt worden, so daß, wenn es je zu einem Nahkampf mit einem größeren Schiff kam (was natürlich vermieden werden sollte), sie einen unerwartet schweren Schlag führen konnten. Der Rumpf der *Constitution*, typisch für ihre Klasse, war aus 50 Zentimeter im Quadrat messenden Spanten und Beplankung gebildet, und anstelle der eisernen Befestigungen war man auf eine ältere, aber stärkere Methode zurückgegangen – die auch besser war, weil die *Constitution* mit Kupfer verkleidet war –, man verwendete Holznägel. Bei einer Länge von 62,2 Metern maß sie an der Wasserlinie 53,3 Meter. Ihre Breite über alles betrug 13,25 Meter, und der maximale Tiefgang sieben Meter. Ihre Tonnage betrug etwa 1500, und ebenso wie alle anderen amerikanischen Kriegsschiffe ihrer Zeit hatte sie eine sehr hohe Besegelung: Skysegel an allen drei Masten und Stagsegel wie folgt: (zwischen Besantoppmast und Großmast von oben) Besantoppskysegel, Stagsegel, Besanroyalstagsegel, Besanbramsegel, Skysegel, Besantoppsegel, Stagsegel; (zwischen Großmast und Fockmast von oben) Großskysegel, Stagsegel, Hauptroyalstagsegel, oberes und unteres Großbramsegel, Stagsegel, Großbramsegel, Maststagsegel, Großbrammaststagsegel, Großtoppmaststagsegel. Auf dem nach vorn gerichteten Klüverbaum führte sie: Focktoppmaststagsegel, Klüver, Außenklüver und Flieger. Die Arbeit der Seeleute mit dieser Segelfläche (über 3900 Quadratmeter) war enorm. Übrigens bestanden alle Segel aus Leinen, und sie erforderten über drei Kilometer Hanftauwerk für das laufende Gut. Aufzeichnungen zeigen, daß die Höchstgeschwindigkeit etwa 13,5 Knoten betrug – es war also kein Wunder, daß sie alle britischen oder französischen Schiffe derselben Klasse totsegeln (und in der Tat totkämpfen) konnte. Sie war größer, stärker und schneller.

Ziemlich spät beschloß Amerika in einem gesunden Mißtrauen gegenüber den europäischen Mächten, daß es ebenfalls einige große Schiffe brauchte – die mehr als Warnung gegenüber potentiellen Angreifern als einem wirklichen Einsatzzweck an seinen Küsten dienen sollten. Im Bau von Großschiffen waren die Amerikaner nicht so erfolgreich, da sie keine entsprechende Tradition hatten. Aber sie hatten die Handwerker und alle Materialien für eine große Flotte von Linienschiffen. Ihre Antwort auf die 74-Kanonen-Schiffe der Europäer war ein Schiff wie die *Franklin* mit einer Gesamtzahl von 82 Kanonen, darunter Karronaden. Ihre gesamte Hauptbewaffnung bestand aus 32-Pfündern, mit kurzem Lauf auf dem Oberdeck und langen Läufen auf dem Batteriedeck. Da sie einen großen Kontinent mit einem ungeheuren Reichtum an Reserven im Rücken hatten, neigten die Amerikaner damals wie heute dazu, »groß zu denken«, wenn auch nicht immer mit Erfolg. Bei ihren kleineren Schiffen wie der *Constitution* ließen ihre Konstrukteure und Handwerker die schnellen Schoner ihres Landes und die außerordentlich erfolgreichen späteren amerikanischen »Clipper« vorausahnen, die bald konkurrenzlose Laufzeiten bicten sollten. Bei einigen ihrer Linienschiffe stellte sich heraus, daß sie nicht in der Lage sein würden, die geplante Kanonenzahl zu führen, oder sie ließen sich schlecht manövrieren oder waren zu teuer im Betrieb. Das größte dieser Schiffe, die *Pennsylvania*, hatte eine Kiellänge von 59,5 Metern und war als 120-Kanonen-Schiff eingestuft, aber sie konnte tatsächlich mehr Kanonen führen und war damit zu ihrer Zeit das größte Schiff der Welt. (Auf einem Bild im *National Maritime Museum* ist deutlich zu erkennen, daß sie nicht nur auf den drei Decks Kanonen führte, sondern auch auf dem vierten Deck, dem sogenannten »Spantendeck«, das durch die Zusammenführung der Back und des Achterdecks entstand.) Die niemals im Gefecht geprüfte *Pennsylvania* genügte zusammen mit der *Ohio* und anderen Schiffen, um Europa zu zeigen, was Amerika leisten konnte. Aber als dies von anderen Mächten bemerkt worden war, war die große Ära des Segels – zumindest bei den Kriegsschiffen – der Zeit des Dampfantriebes gewichen.

Die britische Marine begann schon kurz nach den Napoleonischen Kriegen, in Häfen Dampfschlepper zu verwenden. Es trifft nicht zu, daß die Lords der Admiralität, so wie es manchmal angedeutet wurde, völlig gegen das ganze Konzept von Kohle, Dampf und Maschinen für ihre Marine waren. Was sie in dieser Phase der Entwicklung der Dampfmaschine nicht erkennen konnten, war, wie sie für Kriegsschiffe genutzt werden sollte: Die Dampfmaschinen nahmen einen großen Teil des Raumes im Rumpf ein, der für Männer und Kanonen benötigt wurde. Der Kohleverbrauch war hoch und schloß jeden Einsatz, außer auf Kurzstrecken, aus, und außerdem waren Schaufelräder äußerst verwundbar, da ein einziger Schuß sie zerschmettern konnte. All dies traf in der Tat zu, und erst nach der Erfindung der Schiffsschraube wurde das dampfgetriebene Kriegsschiff ernsthaft in Betracht gezogen. Die Schraube selbst war nichts Neues, da sie seit Archimedes bekannt war, aber ihre praktische Anwendung auf Kampfschiffen – insbesondere denen Englands, die Brennstoffversorgung für Langstrecken brauchten, um seine Seeverbindungen aufrechtzuerhalten – mußte sich erst noch erweisen. Außerdem blieben, solange die Feuerstärke des großen Kriegsschiffes von Reihen glattläufiger Kanonen an seinen Seiten abhängig war, die Probleme des Kohleverbrauches und des Raumes für Brennstoff und die Maschinen. In dem

Land, in dem die industrielle Revolution begonnen hatte, war es unwahrscheinlich, daß die Behörden sich nicht über das zukünftige Potential der Dampfmaschine im klaren waren (wie ungern mit Segeln aufgewachsene Männer sie auch sehen mochten), aber das ganze Konzept mußte ihnen aus dem guten Grund erst aufgedrängt werden, wie Bernard Brodie es beschrieb *(Sea Power in the Machine Age):*

»Es war eine alte Maxime der britischen Admiralität, daß Großbritannien niemals irgendeine Neuerung der Marinetechnik einführen sollte, die vorhandenes Material veralten ließ, aber daß es bereit sein sollte, jede andere Macht zu überflügeln, die eine solche Änderung begann.«

Im Verlaufe des 19. Jahrhunderts sollte eine große Zahl solcher Neuerungen erfolgen und das Überflügeln erfordern. In der Tat könnte gesagt werden, daß es im ganzen Jahrhundert in allen Ländern Versuche gab, alles den Änderungen anzupassen, die durch das neue Maschinenzeitalter erfolgt waren, so auch die Schiffe.

Ein Mann, John Ericsson, sollte mehr für die zukünftige Entwicklung der Kriegsschiffe bewirken als alle anderen, wenngleich viele andere Erfinder die Entwicklung des Schraubenpropellers und andere Entwicklungen für die Kriegsschiffe für sich beanspruchten. Ericsson war 1836, nachdem er das schwedische Heer verlassen hatte, wo sein technisches Talent bereits aufgefallen war, nach England gekommen und hatte ein Patent für einen Schraubenpropeller erteilt bekommen. Er hatte es zuerst der Admiralität angeboten, die trotz einer erfolgreichen Demonstration des Potentials aus den oben gegebenen Gründen nicht genügend beeindruckt war. Obwohl er nicht beweisen konnte, daß er als erster den Schraubenpropeller erfunden hatte, erhielt er später ein Fünftel der 20.000 Pfund, die die Admiralität dafür bezahlte. Ohne Zweifel übten die Hersteller von Schaufelrädern und der für sie geeigneten Maschinen gemeinsam mit ihren Ingenieuren Druck gegen die Einführung der Schiffsschraube aus, aber erst als Ericsson und andere Pläne für Maschinen vorgelegt hatten, die ganz unterhalb der Wasserlinie eingebaut werden konnten, und Kesselsysteme mit höherem Druck und geringerem Brennstoffverbrauch vorgeschlagen hatten, konnte der große Wandel durchgeführt werden. Genau zu dieser Zeit befand sich Kapitän Stockton von der jungen US-Marine in London und erteilte Ericsson einen Auftrag für ein kleines Eisenschiff, das in Birkenhead gebaut und mit Ericssons Maschine und einer Schraube ausgerüstet werden sollte. Das Schiff erreichte New York im Jahre 1839, und wenige Monate später folgte ihm sein Erfinder. Er sollte amerikanischer Staatsbürger werden und dort für den Rest seines Lebens arbeiten und sein ungeheures technisches Talent seinem Aufnahmeland widmen. Seine Fähigkeiten wurden schnell erkannt, und 1843 lief das erste Kriegsschiff mit Schraubenantrieb, die USS *Princeton,* vom Stapel. Sie war ein Boot mit zehn Kanonen mit sechsblättriger Schraube nach Ericssons Entwurf. Die Maschinen verliehen ihr eine Geschwindigkeit von etwa 13 Knoten.

Ericssons spätere Arbeit an der Panzerung für Schiffe und seine frühen Pläne für ein tief im Wasser liegendes gepanzertes Dampfschiff wurden von seiner Arbeit an dem gepanzerten runden Geschützturm, der auf einem Drehtisch montiert war und schwere Kanonen trug, noch übertroffen. Er sollte die Seekriegsführung revolutionieren und den Niedergang der großen Kriegsschiffe unter Segeln beschleunigen. Nachdem einmal Kanonen in der Mittellinie der Decks aufgebaut werden konnten, waren alle alten Konzeptionen der Seekriegsführung und die Anordnung großer Batterien an den Schiffsseiten selbst überholt. Dies lag jedoch in der Zukunft, und in der Zwischenzeit kam aus Frankreich eine Erfindung, die eine weitere radikale Änderung in einer Welt bewirken sollte, die im Prinzip seit der Zeit Heinrichs VIII. in einem Zustand der Stagnation gewesen war.

In all den Jahren hatten die Kanonen jeder Marine Vollkörpergeschosse – und in der letzten Zeit zumeist aus 32-Pfünder-Kanonen – verschossen. Es gab auch Kartätschen oder Hagelgeschosse für den Nahkampf, die zumeist aus leichten Waffen verschossen wurden. Sie bestanden aus kleinen Schrotladungen, die in Zylindern und Beuteln enthalten waren, die zwischen zwei kreisförmigen, mit einer Spindel verbundenen Eisenplatten zusammengehalten wurden. Es handelte sich im wesentlichen um gegen Personen gerichtete Munition, die in der Tat so alt war wie die Marine Heinrichs VIII. Einige leichte, bereits mit Pulver und Hagelgeschossen geladene Waffen, die gegen die französischen Invasoren eingesetzt werden sollten, wurden von der *Mary Rose* intakt geborgen.

Im Jahre 1837 begannen die Franzosen plötzlich, ihre Marine mit Kanonen auszurüsten, die mit Pulver gefüllte Hohlgeschosse verschossen. Das Hohlgeschoß selbst war keine Neuheit. Es war seit mehreren Jahrhunderten in Form von Handgranaten eingesetzt worden, und schon im 16. Jahrhundert waren mit brennbaren Substanzen gefüllte Lehmtöpfe von Bord- und Festungsmauern nach der Zündung mit einer Zündschnur auf Angreifer abgeworfen worden. Später kam die Granate aus Gußeisen hinzu, und auf See zuerst die aus einem Mörser mit breiter Mündung verschossene Bombe. Als Träger waren Bombenschiffe entwickelt worden, die aber in ihrem Einsatz sehr begrenzt waren, obwohl der Mörser und die Bombe leistungsfähig waren. Sie waren sicher im Gebrauch, denn die Zündschnur der Bombe hing aus der Mündung heraus, und wenn sie gezündet worden war und es irgendeine Verzögerung für den Abschuß des Mörsers gab, konnte die Zündschnur schnell abgeschnitten werden. Die Frage, wie man ein ähnliches Geschoß mit langläufigen Kanonen wie der 32-Pfünder verschießen konnte, hatte seit langer Zeit die Experten beschäftigt, denn der Vorteil der Fähigkeit, ein Explosivgeschoß gegen hölzerne Kriegsschiffe einzusetzen, lag auf der Hand, da Feuer stets ihre größte Gefahr gewesen war.

Oberst Paixhans, ein französischer Heeresoffizier, hatte in einer technischen Veröffentlichung, *La Nouvelle Force Maritime,* vorgeschlagen, daß anstelle der alten Mörser, die ihre Bomben auf eine steile Flugbahn schossen, direkt gezielte Kanonen für den Seekrieg entwickelt werden sollten, die Explosivgeschosse auf einer flachen Flugbahn verschießen, und er hatte eine solche Kanone 1824 in Brest erprobt. Das Problem, wie das Geschoß zu zünden war, nachdem es sich im langen Lauf befand, wurde durch die Tatsache gelöst, daß die Projektile aus Gußeisen nie genau kugelförmig waren und immer etwas Spielraum zwischen ihnen und der Bohrung bestand. Die neue Granate konnte deshalb in eine Kanone geladen werden und dort liegen, als ob es sich um ein Vollkörpergeschoß handelte, bis die Kanone gezündet wurde. Die Flammen der Explosion stießen das Geschoß aus dem Rohr. Eine Breitseite oder auch nur einige solcher Granaten, die ein anderes Kriegsschiff trafen, würden es augenblicklich in ein unlöschbares Flammenmeer verwandeln.
Nicht zum letzten Mal hatten die Franzosen einen Durchbruch in der Marinerüstung erzielt. Für die Engländer war es ein Glück, daß eine solche Entdeckung nicht während der Napoleonischen Kriege gemacht worden war, denn selbst wenn sie ähnliche Granatentypen und Kanonen gebaut hätten, hätte es Jahre gedauert, um die Umrüstung einer großen Flotte durchzuführen. Schließlich produzierte auch die Waffenfabrik in Woolwich Kanonen und Granaten, die denen von Paixhans ebenbürtig waren, und als der Krimkrieg ausbrach, waren die Engländer und die Franzosen, die dieses Mal Alliierte waren, zum größten Teil mit Kanonen für Hohlkörpergeschosse ausgerüstet.
Dennoch wurde die Lektion von den Marinebehörden und der Admiralität, die noch immer große Kriegsschiffe unter Segeln verlangten, nicht verstanden, bis die Russen eingriffen. Nachdem sie zuvor von den Engländern und den Franzosen kaum mehr als die Amerikaner beachtet worden waren, überraschten sie am 30. November 1853 die Welt, als Admi-

ral Nachimow mit sechs Linienschiffen, die mit 68-Pfündern für Explosivgeschosse ausgerüstet waren, ein aus Fregatten und Korvetten bestehendes türkisches Geschwader angriff, das auf der Reede von Sinop an der Südküste des Schwarzen Meeres vor Anker lag. Innerhalb von Minuten standen die türkischen Schiffe in Flammen – es war das erste Mal im Seekrieg, daß überhaupt Hochexplosivgeschosse eingesetzt wurden –, und innerhalb von Minuten brach eine ganze Welt zusammen. Die Befürworter von »Segeln und hölzernen Wänden« konnten dieses Omen nicht ignorieren, und selbst die Schiffbauer der neuen, mit Eisen verkleideten Schiffe, bei denen auf dem hölzernen Rumpf Eisenbleche befestigt wurden, begannen zu erkennen, daß schließlich der nur aus Eisen bestehende Rumpf siegen würde. (Die »geheiligten« Holzdecks sollten noch lange Zeit bleiben.)

Ein Jahr später gerieten während der Bombardierung von Sewastopol britische und französische Kriegsschiffe in das neue Granatenfeuer, wobei beiden Verbündeten schwere Schäden zugefügt wurden. Das britische Linienschiff HMS *Queen* wurde innerhalb von wenigen Minuten von drei Granaten getroffen. In dem unerwarteten Chaos, das folgte, verließen sogar die Geschützbedienungen ihre Station. Dies war endgültig das Ende »der alten Marine« – selbst wenn Segelschiffe noch jahrelang die See befahren sollten. In der damals vorherrschenden Kriegsform – Schiffe gegen Forts – war es klar, daß die einzige Antwort darin bestand, schwimmende, bewegliche Festungen zu bauen. Es war keine Zeit, das große, mit Eisen verkleidete und schweren Maschinen ausgerüstete Schlachtschiff der Zukunft zu bauen, geschweige denn weiterzuentwickeln. Die Franzosen, die wiederum schneller als die Engländer waren (die einen ähnlichen Auftrag erteilt hatten), waren die ersten, die rechtzeitig für die Bombardierung der Seefestung Kinburn im Oktober 1865 drei gepanzerte Kanonenboote bauten.

Obwohl die Kanonenboote selbst viele Male getroffen wurden, hielt ihre Panzerung den Explosivgeschossen stand, gleichzeitig gelang es ihnen, mit ähnlichen Granatentypen die Batterien an Land zum Schweigen zu bringen. Die *Dévastation,* die *Lave* und die *Tonnante* waren jedoch nicht einmal Prototypen der Schlachtschiffe der Zukunft, da sie (nach ihrem vorgesehenen Verwendungszweck) geringen Tiefgang hatten, nur für Küstengewässer geeignet waren und eine Höchstgeschwindigkeit von nur vier Knoten hatten.

Der ganze Rest des 19. Jahrhunderts war, soweit es um Marineoffiziere und Schiffbauer ging, tatsächlich nur eine Suche nach einem Ersatz für diese Schiffe. Das Schiff der Zukunft blieb undefinierbar, denn es unterlag sich ständig ändernden Anforderungen an Verfahren und Technik und selbst Materialien. Natürlich würde es niemals wieder möglich sein zu sagen, »jetzt sind wir so weit gegangen, wie wir können. Jetzt haben wir das neue Modell ›des Großkampfschiffes‹ gebaut, das die Ozeane über Generationen hinweg ohne Herausforderung beherrschen wird.« In den Jahren vor dem Ersten Weltkrieg glaubte man vielleicht, daß jetzt das große Schlachtschiff seine Endstufe erreicht hatte. Wie es sich so oft erwiesen hat, seit die industrielle Revolution die Welt des Menschen veränderte, würde nie wieder etwas einen bequemen *Status quo* erreichen – nie wieder würde es die Jahrhunderte des großen Kriegsschiffes unter Segeln oder die Jahrtausende der Galeere geben.

Obwohl im Krimkrieg (sowohl auf der Ostsee wie auf dem Schwarzen Meer) noch fast genauso viele hölzerne Linienschiffe kämpften, wie kombinierte Segel- und Dampfschiffe, wurden die Konsequenzen aus diesem Krieg schnell gezogen – Holzschiffe waren beim Einsatz von Granaten Todesfallen. Die britische Admiralität baute jedoch noch weiterhin einige hölzerne Schlachtschiffe, die in entfernten Teilen des Globus eingesetzt werden konnten. Dieser angestammte Konservatismus, für den alle Militärbehörden aller Länder stets anfällig sind – besonders jene mit langen Traditionen –, würde sich nur der Bedrohung einer fremden und möglichst feindseligen Macht beugen, die einen plötzlichen Fortschritt machte. Frankreich war gegenüber England üblicherweise feindselig oder war es zumindest während der meisten Jahrhunderte gewesen, und die Engländer wurden in den fünfziger Jahren des 19. Jahrhunderts plötzlich zum Handeln gezwungen, als bekannt wurde, daß die Franzosen eine Flotte aus Eisenschiffen bauten und daß sie wie die Engländer bereits Experimente mit gußeisernen Kanonen mit gezogenem Lauf durchführten. Unter dem glänzenden Konstrukteur und Generaldirektor des Schiffbauwesens Dupuy de Lôme baute die französische Marine mit Eisen verkleidete Panzerschiffe, die mit den neuartigen Kanonen ausgerüstet werden sollten. Daß diese ersten Kanonen in Frankreich Vorderlader waren, während in England Armstrong und Whitworth (die damals noch Konkurrenten waren) mit Erfolg Hinterladerkanonen mit gezogenem Lauf und einer Reichweite von etwa acht Kilometern gebaut hatten, verringerte die Besorgnis nicht. Das erste Schiff der neuen Klasse war tatsächlich ein Umbau eines hölzernen 90-Kanonen-Schiffes. Es hatte eine Schraube und Dampfantrieb und war eine Fregatte mit 60 Kanonen. Die *La Gloire* wurde als erstes Schiff ihrer Klasse berühmt. Ihre hölzernen Seiten waren entlang der Wasserlinie und darüber durch 12,7 Zentimeter dicke Panzerplatten geschützt. Mit einer Tonnage von über 5000 Tonnen wurde sie von Maschinen, die 4200 PS entwickelten, auf eine Geschwindigkeit von 13 Knoten gebracht. Die sofortige britische Reaktion folgte jener unausgesprochenen Regel, daß sie ein größeres und schwerer bewaffnetes Schiff bauten, während die Franzosen nach der *La Gloire* eine Klasse von ganz aus Eisen bestehenden Panzerschiffen produzierten. Sie waren alle Dreimaster mit einer gemischten Besegelung aus Rahsegeln und Fock- und Gaffeltakelung, wenn auch inzwischen auf der Hand lag, daß die Segel das Ersatzmittel waren und nicht die Maschinen. Während sie ursprünglich mit den französischen Vorderladerkanonen mit gezogenem Lauf bewaffnet waren, wurden sie bald auf Hinterladerkanonen umgerüstet. Es ist eine bemerkenswerte Tatsache, daß die Kanonen der ersten Großkampf-

schiffe zum Teil Hinterladerkanonen waren und dann für Jahrhunderte durch Vorderlader ersetzt wurden.
Die *Warrior* war das erste britische Panzerschiff, dem schnell das Schwesterschiff *Black Prince* folgte. Mit einer Wasserverdrängung von über 9000 Tonnen war sie zu ihrer Zeit das größte Kriegsschiff der Welt, was Kaiser Louis Napoleon zu der schmerzlichen Bemerkung veranlaßte, daß sie im Vergleich zu allen anderen »wie eine schwarze Schlange unter den Kaninchen« aussah.
Mit ihrer Länge über alles von fast 116 Metern ähnelte sie tatsächlich einer Schlange. Diese enorme Länge war durch die Tatsache notwendig geworden, daß die Admiralität sich zur Zeit ihres Baus noch nicht für die Hinterladerkanonen von Armstrong entschieden hatte und sie ein einziges Batteriedeck mit Geschützpforten für 40 68-Pfünder-Vorderlader aufnehmen mußte. In dieser verwirrenden Zeit des Wandels, in der die Anmut der großen Schiffe vergangen zu sein schien, war sie wegen ihrer schönen Linien mit ihrem Schonerbug und dem Fregattenheck ein sehenswerter Anblick. Sie ähnelte, wenn man von ihrer größeren Länge absah, den zeitgenössischen Klippern. Sie war ein Dreimaster mit Rahtakelung, und unter Dampf erreichte sie eine Geschwindigkeit von über 14 Knoten. Dieses elegante Großkampfschiff wies zwei große Nachteile auf. Der erste war, daß sein 11,5 Zentimeter dicker Panzergürtel aus Schmiedeeisen zwar die Maschinen und die Kanonen schützte, aber sich nicht bis zu Bug und Heck erstreckte und diese deshalb ungeschützt ließ. Der andere Nachteil, den sowohl die *Warrior* wie die *Black Prince* aufwiesen (und der sich in einem Gefecht als tödlich hätte erweisen können), war, daß sie durch ihre große Länge auf See unter Segeln und unter Dampf schlecht manövriert werden konnten. Die Franzosen, die zwar wegen dieser neuen Schiffe ihres alten Feindes besorgt waren, hatten wahrscheinlich recht mit ihrer Behauptung, daß die Schiffe der *Gloire*-Klasse, die zwar kleiner und etwas leichter waren, mit ihrem durchgehenden Panzergürtel und der größeren Manövrierfä-

higkeit dennoch bessere Kriegsschiffe waren. Nun, diese Prüfung kam niemals, und einer der Gründe für die *Pax Britannica* auf den Weltmeeren, die bis zum Beginn des Ersten Weltkrieges herrschte, war, daß die Engländer ihren Konkurrenten im Kriegsschiffbau stets einen Schritt voraus waren – wenn sie dies auch nur mit Widerstreben taten. Auch von den früheren Nutznießern dieser Tatsache wird gegen Ende des 20. Jahrhunderts oft vergessen, daß fast ein Jahrhundert des Friedens, der im wesentlichen von britischen Großkampfschiffen bewahrt wurde, die Kolonien und früheren Kolonien in die Lage versetzte, zu wachsen und sich zu entwickeln, ohne ständig nervös auf ihre Küsten zu blicken und enorme Summen für die Entwicklung eigener Marinen auszugeben.

Interessanterweise hat von allen Schiffen dieser Übergangszeit der Kriegsschiffkonstruktion als einziges die *Warrior* überlebt. Von ihrer Indienststellung im Jahre 1861 bis zur Abstellung zur Reserve 1875 verschoß sie nie einen Schuß im Ernstfall, und es bestand auch nie die Notwendigkeit für sie, dies zu tun, vor allem weil Schiffe ihres Typs schon durch ihr Erscheinen auf dem Meer die Wahrung des Friedens sicherstellten. Man könnte sagen, daß sie sich allein durch die Tatsache auszeichnete, daß sie vom militärischen Standpunkt her keine Auszeichnungen errang. Nachdem sie während der Folgejahre immer auf dem Wasser blieb – ein Tribut an ihren schmiedeeisernen Rumpf – über zwei Weltkriege hinweg in verschiedenen bescheidenen Rollen –, endete sie (für die wenigen, die ihren Ursprung kannten, scheinbar schändlich) als Hulk C77 in Milford Haven in Wales. Als schwimmende Außenpier für Öltanker mit einem Hubschrauberlandeplatz und 250 Tonnen Beton auf dem Deck war die *Warrior* ebenso wie Hunderte anderer Großkampfschiffe, die in ihrem Jahrhundert gebaut worden waren, von der Bildfläche verschwunden. Aber das moderne Interesse an der Archäologie des Seekrieges und der Industrie hat dazu geführt, daß dieser Veteran des 19. Jahrhunderts restauriert wurde. Man hofft, daß sie schließlich, wenn das langwierige und äußerst teure Unternehmen abgeschlossen ist, mit anderen berühmten Veteranen wie der *Mary Rose* und der *Victory* in ein Marinemuseum in Portsmouth kommen wird.

Den unsteten Kurs des Kriegsschiffbaus im 19. Jahrhundert zu verfolgen, heißt viele Nebenwege zu durchstreifen. Eine sehr kurze Zeit lang herrschte die *Warrior*, aber in dem schnellen Wandel der Technik des 19. Jahrhunderts waren solche Schiffe – wie die modernen Kampfflugzeuge und andere Waffen – schon fast veraltet, wenn sie in Dienst gestellt wurden. Da es keine Kriege gab, in denen sie gegeneinander hätten erprobt werden können, verschwanden sie aus dem Blickfeld.

Ein Duell, über das so viel geschrieben worden ist, wie über die großen Seegefechte der Vergangenheit, war der Kampf zwischen dem Panzerschiff *Virginia* (zuvor Fregatte *Merrimack)* der Konföderierten und dem Panzerschiff *Monitor* der Union, das einen Geschützturm hatte. Das Interesse, das dieses Gefecht nicht nur in Amerika, sondern in der ganzen Welt erregte, wo es während der folgenden Jahre Thema der Argumentation unter den Kriegsschiffbauern war, beruht auf mehreren Faktoren. Für die nichtamerikanische Öffentlichkeit lag sein Interesse in der Tatsache, daß es ein spektakulärer Zwischenfall des Krieges zwischen den uneinigen amerikanischen Staaten war, dessen Ausgang sowohl Politiker wie Geschäftsleute betraf. Für die Marinen der Welt konzentrierte es sich auf den Kampf zwischen einem Schiff mit Geschützturm und einem Kasemattschiff, und für alle Zuschauer in einer Zeit des Friedens war es das erste Gefecht zwischen diesen häßlichen, verdächtig aussehenden, durch Dampf angetriebenen Schiffen, die die seit langer Zeit anerkannten und die gutaussehenden Kriegsschiffe der Vergangenheit abgelöst hatten. Die verzierte Schönheit des alten Großkampfschiffes würde nie wiederkommen, das erkannte man. In der Zukunft würden reine Größe und mächtige Erhabenheit in Stahl sowie riesige Kanonen das Erscheinungsbild prägen, doch es muß betont werden, daß in der Zeit des Übergangs die Kriegsschiffe fast unvermeidbar häßlich waren.

Als die Unionstruppen sich nach der Sezession Virginias im Jahre 1861 aus Norfolk zurückgezogen hatten, verloren sie ihre beste Marinewerft und waren gezwungen, eine Anzahl von Schiffen, die dort lagen, zu versenken. Darunter befand sich die starke hölzerne Dampffregatte *Merrimack*, deren Maschinen gerade repariert wurden. Die Konföderierten, die keine Marine hatten, hoben sie, schnitten den verbrannten Teil des Batteriedecks weg und rüsteten sie mit einer Kasematte aus Eichenstämmen aus, deren geneigte Seiten sie mit zehn Zentimeter dicken Eisenbahnschienen panzerten – da sie nichts Besseres zur Verfügung hatten. Die Enden der Kasematte waren abgerundet, und in der Mitte ragte neben dem Schornstein nur ein kleines Ruderhaus mit schrägen Wänden hervor, das genauso gepanzert war. Eine Kuriosität dieser neuen Kriegsschiffe war der Rammsporn der Galeere, der wieder auftauchte und bis zum Ersten Weltkrieg bestehen sollte. Denn während das Rammen des Feindes unter Segeln unmöglich gewesen war, gaben Dampfantrieb oder Riemenantrieb den nötigen Schwung. Das in *Virginia* umbenannte Schiff war mit sechs Kanonen des Kalibers 22,9 Zentimeter, und mit zwei 16,2-cm-Kanonen mit gezogenem Lauf und zwei 17,8-cm-Kanonen bewaffnet, und konnte mit seiner Maschine etwa neun Knoten laufen.

Inzwischen war die Union, die sich wegen ihrer fast undurchführbaren Blockade von 4800 Kilometern Küstenlinie, insbesondere von Hampton Roads, der Mündung des James River und Wasserwegen nach Richmond, sorgte, noch beunruhigter, als sic der Bericht erreichte, daß die Konföderierten eine Marine aufbauten, die auch ein großes Panzerschiff haben sollte. Ein Entwurf John Ericssons für ein äußerst ungewöhnliches Schiff mit Geschützturm, das lange zuvor Napoleon III. angeboten und von ihm abgelehnt worden war, hatte jahrelang in den Akten des Erfinders gelegen. Er wurde hervorgeholt, überarbeitet und dem Marineministerium vorgelegt. Es war allem, was je zuvor als Kriegsschiff ins Auge gefaßt worden war, so unähnlich, daß sich eine ungeheure Skeptik breitmachte. (Der Erfinder selbst nannte es ein »aquatisches Gerät«.)

Die gepanzerte *Virginia (Merrimack)* war inzwischen unerwartet vor Hampton Roads erschienen und hatte das dort stationierte Geschwader überrascht und den James River blokkiert. Sie eröffnete zuerst das Feuer auf das 24-Kanonen-Schiff *Cumberland,* das mit seiner Breitseite zurückschoß. Selbst als die Entfernung kleiner wurde, feuerte die *Virginia* weiter mit ihren vorderen 17,8-cm-Kanonen, während die *Cumberland* feststellte, daß ihre Schüsse einfach ins Wasser fielen oder wirkungslos von den Seiten der *Virginia* abprallten. Schließlich gab ihr das Panzerschiff der Konföderierten den Gnadenstoß durch Rammen. Als die *Virginia* sich zurückzog, steckte ihr Rammsporn in der *Cumberland,* die Schlagseite bekam und mit hohen Menschenverlusten sank. Die Fregatte *Congress* hatte in der Zwischenzeit Segel gesetzt und ins Gefecht eingegriffen, mußte aber feststellen, daß sie genauso machtlos gegen die gepanzerten Seiten war. Die *Congress* lief in den Untiefen auf Grund und lag über eine Stunde lang wie ein Objekt für Zielübungen für die *Virginia* da, bis sie ein brennendes Wrack mit hohen Menschenverlusten war. Die beiden anderen Schiffe des Geschwaders, die sich von Schleppern vor diesem scheinbar unangreifbaren Monstrum in Sicherheit verholen lassen wollten, liefen auf Grund, während die *Virginia* abdampfte, um die durch das Herausreißen des Rammsporns erforderlichen Reparaturen durchzuführen. In dem erfolgreichen Gefecht gegen die beiden Schiffe der Union hatte sie, obwohl sie ständig getroffen wurde, nur zehn Tote oder Verwundete zu beklagen, und zwei Kanonen waren außer Gefecht gesetzt. Sie wollte am nächsten Tag zurückkehren und den Rest des Blockadegeschwaders vernichten.

Als die *Virginia* am nächsten Morgen zurückkam, um die beiden Schiffe zu vernichten, war sie ebenso aus der Fassung gebracht, wie es die Schiffe in Hampton Roads am Tage zuvor durch sie gewesen waren, als die *Monitor,* die während der vergangenen Nacht rein zufällig eingetroffen war, auf den Plan trat. Diese seltsame, niedrige Silhouette, die der *Virginia* entgegenkroch, muß für alle, die sie erstmals sahen, eine beunruhigende Erscheinung gewesen sein. Die beiden Schiffe waren gewiß ein eigenartiges Paar: das eine mit einer gepanzerten Kasematte auf einem herkömmlichen Rumpf (ohne Masten oder Takelage), und das andere, das wenig mehr als ein gepanzerter Turm mit zwei großen Kanonen zu sein schien, bei dem das Wasser über das Deck und das vor dem Geschützturm gelegene Steuerhaus brach.

Das Gefecht zwischen den beiden Schiffen dauerte ohne Unterbrechnung fast vier Stunden lang. Keines der beiden konnte dem anderen den Todesstoß versetzen. Die *Monitor* hatte eine niedrigere Feuergeschwindigkeit und setzte eine zu schwache Treibladung ein, während die *Virginia* feststellen mußte, daß sie – abgesehen davon, daß der Turm des Gegners ein kleines und schwierig zu treffendes Ziel darstellte – auch nicht in der Lage war, seine Panzerung zu beschädigen. Der größte Teil des Gefechtes lief im Nahkampf ab, aber kein Schiff war in der Lage, das andere wirksam zu beschädigen, so daß die Sache unentschieden ausging. Die *Virginia* hatte als einzige einen nennenswerten Schaden erlitten – ihr Schornstein war weggeschossen, ein Teil der Panzerung hatte sich gelöst, und zwei Geschützpforten waren zerstört, während der Kommandant der *Monitor* durch einen direkten Treffer auf das Steuerhaus verletzt worden war. Auf keiner Seite gab es Tote, trotz der vielen Treffer. Präsident Lincoln spürte jedoch sofort das Potential der *Monitor,* und es wurde schnell eine große Zahl dieses von Ericsson erfundenen Panzerschiffes bestellt. Auf der ganzen Welt setzte sich die Bezeichnung *Monitor* für diesen neuen Schiffstyp durch.

Die internationale Meinung der Marinefachleute war genauso unentschieden, wie es dieses merkwürdige Gefecht gewesen war – und dies sollte so bleiben. In den Marineverwaltungen und bei den Schiffbauern ging der Streit über die Vorteile des Geschützturmes oder des Rammsporns oder einer Kombination von beiden weiter. Die Tatsache, daß die *Monitor* in der Lage gewesen war, einfach aufgrund ihrer besseren Manövrierfähigkeit mit Erfolg mehreren Rammversuchen der *Virginia* auszuweichen, wurde von jenen ignoriert, die den Rammsporn bevorzugten, während die Befürworter des Geschützturmes auf die Schäden hinwiesen, die die großen Kanonen eines in der Mittellinie des Schiffes aufgebauten Geschützturmes auf dem Schiff der Konföderierten verursacht hatten. Eine Sache war bemerkenswert: Es gab kein Argument gegen die Panzerplatten, und die Stimmen der alten Admirale, die das Segelschiff verteidigten, waren für immer zum Schweigen gebracht.

8. Die Zeit der Experimente

Die generelle Schlußfolgerung, die aus diesem Seegefecht des amerikanischen Bürgerkrieges gezogen wurde, war, daß Schiffe wie die *Monitor* – mit Ausnahme ihrer Geschütztürme – kaum mehr waren als Umbauten oder Verbesserungen der früheren französischen schwimmenden Festungen der *Dévastation*-Klasse. Entlang der amerikanischen Ostküste und insbesondere in dem Mündungsgebiet, für das das erste Schiff dieser Klasse speziell konstruiert worden war, mochten sie ihrem Zweck dienen. Wie ihre französischen Vorgänger bei Kinburn waren sie gewiß aber keine seetüchtigen Kriegsschiffe. Sie wären für den Ärmelkanal nicht tauglich gewesen, geschweige denn für die langen Seeverbindungen der Welt, die die Royal Navy zu bewachen hatte. Als ob er diese Ansicht bestätigen wollte, sank der Prototyp *Monitor* weniger als ein Jahr nach seinem Stapellauf in einem Sturm vor Kap Hatteras. Das Kasemattschiff nach Art der *Virginia (Merrimack)* hatte ebenfalls seine Schwächen gezeigt, denn es war klar, daß, selbst wenn ein solches Schiff stärkere Maschinen gehabt hätte, es nicht mehr als ein Kompromiß zwischen dem alten Kriegsschiff unter Segeln und dem schwimmenden Artilleriestützpunkt war. Auch dieser Schiffstyp war weder seetüchtig noch für die Art der Seegefechte geeignet, die zu erwarten waren, wenn es einen neuen Krieg zwischen den Großmächten geben sollte.

Die Amerikaner, die nicht durch überholte Traditionen behindert waren, waren in ihrer experimentierfreudigen Art bereit, »alles einmal zu versuchen«, und sogar mehr als einmal. Einige ihrer Experimente, die vielleicht in den europäischen Kreisen Unbehagen hervorriefen, schienen für die Welt, die in großen Flotten und Seegefechten dachte, kaum relevant zu sein. Zum Beispiel waren U-Boote, die schließlich das ganze Erscheinungsbild des Seekrieges ändern sollten und die schon eine ziemlich lange Geschichte hatten (so wie Flugzeuge, bevor sie wirksam eingesetzt werden konnten), zum ersten Mal im amerikanischen Bürgerkrieg ernsthaft eingesetzt worden. Das erste Kriegsschiff der Geschichte, das von einem »Tauchboot« (statt einem richtigen U-Boot) versenkt wurde, war die *Housatonic* der Union, die vor Charleston zur Blockade eingesetzt war, wo das Schiff der Konföderierten sie durch einen am Ende einer Stange am Bug des Bootes befestigten Torpedo in die Luft jagte. Das »Tauchboot« selbst erlitt später einen Wassereinbruch durch eine offene Luke und versank mit der Besatzung von neun Mann. Aber derartige nebensächliche Heldentaten der amerikanischen Geschichte wurden von den Europäern ignoriert, die sich mehr auf die Hauptentwicklungen konzentrierten, die in diesem – für sie fernen – Prüffeld neuer Kampfschiffe stattfanden. Wiederum war Frankreich das erste Land Europas mit einem echten U-Boot, das unter Wasser von einem Elektromotor angetrieben und 1888 vom Stapel gelassen wurde.

Auf die *Monitor* folgten weitere amerikanische Schiffe mit einem Geschützturm – nur das Steuerhaus war jetzt vernünftigerweise auf dem Geschützturm angeordnet, und das Ganze war mit 28 Zentimeter dicken Panzerplatten bedeckt und mit zwei Dahlgren-Kanonen mit glattem Lauf, davon eine im Kaliber 28 Zentimeter und die andere im Kaliber 38 Zentimeter, bewaffnet. Da sie wie der Prototyp nur einen sehr geringen Tiefgang hatten, waren sie auf See sehr gefährdet, und Ericsson entwickelte deshalb größere Ausführungen mit einem Tiefgang von über sechs Metern. Auch das erste dieser Schiffe hatte nur einen Turm, aber spätere Versionen besaßen zwei, die durch eine Schiffbrücke verbunden wurden. Trotz ihres Tiefgangs waren auch sie so konstruiert, daß ihre Decks sich nur wenige Meter über der Wasseroberfläche befanden – damit sie ein minimales Ziel boten –, während sich im Unterwasserschiff Maschinen, die sie auf 16 Knoten brin-

gen sollten, und der Kohlebunker für lange Strecken befanden. Sie erreichten wegen ihrer Wasserverdrängung niemals ihre Bemessungsgeschwindigkeit. Wenn auch nur eine leichte Brise wehte, waren ihre Oberdecks überspült, und das ganze Schiff stellte einen beträchtlichen Wasserwiderstand dar. Dennoch waren sie seetüchtig. Ein Schiff überquerte den Atlantik, und ein anderes umrundete Kap Hoorn.
Die Hauptwirkung der Schiffe, die während des amerikanischen Bürgerkrieges entwickelt worden waren, lag darin, daß sie die Aufmerksamkeit der europäischen Marinen auf den gepanzerten Geschützturm und den Rammsporn lenkten. Der in der Mittellinie des Schiffes angebrachte Geschützturm sollte die Prüfung der Zeit bestehen und bis weit in das 20. Jahrhundert hinein überleben, bis die Schlachtschiffe mit großen Geschütztürmen veralteten. (Da ihre Feuerkraft von der Schlagkraft von mit Bomben oder Torpedos bewaffneten Flugzeugen übertroffen wurde, die von dem neuen Großkampfschiff, dem Flugzeugträger, starteten.) Es war natürlich die *Monitor* gewesen, die die Aufmerksamkeit auf den Geschützturm gelenkt hatte, aber die *Virginia (Merrimack)* hatte mit ihrem Anfangserfolg mit der Ramme bei Hampton Roads (woraufhin andere Schiffe der Konföderierten nach denselben Grundsätzen gebaut wurden) dem Rammsporn ein unverdientes Prestige gegeben. Was oft von den weit entfernten Zuschauern in einer Zeit der noch vergleichsweise primitiven Nachrichtenverbindungen übersehen wurde, war, daß diese und andere Kampfhandlungen, die während des Bürgerkrieges folgen sollten, fast ohne Ausnahme nicht nur in Küstengewässern, sondern in wirklich seichten Gewässern stattgefunden hatten. Auch die Fähigkeit dieser Schiffe, im Verband großer Schlachtflotten zu operieren, was bei jedem Konflikt zwischen europäischen Mächten eindeutig erforderlich sein würde, war nicht erprobt worden.
Die durch die Nachrichten über diese Änderungen beunruhigte britische Admiralität, die wie stets entschlossen war, jeder anderen Macht einen Schritt voraus zu sein, stand auch

unter dem Druck von Protesten in der Presse, die eine moderne Marine forderten, und zwar Panzerschiffe mit Geschütztürmen. Captain Coles von der Royal Navy, einer der stimmgewaltigsten Befürworter von Neuerungen, erhielt nun den Auftrag, das 120-Kanonen-Schiff *Royal Sovereign* zum ersten britischen Schiff mit Geschützturm umzubauen. Der Rumpf wurde bis zum unteren Batteriedeck abgebaut und erhielt vier Geschütztürme. Das Schiff sollte als Panzerschiff in der Küstenverteidigung eingesetzt werden. Es handelte sich um ein Experiment. Da Coles zuvor den Bau eines Schiffes mit eisernem Rumpf, der *Prince Albert*, überwacht hatte, kann dieses Schiff als das erste wirkliche englische Panzerschiff mit Geschützturm angesehen werden. Bei einer Wasserverdrängung von 4000 Tonnen hatte die *Prince Albert* eine Bewaffnung von vier 22,8-cm-Kanonen, die in vier einzelnen Geschütztürmen auf dem Oberdeck angebracht waren. Aber beide Schiffe waren nur für den Einsatz in der Küstenverteidigung vorgesehen, da ihre schweren Geschütztürme, um die Stabilität zu erhalten, einen niedrigen Freibord bedingten. England suchte weiter nach seetüchtigen Großkampfschiffen. Ein neuer Chefkonstrukteur der Royal Navy sollte das Schiff mit einer zentralen Batterie nach dem Beispiel der französischen *Magenta* herstellen, aber dies bedeutete eine Verringerung der Zahl der Kanonen. Deshalb wurde zuerst das Kasemattschiff eingeführt, trotz der Tatsache, daß die Dänen mit einem von Coles konstruierten Panzerschiff mit Geschützturm bei einem Seegefecht gegen preußische Schiffe einen Erfolg erzielt hatten.

Die erste Schlacht zwischen aus Panzerschiffen bestehenden Flotten wurde natürlich von allen Nationen mit dem größten Interesse beobachtet, denn vorher hatten sich Panzerschiffe, sei es mit Geschütztürmen oder mit Kasematten, nur in Einzelgefechten getroffen. Viele alte Admirale und sogenannte Experten hatten natürlich weiterhin behauptet, daß bei einem Gefecht zwischen Flotten nur »richtige« Schiffe richtig geführt werden und einen entscheidenden Erfolg nach der alten Methode erringen konnten. Im Juni 1866 wurde im Mittelmeer ein großes Seegefecht zwischen Italien und Österreich ausgetragen, eine Schlacht, die trotz der gegnerischen Übermacht von der kleineren und älteren Flotte gewonnen wurde. Aus ihren Ergebnissen sollten die anderen europäischen Mächte die falschen Schlüsse ziehen. Die Lektion, die sie nicht lernen wollten, war, daß die Ausbildung der Besatzungen, ihre Moral und natürlich die Moral ihrer Offiziere ebenfalls entscheidende Bedeutung hatten. Und in dieser Hinsicht waren die Österreicher den Italienern überlegen.

Italien, das eine bei weitem überlegene Marine hatte, war 1866 gegen Österreich in den Krieg gezogen. Vor allem hatte es die nagelneue *Affondatore*. Sie hatte 4000 Tonnen, bestand aus Eisen und war schwer gepanzert und mit zwei Armstrong-Kanonen mit gezogenem Lauf im Kaliber 25,4 Zentimeter bewaffnet und besaß einen schweren Spornbug zum Rammen. Italien hatte außerdem elf andere Panzerschiffe, von denen vier ganz aus Eisen gebaut waren. Während beide Flotten im wesentlichen mit Armstrong-Kanonen ausgerüstet waren, hatten fast alle Kanonen der Italiener einen gezogenen Lauf und verschossen viel schwerere Geschosse als die Österreicher. Österreich hatte nur sieben, aus Holz gebaute, stark gepanzerte Schiffe. Die beiden größten hatten bei 5000 Tonnen je 18 48-Pfünder mit glattem Lauf. Die österreichischen Besatzungen waren jedoch seit dem Mai gut ausgebildet und in Flotteneinsätzen und Rammtaktik geübt, während die italienischen Besatzungen schlecht ausgebildet waren und unter der Krankheit litten, die Nelson lange zuvor diagnostiziert hatte: »Im Hafen liegen, was Schiffe und Männer verkommen läßt.« Der hervorstechende Unterschied lag jedoch im Charakter der beiden Admirale: des Italieners Graf Persano und des Österreichers von Tegethoff.

Admiral Persano scheint das Produkt des bequemen 19. Jahrhunderts gewesen zu sein, ein Admiral, der niemals erwartet hatte, ein Gefecht kämpfen zu müssen, und der keinerlei Konzeption, Strategie oder Taktik hatte. Er setzte großes Vertrauen in sein neues Schiff, die *Affondatore* (die beim Ausbruch des Krieges noch auf der Überführungsreise aus Großbritannien war), und er weigerte sich entschieden, die Österreicher überhaupt anzugreifen, bevor das Schiff nicht zu ihm gestoßen war. Von Tegethoff hatte demgegenüber so viele Bordkommandos gehabt, wie es in jener Zeit nur möglich war. Er war im Krimkrieg und erneut in einer Schlacht gegen die Dänen im Jahre 1864 Befehlshaber gewesen. Im Juni 1866 lief er aus dem österreichischen Kriegshafen Pula an der Adriaküste mit sechs Panzerschiffen, fünf Kanonenbooten, einer Fregatte aus Holz und einem Aufklärungsdampfer aus und nahm Südkurs auf Ancona, wo Admiral Persano mit elf Panzerschiffen (noch ohne die *Affondatore*) und einer Anzahl anderer Schiffe lag. Nachdem Tegethoff ein italienisches Depeschenboot in den Hafen verjagt hatte, machte er klar zum Gefecht und dampfte vor dem Stützpunkt hin und her, als ob er Persano auffordern wollte, herauszukommen und zu kämpfen. Ohne sein ungeduldig erwartetes Schiff unternahm Persano aber gar nichts und entschuldigte sich später gegenüber seiner Regierung mit der Begründung, daß seine Schiffe ihre Ausrüstung noch nicht abgeschlossen hatten. Dieses Vorspiel gab den Österreichern eine gute und den Italienern eine in gleichem Maße niedergedrückte Moral. Ein weiterer Vorstoß seiner Flotte und ständige Übungen auf See waren für Tegethoffs Männer und Offiziere die beste Praxis im Manövrieren. Er wußte, daß, wenn sich die beiden Flotten je gegenübertraten, der Feind mehr moderne Schiffe sowie eine große Überlegenheit an Feuerkraft haben würde. Er konnte mit der Lage nur fertig werden, indem er eine gutorganisierte Angriffstaktik und ein vollkommen abgestimmtes Instrument in der Hand hatte. Der Landkrieg stand schlecht für Italien. Die Österreicher hatten im Norden die Schlacht bei Custozza gewonnen, und die italienische Regierung verlangte, daß die Marine die Lage durch einen Sieg auf See wenden sollte. (Sie suchte nach einem Gegenwert für Verhandlungen über einen Waffenstillstand.) Graf Persano, der die *Affonda-*

tore schließlich übernommen hatte, so daß es für ihn keine weitere Entschuldigung für Verzögerungen mehr gab, wurde mit der Drohung, sein Kommando zu verlieren, buchstäblich gezwungen, etwas zu unternehmen – und er unternahm das Schlimmstmögliche.

Sein Vorgehen war für ihn klar: Er hatte eine Übermacht an besser bewaffneten Schiffen, sein Gegner war im Augenblick nach Pula zurückgelaufen, und er hätte eine Blockade über diesen Hafen verhängen und bereit sein sollen, Tegethoff anzugreifen, wenn er auslief. Statt dessen befahl er, mit einer kleinen Kampfgruppe auf die befestigte dalmatinische Insel Lissa vorzustoßen und die österreichischen Geschützstellungen zu bombardieren, bevor Truppen gelandet waren. Am 19. Juli begann die Bombardierung Lissas. Die Soldaten warteten unruhig in einem Geschwader hölzerner Schiffe in der Begleitung von Kanonenbooten. Man ging davon aus, daß die Forts während des folgenden Tages ausreichend zerstört werden würden, um am Morgen des 20. Juli Truppen zu landen. Persano stellte jetzt fest, daß Küstenfestungen (und diese waren alt und nicht schwer bewaffnet) schwierige Ziele sind, während die bombardierenden Schiffe selbst deutlich sichtbare Ziele auf der offenen See bieten. Eines der italienischen Panzerschiffe, die *Formidabile,* wurde schwer getroffen und erlitt hohe Verluste. Sie mußte nach Ancona zurückgezogen werden, während am Morgen des 20. Juli ein anderes Panzerschiff abgestellt wurde, um die hölzernen Schiffe während der beabsichtigten Landung zu schützen. Diese Landung fand jedoch nie statt, denn nachdem Tegethoff von dem Angriff auf Lissa gehört hatte, hatte er sofort das Auslaufen der österreichischen Flotte befohlen. Er nahm jedes verfügbare Schiff, Panzerschiffe und ungepanzerte Holzschiffe, in drei V-förmigen Abteilungen mit. An der Spitze lief ein schnelles, als Aufklärer dienendes Linienschiff. Ihm folgten die sieben Panzerschiffe mit Tegethoff auf seinem Flaggschiff *Ferdinand Max* an der Spitze des V. Dann kam die zweite Welle ungepanzerter Holzschiffe in einem ähnlichen Verband und schließlich die aus kleinen Kanonenbooten bestehende dritte Abteilung. Tegethoff beabsichtigte, im Stile Nelsons ein Durcheinander zu provozieren, wobei er sich auf die bessere Ausbildung seiner Besatzungen und ihre Moral gegenüber der größeren Feuerkraft auf der anderen Seite verließ. Seine Schiffe dampften mit äußerster Kraft durch die Nacht – wobei es ihrer Ausbildung zu verdanken war, daß sie Formation halten konnten –, und Tegethoff hoffte, die Italiener am folgenden Tag so früh wie möglich anzugreifen.

Am nächsten Morgen meldete ein italienisches Aufklärungsschiff die sich nähernden Österreicher, und Persano widerrief den Landungsbefehl für die Truppen – die Männer waren bereits in den Booten – und brach die Bombardierung der Forts ab. Er hatte eine so schnelle Reaktion der Österreicher nicht erwartet. Möglicherweise hatte er gehofft, daß es genügen würde, wenn er die Verteidigung von Lissa schlug, seine Truppen landete und das Hissen der italienischen Flagge über der Insel beobachten würde, bevor er in die Sicherheit Anconas zurückkehrte ... Er scheint keinen Schlachtplan für den sehr wahrscheinlichen Fall vorbereitet zu haben, daß die Österreicher in dem Moment ausliefen, in dem sie die Meldung über den italienischen Angriff erhielten. Als der Rauch der über den Horizont vorrückenden Schiffe des Feindes sichtbar wurde, formierte Persano seine zehn Panzerschiffe in Kiellinie und steuerte sie quer über die Vormarschlinie des Feindes, um seinen Invasionsgeleitzug zu schützen. In diesem entscheidenden Moment machte er seinen größten Fehler. Er hatte das hölzerne Panzerschiff *Re d'Italia,* das als viertes in der Kiellinie vor der neuen *Affondatore* fuhr, als Flaggschiff gewählt. Jetzt beschloß er, auf die *Affondatore* überzuwechseln – während der Rest seiner Flotte den Wechsel nicht gewahr wurde und noch immer nach Befehlen von der *Re d'Italia* Ausschau hielt. Von diesem Moment an hatte Persano völlig die Kontrolle verloren. Das Übersetzen zwang die *Re d'Italia* und die achteraus laufenden Schiffe, die Geschwindigkeit zu verringern, wodurch eine Lücke in der italienischen Linie entstand, als die führenden Schiffe davonliefen. Persano hatte so genau die Situation geschaffen, die angreifende Flottenbefehlshaber in den vergangenen Jahrhunderten jeweils in langwierigen und mühsamen Manövern zu erreichen versucht hatten.

Als Tegethoff den Feind gesichtet hatte, hatte er für seinen vorstoßenden Panzerschiffverband das Signal »Rammt und versenkt den Feind« setzen lassen – nicht weil seine Schiffe speziell für das Rammen konstruiert waren (tatsächlich hatten sie nur sehr einfache Rammen), sondern weil er es als die beste Methode zur Überwindung der überlegenen Feuerkraft der Italiener ansah. Inzwischen hatten diese ein schnelles, aber schlecht geführtes Feuer über 900 Meter eröffnet. Die Österreicher erwiderten das Feuer erst, als sich die Entfernung auf etwa 270 Meter verringert hatte. Tegethoff steuerte seine Panzerschiffe genau in die Lücke der italienischen Linie und brach durch. Dann drehten vier seiner Schiffe nach backbord, um die italienische Nachhut anzugreifen, und die anderen drei nach steuerbord, um den Kampf gegen die Mitte des Feindes zu eröffnen. Inzwischen war die österreichische zweite Abteilung unter der Führung des Schiffes *Kaiser* ebenfalls durchgestoßen und griff die italienische Nachhut an. In dem sich entwickelnden Durcheinander, in dem das Gewicht der italienischen Kanonen theoretisch hätte vernichtend sein müssen, war es die Kaltblütigkeit der gutausgebildeten und disziplinierten Österreicher, die den Ausschlag gab. Das italienische Panzerschiff *Re di Portogallo* wurde von dem alten *Kaiser* gerammt, wobei *Kaiser* schwer beschädigt wurde, während das italienische Panzerschiff vergleichsweise wenig Schaden erlitt. *Kaiser* lief dann in den Feuerschutz der Küstenstellungen, während das Zentrum der Schlacht um die *Re d'Italia* tobte, die die Österreicher noch immer für Persanos Flaggschiff hielten. Tegethoff war es mit der *Ferdinand Max* gelungen, sowohl die *Re d'Italia* wie das Panzerschiff *Palestro* zu rammen, aber auch er erzielte keine Wirkung.

Eine Tatsache, die sich in diesem Gefecht zeigte, war, daß das Rammen eines Dampfschiffes wegen seiner Ausweichkraft sehr schwierig war. Zum Beispiel war die *Affondatore* als Rammschiff konstruiert, doch obwohl Persano wiederholte Versuche unternahm, den Feind zu rammen, konnte dieser immer ausweichen. In den Rauchwolken, die so viele Kohle verfeuernde Dampfer in einem kleinen Gebiet an diesem ruhigen Tag hervorriefen, herrschte über die jeweilige Position der einzelnen Schiffe Ungewißheit. Der einzige Rammerfolg des Tages wurde erst erzielt, nachdem der Kapitän von Tegethoffs *Ferdinand Max* selbst am Besanmast aufenterte. Er rief hinunter, daß er die *Re d'Italia* gestoppt liegen sehe, und wies in ihre Richtung. Sie war von einer Granate getroffen und deshalb zu einem vorübergehenden Stoppen gezwungen worden. Bevor sie wieder Fahrt aufnehmen konnte, tauchte Tegethoffs Flaggschiff mit voller Fahrt aus dem Rauch auf und rammte sie mittschiffs. In ihre Seite wurde ein riesiges Loch gerissen, und während die *Ferdinand Max* zurückstieß, kenterte die *Re d'Italia,* sank augenblicklich und nahm Hunderte Seeleute mit in die Tiefe. Während der mehrstündigen Schlacht wurde das italienische Panzerschiff *Palestro* (das unter demselben Konstruktionsmangel litt wie die nie erprobte englische *Warrior)* von einer Granate an ihrem ungepanzerten Heck getroffen. Sie geriet in Brand und mußte sich aus dem Gefecht zurückziehen. Später, nachdem die Schlacht vorüber war und beide Seiten den Rückzug antraten, geriet das Feuer außer Kontrolle, und das Schiff flog in die Luft.
Nachdem es Tegethoff gelungen war, die Linie der Italiener zu durchbrechen, und er mit reiner Angriffstaktik auch in der folgenden verworrenen Schlacht Erfolg hatte, formierte er jetzt seine Panzerschiffe zur Linie und folgte seinen hölzernen Schiffen in den Feuerschutz der Kanonen von Lissa. Persano zog sich mit seiner Flotte in den Kanal zwischen Lissa und einer anderen kleinen Insel zurück. Die Österreicher rechneten fest damit, daß er am Tag darauf wieder angreifen

würde. Sie hatten ohnehin ihr Hauptziel erreicht – die Invasion Lissas abzuwehren. Sie lagen im Hafen der Insel vor Anker, reparierten während der Nacht ihre Schäden und bereiteten sich darauf vor, falls erforderlich, den Kampf aufzunehmen. Aber am 22. Juli stellten sie fest, daß die Italiener verschwunden waren. Sie hatten sich nach Ancona zurückgezogen – wo Persano so töricht war, einen großen Sieg zu verkünden. Die Wahrheit wurde aber sehr schnell bekannt, und die Katastrophe der neuen *Affondatore,* die während der Schlacht durch nicht entdeckte Granatentreffer beschädigt wurde und bei einem auflandigen Windstoß an ihrem Liegeplatz sank, vollendete seinen Ruin. Er wurde vor ein Kriegsgericht gestellt und aus der Marine entlassen, während der Österreicher Tegethoff verdientermaßen zum Helden seines Landes wurde. Er hatte natürlich zum großen Teil auch Glück gehabt, denn während er gewiß bewiesen hatte, daß sich die Aggression in der Kriegsführung auszahlt, war er auf einen wankelmütigen und unvorbereiteten Admiral getroffen, denn der Erfolg, der die Schlacht entschied – die Versenkung der *Re d'Italia* –, wäre sonst nie eingetreten. Wenn Persanos *Affondatore* von gutausgebildeten Offizieren und Kanonieren richtig eingesetzt worden wäre, hätte sie allein in der Lage sein müssen, die führenden österreichischen Panzerschiffe über große Reichweite lahmzuschießen oder zu versenken, wodurch das eigentlich veraltete Durcheinander vermieden worden wäre, das Tegethoff hatte bewirken können.

Wie schon gesagt, wurden aus der Schlacht vor Lissa die falschen Schlüsse gezogen. Eine Tatsache war eindeutig demonstriert worden – daß ein ungepanzertes Schiff (das noch immer Befürworter hatte) eine Sache der Vergangenheit war. Aber die Versenkung der *Re d'Italia* durch Rammen bewirkte bei der Weltöffentlichkeit einen ungerechtfertigten Eindruck, und von nun an entwickelten fast alle Marinen ihre Großkampfschiffe mit Rammen und speziell für diesen Zweck verstärkten Bugen. Eine sorgfältige Studie der

9a Die Österreicher vernichten in der Schlacht vor Lissa die italienische Flotte, 20. Juli 1866.

9b Die *Monitor* und die *Merrimack* im Gefecht vor Hampton Roads, Virginia, während des amerikanischen Bürgerkrieges – 1862.

10a Gallipoli, die *Queen Elizabeth* im Gefecht. Aquarell von Dixon.

10b Die *Warspite,* der Veteran des 1. und des 2. Weltkrieges.

11 Admiral Sir John Fisher, der Schöpfer der Großen Flotte.

12 Admiral Sir John Jellicoe, der Oberbefehlshaber der Großen Flotte in der Schlacht am Skagerrak, besteigt die Brücke seines Flaggschiffes *Iron Duke*.

13a Die drohenden Geschütze der *Queen Elizabeth.*

13b Die *Lion,* Beattys Flaggschiff in der Schlacht am Skagerrak.

14a Die *Seydlitz,* der deutsche Schlachtkreuzer, ein Opfer der Schlacht am Skagerrak, brennt vor ihrem Untergang.

14b Der Bug versinkt im Wasser.

15 a Das deutsche Westentaschen-Schlachtschiff *Deutschland.*

15 b Der Stapellauf der *Prinz Eugen* am 22. August 1938.

16a Die »mächtige« *Hood.*

16b Die Bismarck, die sie vernichtete.

Schlacht vor Lissa hätte gezeigt, wie vielen Rammversuchen ausgewichen wurde und wie viele wirkungslos waren – wie bei Tegethoffs erstem Angriff auf die *Re d'Italia* und die *Palestro* –, während der Erfolg seines zweiten Angriffs auf dem ungewöhnlichen Umstand beruhte, daß das italienische Schiff zu dieser Zeit keine Fahrt machte. Die weitere Erhöhung der Kraft und der Reichweite der Kanonen sollte bald bewirken, daß es nur wenige Gelegenheiten für einen Nahkampf geben würde – eine Tatsache, die durch die Einführung des Whitehead-Torpedos noch untermauert wurde, einer tödlichen Waffe, die von fast allen Marinen in den siebziger Jahren des 19. Jahrhunderts eingeführt wurde.

Da es in den Jahren nach Lissa keine Seeschlachten gab, mußten alle Marinen der Welt ihre Schiffe ohne jede Kampferprobung entwickeln, und tatsächlich ging der Wandel der Dinge in der Technologie so schnell vor sich, daß Schiff auf Schiff (wie die *Warrior)* schon ein oder zwei Jahre nach dem Stapellauf veraltet waren und trotzdem lange in Dienst blieben, ohne je ein Gefecht zu erleben. Sie waren hauptsächlich ein Mittel, in ausländischen Häfen »die Flagge zu zeigen«, und für die Kolonialmächte, ihren Kolonisten in fernen Ländern die Gewißheit zu geben, daß der Schutz des Mutterlandes gegeben war, während sie alle politischen Dissidenten von Versuchen abhielten, das Regime zu stürzen. Die vereinzelten Zwischenfälle, die sich ereigneten, waren relativ unbedeutende Zusammenstöße zwischen einzelnen Schiffen (im franko-preußischen Krieg von 1870–71 und im russisch-türkischen Krieg von 1878), die den an der Seekriegsstrategie oder -taktik Interessierten oder den Schiffbauern nichts Neues aufzeigten.

Gelegentlich taucht in dem chaotischen Durcheinander der Zeichnungen, Dokumente und Fotografien der Großkampfschiffe des 19. Jahrhunderts eines auf, bei dem dem Betrachter des 20. Jahrhunderts sofort auffällt, daß es der Stammvater der kommenden Schiffe war. Nathaniel Barnaby, dem späteren britischen Direktor des Kriegsschiffbaus, kommt das Verdienst zu, das erste Schlachtschiff entwickelt zu haben, das für das moderne Auge sofort erkennbar ist. Es ist das Schiff, das für alle Marinen zum Prototyp werden sollte, aus dem sich die neue Klasse entwickelte. Die 1869 auf Kiel gelegte und 1873 fertiggestellte *Devastation* war das erste hochseetüchtige Kriegsschiff, bei dem völlig auf Segel verzichtet wurde, und so wurde seine Erscheinung natürlich mit Schreckensschreien begrüßt. Doch es war in gewissem Grade das indirekte Produkt der Katastrophe, die der von Kapitän zur See Coles konstruierten *Captain* widerfahren war, bei der versucht worden war, die herkömmliche Takelung des Hochseeschiffes mit Dampf und zwei Geschütztürmen in der Mittellinie zu vereinen. (Die Unstabilität der Konstruktion hatte sie in einem Sturm kentern und mit der gesamten Besatzung untergehen lassen.) Durch den Verzicht auf die Besegelung wurde der Schwerpunkt nach unten verlegt. Barnaby ließ der *Devastation* nur einen einzigen Mastpfosten in der Mitte mit einem Gefechtsposten für Maschinengewehre. Ihre Bewaffnung bestand aus vier 30,48-cm-Vorderladern auf zwei Geschütztürmen mit Panzerplatten von 25 bis 35 Zentimeter Dicke, während die Panzerung am Rumpf 20 bis 30 Zentimeter dick war. Bei einer Länge über alles von 56,4 Metern und einer Breite über alles von 19 Metern hatte die *Devastation* zwei Schrauben und eine Reichweite von 5000 Meilen. Vorausgesetzt, daß Kohlendepots verfügbar waren (was in dem weltweiten britischen Empire der Fall war), konnte man bei Schiffen wie der *Devastation* nicht länger bemängeln, daß nur Segelschiffe die ausreichende Reichweite besaßen, um den Anforderungen des Krieges auf den Ozeanen gerecht zu werden. Sie folgte in einer Hinsicht der Vorstellung ihrer Zeit: Sie hatte eine große Ramme. Und als Vorsichtsmaßnahme dagegen, daß sie selbst gerammt werden konnte, war sie in Schottenbauweise gebaut.

Obwohl die *Devastation* nur etwa ein Jahrzehnt später gebaut wurde, war sie den meisten Schiffen der *Warrior*-Klasse eindeutig überlegen. Doch auch sie wurde in kurzer Zeit durch die italienischen Schiffe *Duilio* und *Dandolo,* die vier 45,7-cm-Kanonen führten, übertroffen. Sie waren größer als die *Devastation,* aber in der Reichweite waren sie ihr weit unterlegen (was im Mittelmeerraum keine große Rolle spielte), und sie waren besser bewaffnet.

Das Wettrüsten wurde mit einem weiteren Gegenschlag Englands fortgesetzt, das die *Inflexible* baute. Und so ging es (wie es immer gegangen war) in einer fast endlosen Spirale größerer Schiffe und natürlich höherer Kosten weiter. Die Kanonen für die italienische Flotte wurden übrigens von Armstrong in England gebaut. Seit der Zeit der Armada versuchten die Waffenhersteller, zu verkaufen, wo immer es möglich war. Beschränkungen des Waffenexports gab es erst in unserem Jahrhundert – und selbst heute werden sie, wie oft bewiesen worden ist, geschickt umgangen, denn die Profitgier kennt keine Ländergrenzen.

Solange die schweren Kanonen zum größten Teil Vorderlader waren und die Feuerleittechnik primitiv blieb, wurde davon ausgegangen, daß Seeschlachten im Nahkampf stattfanden und Gefechte über größere Reichweiten durch schnelle, mit dem Whitehead-Torpedo ausgerüstete Torpedoboote gekämpft würden. Großkampfschiffe wurden deshalb weiterhin mit dem Rammsporn gebaut, der bis in den Ersten Weltkrieg hinein überleben sollte, und trotz der neuen Entwicklungen, von der alle Marinen überrollt werden sollten, wirkte sich diese Fehlinterpretation der Ereignisse im amerikanischen Bürgerkrieg und der österreichisch-italienischen Schlacht vor Lissa bei den Admiralitäten und Kriegsschiffbauern in allen Ländern weiterhin aus. Das Ende des Vorderladers kam mit der Vollendung der unterbrochenen Spannschraube, mit der der Verschlußblock beim Schließen automatisch verriegelt wurde. Wie so viele andere Sachen war dies eine französische Erfindung, aber die Firmen Armstrong und Whitworth brachten schnell Verbesserungen des Hinterlademechanismus, während Armstrong zur gleichen Zeit auch mit etwas experimentierte, was die

lange Herrschaft des Vorderladers endgültig beschließen sollte.
Alle als Treibladung in Kanonen verwendeten Pulver waren schnell abbrennende Gemische gewesen. In den achtziger Jahren des 19. Jahrhunderts waren langsam abbrennende Pulver eingeführt worden, die die gesamte Waffentechnik revolutionierten. Mit der neuen Pulversorte wurde die Reaktion verlängert, so daß während der ganzen Zeit, in der sich das Geschoß im Lauf der Kanone befand, ein etwa gleichmäßiger Druck hinter ihm aufrechterhalten wurde, was eine viel höhere Mündungsgeschwindigkeit bewirkte. Es ist klar, daß eine Kanone mit langem Lauf erforderlich ist, um mit diesem Pulvertyp den maximalen Effekt zu erzielen, und es war leichter, die Lauflänge bei Hinterladern zu erhöhen, da sie nicht die Ladeprobleme des Vorderladers aufwiesen. Allmählich wich das alte Material, Schmiedeeisen, das als äußere Verstärkung eines inneren Stahlrohres gedient hatte, dem Vollrohr aus Stahl. Vor der Jahrhundertwende waren Kanonen mit ungeheurer Kraft möglich geworden, und Panzerung, wie dick sie auch immer sein mochte (und sie hatte fast absurde Dicken erreicht), konnte nie als undurchdringbar für die Reichweiten angesehen werden, über die jetzt Gefechte gekämpft werden konnten. Bernard Brodie merkt in *Sea Power in the Machine Age* an:

»Die 41,3-cm-Kanone von 1884 hatte bei einem Gewicht von 111 Tonnen eine Durchschlagskraft, die ein Jahr zuvor als fantastisch angesehen worden wäre. Sie schleuderte ein Geschoß mit einem Gewicht von 817,2 Kilogramm mit einer Mündungsgeschwindigkeit von 655 Metern/Sekunde und einer Gesamtenergie von 630 Kilogramm/Quadratzentimeter aus dem Lauf (und versetzt es so in die Lage, über 900 Meter 86 Zentimeter dickes Schmiedeeisen zu durchschlagen).«

Das Jahrhundert ging mit zwei Kriegen zu Ende, in denen es Seegefechte gab, aber aus keinem von beiden gab es für die großen Marinemächte etwas Nennenswertes zu lernen. In der Schlacht am Yalu zwischen den Chinesen und den Japanern im Jahre 1894 war die chinesische Marine fast vollkommen ohne Ausbildung. Obwohl sie zwei gepanzerte Schlachtschiffe zur Küstenverteidigung und drei weitere halbgepanzerte Panzerschiffe hatte, war sie nicht in der Lage, es mit den Japanern aufzunehmen, die sehr gut ausgebildet waren und eine stattliche Anzahl von modernen Panzerkreuzern besaßen, von denen einer in England und die anderen in Frankreich gebaut waren und die mit den modernsten Hinterlade-Schnellfeuerkanonen bewaffnet waren. Der Triumph der Japaner beruhte nicht nur auf Disziplin und Ausbildung, sondern auch auf der Schnellfeuerkanone – bei der der Rückstoß automatisch aufgefangen und das Rohr zurück in die Feuerstellung gebracht wird und die Munition wie eine Gewehrpatrone aus Projektil und Treibladung in einer Messinghülse besteht. Gegen den Feuersturm, der aus diesen Kanonen brandete, hatten die Chinesen kaum eine Chance, und das Ergebnis stand von vornherein fest. Eine Tatsache, die überzeugend demonstriert wurde, war die ungeheure Widerstandskraft des Panzerschiffes. Hätten die Chinesen zwei moderne Schlachtschiffe mit gutausgebildeten Besatzungen anstelle ihrer beiden veralteten Küstenverteidigungsschiffe gehabt, so wären sie in der Lage gewesen, eine Anzahl von japanischen Kreuzern zu versenken, bevor sie auch nur in Feuerreichweite kamen, und hätten so ihren gut geplanten Angriff verhindern können. (Beide chinesische Panzerschiffe wurden immer wieder vom Feuer der japanischen Kreuzer getroffen, aber ihre Panzerung wurde nicht einmal durchschlagen.) Einigen der westlichen Beobachter entging zu jener Zeit dieser Punkt, und sie kamen zu der Ansicht, daß die Seeschlachten der Zukunft möglicherweise zwischen schweren Panzerkreuzern ausgetragen werden könnten – die den Platz des 74-Kanonen-Schiffes der Vergangenheit einnehmen würden. Es erregte allgemeine Aufmerksamkeit, daß sich Japan in einem erstaunlich kurzen Zeitraum von einem mittelalterlichen in einen modernen Staat verwandelt hatte. (Es gab hohe Offiziere im Heer und in der Marine, die in ihrer Jugend noch als Samurai gekämpft hatten.) Nicht nur China, sondern alle anderen Länder mit Interessen in jenem Gebiet waren beunruhigt, weil plötzlich eine neue Seemacht im Fernen Osten aufgetreten war.

Der spanisch-amerikanische Krieg von 1898, in dessen Verlauf es zu der Schlacht von Santiago de Cuba kam, verdient es, in diesem Bericht in erster Linie deshalb erwähnt zu werden, weil er den Amerikanern die Notwendigkeit aufzeigte, eine moderne und leistungsstarke Marine in der westlichen Hemisphäre zu unterhalten. Es ist bemerkenswert, daß die Marine der Vereinigten Staaten, die im Bürgerkrieg eine so wichtige Rolle gespielt hatte, in der Folgezeit stark vernachlässigt worden war und daß die Vereinigten Staaten erst in den späten achtziger Jahren des 19. Jahrhunderts mit dem Aufbau einer seetüchtigen Flotte begannen, die eine Großmacht mit langen Ozeanküsten selbstverständlich brauchte. Doch zu der Zeit, als der Krieg gegen Spanien wegen der Kuba-Frage ausbrach, waren noch viele veraltete Schiffe im Dienst, und um die Zahl ihrer schwachen Marine auszugleichen, mußten einige Liniendampfer bewaffnet und andere Handelsschiffe als Hilfskreuzer eingesetzt werden. Die Folge des Gefechts vor Santiago war die Vernichtung der spanischen Flotte, die alt war und ungeschickt geführt wurde. Die Lektionen, die andere Seemächte aus diesem Krieg ziehen konnten, waren, daß das Schießwesen kaum weiterentwikkelt worden war – jedenfalls im Hinblick auf die Feuerleittechnik – und daß Brände durch die modernen Sprenggranaten die größte Gefahr für Schiffe blieben. J. R. Hale faßte dies kurz nach dem Ereignis so zusammen:

»Es muß eingestanden werden, daß die Artillerie der Amerikaner nicht von erster Güte war. Etwa 6500 Granaten wurden während des Gefechts verschossen. Die spanischen Wracks (die selbst auf Grund gelaufen waren) wurden sorgfältig untersucht und alle Treffer gezählt. Feuer und Explosionen hatten vielleicht die Spuren einiger Treffer unkenntlich gemacht, aber soweit festgestellt werden konnte, war die Zahl der Treffer an den Rümpfen und den Oberschiffen vergleichsweise niedrig ... Die Tatsache, daß drei der spanischen Kreuzer durch von Granaten verursachten Bränden an Bord manövrierunfähig waren, unterstrich die bereits aus der Schlacht am Yalu gelernte Lektion über die Notwendigkeit, entzündbares Material beim Bau und der Ausrüstung von Kriegsschiffen nicht mehr zu verwenden.«

So ging mit diesen beiden heute fast vergessenen Seeschlachten die lange und vergleichsweise friedvolle Zeit des Jahrhunderts nach Trafalgar ihrem Ende entgegen. Die *Pax Britannica,* die es so vielen neuen Ländern ermöglicht hatte, ihre Wirtschaft im Frieden und ohne teure Rüstung zu entwikkeln, war im wesentlichen durch die Gegenwart dieser Großkampfschiffe auf den Weltmeeren erhalten worden – die nie in einer Schlacht erprobt wurden und deren Namen nur noch in den Geschichtsbüchern erhalten sind. Sie hatten eine überlegene, offenkundige Macht dargestellt, die nicht angewendet werden mußte. Die Menschen, die das *Fin de siècle* in einer Stimmung betonter Melancholie feierten, konnten kaum vorausahnen, daß das Jahrhundert, dessen Geburtsstunde sie feierten, das eiserne Gesicht des Kriegsgottes tragen und schrecklicher sein würde als alles bisher Dagewesene.

9. Eine neue Ära bricht an

Die *Devastation* hatte eine neue Ära im Schiffbau begründet, und wie die *Revenge* hatte sie eine Form vorgegeben, die bestehen sollte. In diesem Fall bedeutete das kaum mehr als 20 Jahre, denn durch die Schnelligkeit der Entwicklung der Materialien und Verfahren während der industriellen Revolution folgten die Änderungen schnell aufeinander. Wenn es zuvor mit Handarbeit, einfachen Werkzeugen und in traditioneller Denkweise zwei Jahrhunderte gedauert hatte, einige Änderungen zu bewirken, erfolgte dies jetzt innerhalb von Jahrzehnten. Es war, als ob die Zeit selbst verkürzt wäre. Das Segel war natürlich völlig von den Kriegsschiffen verschwunden, aber nachdem die Schiffbauer der Royal Navy ihren vermeintlichen Durchbruch erreicht hatten, neigten sie dazu, wieder in ihren Schlummer zurückzufallen. Hierfür kann man sie nicht nur tadeln, denn ihr Ziel, den Frieden auf den Weltmeeren und die Sicherheit der Handelsrouten im ganzen britischen Empire zu bewahren, war erreicht worden. Es gab noch keine offenkundigen Herausforderer, und getreu ihrer Tradition, keine Neuheit einzuführen, wenn sie ihnen nicht von einer anderen Macht aufgezwungen wurde, folgten die Schiffsklassen in etwa der Linie der *Devastation.* Die Franzosen und andere Mächte schienen bereit, diese Führung zu akzeptieren oder ihr zu folgen, und während die Tonnage der Schiffe beträchtlich anstieg (bis zu Wasserverdrängungen von 16000 Tonnen), erfolgten die wesentlichen Änderungen auf dem Gebiet der Technik und führten zu höheren Geschwindigkeiten und stärkerer Durchschlagskraft der Granaten. Einen kurzen Augenblick lang schien es, als ob dem 17. Jahrhundert das 19. in einem bequemen Traditionalismus gefolgt sei.

Das Jahr 1900 selbst war gekennzeichnet vom Stapellauf eines Schlachtschiffes in einem Land, das bisher kaum als Seemacht aufgetreten war, ein Stapellauf, der im Rückblick als unheilvoll angesehen werden kann. Die *Kaiser Barbarossa* markierte mit ihren 11 150 Tonnen Wasserverdrängung das Auftreten einer mächtigen Militärmacht Europas, die jetzt Ambitionen auf See entwickelte. Seit dem Fall von Paris und der Niederlage der Franzosen im Jahre 1870, die der Reichsgründung vorausging, ließ sich die von Bismarck begründete Macht nicht mehr innerhalb der relativ engen Grenzen von Deutschlands Küsten halten. Imperialistische Träume, der Griff nach Kolonien bedeuteten, daß diese neue Nation mit all ihren wissenschaftlichen und industriellen Fähigkeiten eine starke Marine brauchen würde. Admiral Alfred von Tirpitz, der 1865 in die preußische Marine eingetreten war, war der ideale Mann, um Bismarcks Gedankengänge auf See fortzusetzen. Und obwohl er stets darauf aus war, einen Konflikt mit England abzuwenden, erkannte er klar, daß für ein Land, wie es Deutschland geworden war, eine starke Marine erforderlich war. Das Flottenbauprogramm von 1900 umfaßte den Bau von 19 Schlachtschiffen, sechs Schweren und 16 Leichten Kreuzern sowie einer Anzahl von Küstenverteidigungsschiffen, die alle innerhalb der nächsten sieben Jahre gebaut werden sollten. Die *Kaiser Barbarossa* war typisch für die neue Bauart: Bei einer Länge von 120,7 Metern, einer Breite über alles von 20,4 Metern und einem Tiefgang von 7,8 Metern war sie mit vier 24,1-cm-Kanonen in zwei Geschütztürmen auf dem Vorschiff und dem Heck sowie mit 14 15,2-cm- und 14 8,8-cm-Kanonen auf Geschützbänken bewaffnet. Wie die meisten Schlachtschiffe ihrer Zeit war sie auch mit Torpedorohren ausgerüstet, und sie hatte nach der Art einiger französischer Schlachtschiffe drei Schrauben, die sie mit fast 14 000 PS auf 18 Knoten beschleunigen konnten.

Der Torpedo, der eine beträchtliche Rolle bei dem ersten größeren Seegefecht des 20. Jahrhunderts spielen sollte, war für alle Seemächte zum Schreckgespenst geworden, denn es

schien, daß mit seinem Auftreten das Großkampfschiff stärker bedroht war als je zuvor. Ein Gefecht zwischen Flotten würde nicht mehr zwischen Gleichen ausgetragen, sondern Flottillen kleiner, schneller, mit Torpedos bewaffneter Schiffe würden aus der Ferne auftauchen und angreifen oder sogar in Häfen und auf Reeden vorstoßen und die Schlachtflotten vernichten. Diese Furcht steigerte sich so, daß bei allen größeren Flottenstützpunkten neue Schutzmaßnahmen ergriffen wurden – Torpedobootzerstörer, die nicht nur die Flotte schützen, sondern auch vor ihren Häfen patrouillieren sollten, während in dem britischen Flottenstützpunkt auf Malta ein neuer großer Wellenbrecher als Schutz gegen von See her abgefeuerte Torpedos und gegen die Winterstürme gebaut wurde. Es wurden Torpedonetze entworfen (die im Prinzip dem alten Kettenhemd der Ritter ähnelten), die an Bäumen herabgelassen werden konnten, um einen Vorhang um die Schiffsseiten zu bilden. Während sie beim Ankern genügend Wirkung zeigten, waren sie völlig nutzlos, wenn das Großkampfschiff auf See war und seine normale Geschwindigkeit fuhr. Später folgten ihnen Wülste, die auf die äußere Form des Schiffes gebaut und in viele Abteilungen aufgeteilt waren, um die Explosion eines Torpedos zu absorbieren. Sie verringerten natürlich die Geschwindigkeit des Schiffes beträchtlich, und da bis zum Ende des Zweiten Weltkrieges alle Torpedos ein sichtbares Kielwasser hervorriefen, wurde es zur üblichen Praxis, daß die Schiffe auf die Torpedos zu- oder von ihnen wegdrehten, um so das minimale Profil zu bieten.
Der russisch-japanische Krieg, der 1904 ausbrach, sollte die Bedeutung sowohl des Torpedos wie der Mine für den zukünftigen Seekrieg demonstrieren, und dieser Krieg sollte sich als das bedeutendste Ereignis der Seekriegsgeschichte erweisen, seit das Großkampfschiff von Dampf getrieben wurde und gepanzert und mit Kanonen mit gezogenem Lauf bewaffnet war, die Granaten verschossen. In der Anfangsphase des Krieges waren es mit Torpedos bewaffnete Zerstörer, die die größte Wirkung gegen Großschiffe erzielten. Zehn ja-

panische Zerstörer griffen die in Port Arthur liegende russische Fernost-Flotte an. Zwei der russischen Schlachtschiffe und ein Schwerer Kreuzer wurden getroffen und schwer beschädigt. Wenn die Japaner mehr Erfahrung im Einsatz von Torpedos gehabt hätten, hätten sie in der Tat das gesamte russische Geschwader versenken können, das ungeschützt dalag und keine Sicherheitsvorkehrungen gegen einen solchen Angriff vorgenommen hatte. Zum Unglück für die Russen verloren sie nur wenige Tage später ihren einzigen fähigen Admiral Makaroff mit seinem Flaggschiff, dem Schlachtschiff *Petropawlowsk*, als unter ihm eine japanische Mine explodierte und ihm Torpedoabteil, die Magazine und die Kessel wegsprengte. Das Schiff sank innerhalb von zwei Minuten. Ein weiteres Schlachtschiff der Russen wurde durch eine Mine kampfunfähig gemacht, während die Japaner in dieser Phase des Gefechtes vor Port Arthur zwei Schlachtschiffe durch Minen verloren. Die zukünftige Bedeutung des unscheinbaren Minenräumbootes wurde ebenso demonstriert wie die Unzulänglichkeit des Unterwasserschutzes der Schlachtschiffe. Mit der Kapitulation Port Arthurs fiel der Rest der russischen Fernost-Flotte in die Hände der Japaner.

In einer der verblüffendsten Flottenbewegungen der Geschichte – die im Zeitalter des Dampfes ohne vorherige Parallele war – ging Rußland jetzt daran, fast seine ganze Ostsee-Flotte in den Fernen Osten zu verlegen. (Wegen internationaler Verträge durfte seine Schwarzmeer-Flotte die Dardanellen nicht passieren.) Sie segelte in zwei Hauptabteilungen: Eine unter dem Kommando Admiral Rodschestwenskis lief um Afrika herum in den Fernen Osten, während die zweite Abteilung durch das Mittelmeer und den Suezkanal fuhr. Es dauerte sieben Monate, bis die ganze Flotte im Osten gesammelt war. Ihr Ziel war, Wladiwostok zu erreichen – aber wenn möglich ohne Schlacht. Die Flotte bestand aus sieben Schlachtschiffen, zwei Panzerkreuzern, einigen gepanzerten Schiffen und einer Anzahl von Torpedobootzerstörern. Zum

Troß gehörte eine Ansammlung von Kohledampfern, Vorratsschiffen, Lazarett- und Reparaturschiffen. Aber wenn Frankreich nicht beide Augen zugedrückt und diesen Kombattanten erlaubt hätte, Kohlendepots in den französischen Kolonien auf ihrem Weg zu benutzen, wäre es auch mit dem verfügbaren Troß nie möglich gewesen, so viele Menschen und so viele schwere Schiffe von einem Ende der Erde zum anderen zu verlegen. Hier hatte sich gezeigt, was in zukünftigen Konflikten möglich sein würde. Nach einer so langen Reise ohne Zugang zu Werften gab es unvermeidbarerweise viele mechanische Defekte, und die Schiffe selbst waren mit Unterwasserparasiten wie Entenmuscheln überwachsen. Die Russen konnten auch nicht annähernd ihre Höchstgeschwindigkeit laufen, als sie zu dem letzten Vorstoß auf Wladiwostok ansetzten, während die sie erwartenden Japaner frisch aus ihren Häfen ausgelaufen waren.

Der Befehlshaber der japanischen Flotte, Admiral Togo, hatte mit vier Schlachtschiffen, acht Panzerkreuzern und einer Anzahl von Panzerschiffen sowie Torpedobooten zahlenmäßig weniger Kräfte. Auf der anderen Seite waren nur fünf der russischen Schlachtschiffe modern, und eines hätte kaum in der Schlachtlinie mitfahren sollen. Außerdem hatte Japan wie in der Schlacht am Yalu gegen China Schnellfeuerkanonen auf den Kreuzern, die es mit fast jedem Schlachtschiff aufnehmen konnten. Außerdem konnte Togo, der die Schlacht vor seiner Heimatküste erwartete, auf eine Anzahl von Hilfsgeschwadern zurückgreifen, die zwar veraltet, aber durchaus noch kampffähig waren, und er verfügte zusätzlich über eine Anzahl von Zerstörern und weitere Torpedoboote. Admiral Rodschestwenski seinerseits stand am Ende einer monatelangen Reise bei reduzierter Geschwindigkeit seiner Schiffe aufgrund der erwähnten Nachteile, und er hatte unterwegs niemals die Gelegenheit gehabt, mit seiner Flotte im Verband zu üben oder irgendeinen taktischen Plan auszuarbeiten.

Kapitän zur See Semjenoff, der während des folgenden Gefechtes an Bord des russischen Flaggschiffs war, faßte seine Gefühle in folgende Worte:

»... wir wurden gewaltsam an die alte Binsenwahrheit erinnert, daß eine ›Flotte‹ durch lange Übung auf See in der Friedenszeit geschaffen wird ... und daß eine Ansammlung von Schiffen verschiedener Typen, die hastig zusammengewürfelt sind und nur gelernt haben, auf dem Weg zu dem Kriegsschauplatz zusammen zu fahren, keine Flotte ist, sondern eine zufällige Ansammlung von Schiffen.«

Die russischen Schlachtschiffe waren zudem mit Kohle überladen, da Rodschestwenski beschlossen hatte, die meisten Kohledampfer und andere Versorgungsschiffe in der Mündung des Jangtsekiang zurückzulassen, während die Flotte mit Kurs Wladiwostok durch die Straße von Tsushima passierte. Jede der drei verfügbaren Routen, die die Russen hätten wählen können, hätte sie in die bequeme Reichweite der Japaner gebracht, die von ihren Stützpunkten aus operierten. Die Russen wußten genau, daß das Beste, das ihnen passieren konnte, dickes Wetter und schwere See waren, die sie vielleicht hindurchschlüpfen lassen würden, ohne in ein großes Gefecht mit dem Feind zu geraten.
Ein interessantes Merkmal dieser Seeschlacht war, daß zum ersten Mal Funktelegrafie im Kriege eingesetzt wurde. Die Russen, die befürchteten, ihre Position zu verraten, hielten Funkstille, während die Japaner unbekümmert ihre Divisionen über Funk anordneten, so daß ihre Hauptschlachtflotte zusammengezogen werden konnte, nachdem der Feind gesichtet war. Auch hierbei waren sie, wie bei allem anderen, im Vorteil, und nachdem einer ihrer Kreuzer den Feind kurz nach Tagesanbruch gesichtet hatte, hatten die Russen keine Chance mehr, »unbemerkt hindurchzuschlüpfen«. Während des ganzen Vormittags des 27. Mai 1905 blieben die japanischen Kreuzergeschwader am Feind; sie drehten ab, als die Russen einmal über eine Entfernung von über fünf Meilen

das Feuer eröffneten. Admiral Rodschestwenski hatte direkten Kurs auf Wladiwostok genommen und zu Recht vermutet, daß das Gros der japanischen Flotte sich vor ihm in der Meerenge sammelte. Admiral Togo hatte, um die vorhandenen Zugänge in das Japanische Meer zu decken, seine Schlachtflotte vor dem koreanischen Festland vor Anker gehen lassen und war nach Erhalt der ersten Meldung über die Position der Russen nach Osten gelaufen, um sich selbst nördlich der Insel Tsushima zu postieren.

Die in Kiellinie laufenden Russen erlitten jetzt den schwersten taktischen Schlag, der ihnen widerfahren konnte, denn die Japaner waren mit ihrer höheren Geschwindigkeit in der Lage, das als »Kreuzen des Ts« bekannte Manöver auszuführen – das heißt ihre Linie quer vor die Buge der russischen Schlachtschiffabteilung zu bringen, so daß das zusammengefaßte Feuer ihrer Schiffe auf die führenden russischen Schiffe konzentriert werden konnte. Die Vorstellung, daß Gefechte zwischen Flotten in der Zukunft von Torpedos statt Kanonen bestimmt werden würden, wurde bald zunichte, denn als die Russen zu wenden begannen, um ihre eigene Linie in das Gefecht zu bringen, begannen die ersten japanischen Granaten einzuschlagen. Die Japaner verwendeten einen neuen Granatentyp mit einem empfindlicheren Zünder, der, so beobachtete Kapitän zur See Semjenoff, »am geringsten Hindernis sprengte – selbst an einer Schornsteinverspannung oder einem Ladebaum«. Dies allein hätte sich als unwirksam erweisen können, wenn nur gepanzerte Schiffsseiten im Spiel gewesen wären, aber die Tatsache, daß die Russen mit Kohle überladen waren, von der ein Teil oberhalb der gepanzerten Decks lag, bewirkte, daß auf den Schiffen nacheinander Brände ausbrachen, als sie getroffen wurden. Zwar schossen sich auch die Russen schnell auf die Japaner ein, aber ihr Feind hatte eine bessere Panzerung, und er war natürlich nicht behindert und auch nicht wie die Russen überladen. Selbst ohne die überragenden Fähigkeiten Admiral Togos und seiner disziplinierten Besatzungen konnte der Ausgang der

Schlacht als unvermeidbar angesehen werden – eine massive Niederlage für die Russen und ein Sieg mit beispiellosen Folgen für die Japaner. Am Ende der Gefechte des Tages waren vier russische Schlachtschiffe versenkt und eine Anzahl anderer beschädigt worden, während der einzige größere japanische Schaden an einem Panzerschiff auftrat, das die Linie mit defektem Ruder verlassen mußte, aber später am Tag wieder in den Kampf eingreifen konnte. 100 Jahre nach Trafalgar hatte Admiral Togo einen Sieg herbeigeführt, der in jeder Hinsicht so entscheidend war wie der Nelsons. Während der folgenden Nacht befahl Togo seinen schweren Schiffen, sich von dem fliehenden Feind fernzuhalten, und schickte seine Torpedobootflottillen vor. Die eigentliche Schlacht war durch Artillerie gewonnen worden, aber der Abschluß erfolgte durch den Torpedo. Die einzigen Schiffe der ganzen russischen Flotte, die Wladiwostok erreichten, waren zwei Zerstörer und ein schneller Leichter Kreuzer.

Abgesehen von den ungewöhnlichen Umständen dieser Seeschlacht wurden einige Schlußfolgerungen von Kriegsschiffkonstrukteuren und von den Marinen anderer Mächte gezogen. Die erste war, daß das Schlachtschiff die vorherrschende schwimmende Einheit bleiben würde und daß größere Seegefechte noch durch die Artillerie – über große Reichweiten – entschieden wurden. Die Treffsicherheit der Schiffsartillerie, die zuvor etwas vernachlässigt worden war, erhielt nun die allergrößte Bedeutung. Nelsons alter Spruch: »Kein Kapitän kann etwas verkehrt machen, der mit seinem Schiff an dem des Feindes längsseits geht«, war im 20. Jahrhundert eindeutig nicht mehr angebracht. Eine andere Tatsache, die sich gezeigt hatte, war die Ungenauigkeit des Torpedos, von dem befürchtet worden war, daß er die Seegefechte der Zukunft entscheiden würde. Während der Nachtangriffe waren durch Togos Schiffe viele Torpedosalven abgefeuert worden, aber nur relativ wenige Treffer erzielt worden, während sich gleichzeitig zeigte, daß die moderne Schnellfeuerkanone durchaus in der Lage war, Schutz vor Torpedobootangriffen zu bieten. Es wurde auch beobachtet, daß Schiffe, die in der Nacht nicht beleuchtet waren, scheinbar eher Chancen hatten zu entkommen als jene, die ihre Scheinwerfer angeschaltet hatten. Die überlegene Geschwindigkeit der Japaner war während der ganzen Schlacht offenkundig gewesen, und obwohl dies im wesentlichen auf der langen Zeit beruhte, die die Russen auf See verbracht hatten, wurde erkannt, daß vor allem die Geschwindigkeit den taktischen Vorteil erbracht hatte. Siegfried Breyer merkt in *Schlachtschiffe und Schlachtkreuzer* an:

»Die dem konventionellen Schlachtschiff eigenen Gefahren zeigten sich auch selbst als Warnung. Dies galt besonders für die Gefahren aufgrund schlechter Stabilität, geringer Seetüchtigkeit und unzureichenden Unterwasserschutzes.«

Das letzte Problem sollte nie – und konnte nie – zufriedenstellend gelöst werden, aber das hohe Profil der russischen Schiffe hatte sie eindeutig zu einem besseren Ziel gemacht als die japanischen, die im wesentlichen der Konstruktion der britischen Schlachtschiffe folgten, insbesondere dem Stil der *Devastation.* Wie in der Schlacht vor Lissa im österreichisch-italienischen Krieg zeigte sich erneut und in der Tat für immer, daß nichts wichtiger ist als gutausgebildete Offiziere und Besatzungen, die daran gewöhnt sind, zusammenzuarbeiten.

Die Folge des Krieges war, daß Japan, das sich eine vorrangige Stellung im Fernen Osten gesichert hatte, eine starke Aufrüstung seiner Marine in Gang setzte. Zuerst wurden die russischen Schiffe, die bei Tsushima gekapert worden waren, repariert und neu bewaffnet, und dann begann ein Neubauprogramm. Innerhalb von zwei Jahren legte Japan zwei riesige Schlachtschiffe von fast 20000 Tonnen Wasserverdrängung auf Kiel, die größer waren als alle anderen in der Welt. Die Vereinigten Staaten, die zwangsläufig beklommen in die Richtung des Pazifiks blickten, wurden so gezwungen, viel

Geld für den Bau neuer Schlachtschiffe und Kreuzergeschwader auszugeben. Auf der ganzen Welt gab es beklommene Unruhe, als ob die Völker und ihre Regierungen ganz unbewußt erkannten, daß eine Verlagerung des Gleichgewichts der Kräfte stattfand und daß die lange Zeit des stillen (nur durch ferne Kriege unterbrochenen) Friedens ihrem Ende entgegenging.

Einige Jahre bevor die Marinen der Welt begannen, sich auf den Bau größerer Schlachtschiffe zu konzentrieren, und ihrer Artillerie und den Mitteln, sie zu verbessern, Vorrang einräumten und Forschungsarbeit auf dem Gebiet der optischen Instrumente für die Feuerleittechnik investierten, trat ein kleines Schiff auf den Plan, das das ganze Gefüge erschüttern sollte, auf dem diese Marinen aufgebaut waren. In den vollen Pomp anläßlich des diamantenen Krönungsjubiläums Königin Victorias im Jahre 1897 drang in die scheinbar endlosen Linien der britischen Flotte, die vor Spithead paradierte und über die Toppen geflaggt hatte, ein Eindringling ein. Es war ein irritierendes, kleines, sehr schnelles Boot, das wie eine Wespe auf einer würdevollen Teeparty zwischen den riesigen matronenhaften Schiffen hin- und hersummte und in gesperrte Gebiete vordrang. Das schlimmste war, daß die Royal Navy kein einziges Schiff zu haben schien, das in der Lage war, es fortzujagen. Sir Charles Parsons war auf seiner *Turbinia,* dem ersten turbinengetriebenen Schiff der Welt, eingetroffen.

Sir Charles, der Eigentümer der Parsons Marine Steam Turbine Company in Wallsend-on-Tyne, wurde im Jahr darauf zum Mitglied der Royal Society gewählt, erhielt zahlreiche andere Ehrungen und Medaillen, und in seinen späteren Jahren wurde ihm der Verdienstorden für berufliche Verdienste verliehen. Zur Zeit des Jubiläums der Königin glaubte er, daß seine Erfindung der Dampfturbine von der Admiralität einfach ignoriert worden war, und er versuchte, in seinem spektakulären Stil die Aufmerksamkeit auf ihre beträchtlichen Vorteile gegenüber der Kolben-Dampfmaschine zu lenken, die noch immer alle Einheiten der Flotte antrieb. Die Kolben-Dampfmaschine hatte ihren Wert über viele Jahre erwiesen, aber selbst ihre leidenschaftlichsten Befürworter waren gezwungen, zuzugeben, daß die maximale Drehzahl einer Kolben-Dampfmaschine nicht über viele Stunden lang beibehalten werden konnte und daß es bei Geschwindigkeiten über 14 Knoten praktisch unmöglich war, eine Flotte im Verband unter Dampf zu halten. Es gab keine einzige Flotte in der Welt mit Kolben-Dampfmaschinen, die ihre Höchstgeschwindigkeit auch nur acht Stunden beibehalten konnte, ohne daß bei einer ihrer Einheiten eine Maschine versagte. Bei hohen Geschwindigkeiten stellte man fest, daß die Dampfturbine weniger Kohle als eine Kolben-Dampfmaschine verbrauchte, mehr Kraft im Verhältnis zum Gewicht erzeugte und nicht so anfällig für Pannen war. Sir Charles Parsons hatte es mit seiner sehr unviktorianischen Vorführung im Jahre 1897 geschafft, die bestürzte Admiralität zu zwingen, von seiner Erfindung Notiz zu nehmen. Die Folge war, daß nicht lange darauf ein Auftrag für zwei turbinengetriebene Zerstörer erteilt wurde, von denen einer Geschwindigkeiten von mehr als 37 Knoten erreichen sollte.

Was noch zu beweisen und in diesem Augenblick zu Beginn des 20. Jahrhunderts von äußerster Bedeutung war, war, ob die Dampfturbine, die ihre Leistungsfähigkeit bei kleinen Booten und Schiffen bei hohen Geschwindigkeiten gezeigt hatte, jemals in einer einem Schlachtschiff gerecht werdenden Größe gebaut werden konnte. Und dies war die wichtigste Frage des Augenblicks, insbesondere weil der russisch-japanische Krieg scheinbar die Stellung des Schlachtschiffes in jedem größeren Seegefecht der Zukunft bestätigt hatte. Schon vor den Ereignissen von Tsushima hatten die Amerikaner Schlachtschiffe von 18000 Tonnen bestellt, und diese Größe sollte in der Zukunft noch überschritten werden, als der ursprünglichen schweren Bewaffnung noch eine sekundäre schwere Bewaffnung hinzugefügt wurde. Gleichzeitig glaubten einige Fachleute zu erkennen, daß die Zeit kam, in der die Schlachtschiffe mit nur einem großen »Kaliber« die Ozeane der Welt beherrschen würden. Der Grund hierfür war die ständige Verbesserung der optischen Instrumente, bedeutende Entwicklungen der Geschützrichttechnik und die Modernisierung der Schieß- und Beobachtungsverfahren. Wenn diese erst einen fast gleichmäßig hohen Standard erreicht hatten, würde die sekundäre schwere Bewaffnung nicht mehr als eine Quelle der Irritation und Verwirrung darstellen – insbesondere, wenn es darum ging, den Einschlag der Salven festzustellen –, denn die sekundäre Bewaffnung würde Granateneinschläge im Wasser hervorrufen, die es dem Feuerleitoffizier unmöglich machen würden, die Einschläge der Hauptbewaffnung zu erkennen.

Auf der HMS *Excellent*, der britischen Marineartillerieschule in Portsmouth, wurden Fortschritte erzielt, mit denen das Schießwesen von einer groben und unpräzisen Methode, den Feind zu beschädigen, fast zu einer präzisen Wissenschaft entwickelt wurde. Dies war im wesentlichen das Verdienst Sir Percy Scotts und seines Stabes, der neben einer Anzahl von anderen Reformen das System des »Feuerleit«-Schießens eingeführt hatte – eine wesentliche Voraussetzung, wenn die Hauptbewaffnung das Ziel in einem koordinierten Schlag treffen sollte. Bei diesem System hatte ein speziell ausgebildeter Artillerieoffizier, der in einer besonderen Stellung hoch auf dem vorderen Mast saß, den optischen Entfernungsmesser und das Feuerleitgerät unter seiner Kontrolle. Mit diesen beiden Geräten lenkte er die Hauptbewaffnung des Schiffes – da sein Feuerleitgerät die Geschütztürme elektrisch steuerte. Sobald sein Zielgerät die Kanonen richtig auf das Ziel ausgerichtet hatte, drückte der Offizier auf einen Knopf, der den Stromkreis schloß und die Kanonen zündete. Die Entfernung der Geschütztürme untereinander wurde berücksichtigt, und in einer späteren Zeit wurden alle den Kanonen und dem Feuerleitgerät zugeführten Daten in einer Sendestation, die sich an einer sicheren Stelle im Schiff befand, ausgearbeitet. Eine ähnliche Anordnung sollte auch für die sekundäre schwere Bewaffnung folgen, aber noch bevor sie eingeführt wurde, hatte sich erwiesen, daß das große Schlachtschiff mit nur einem »großen Kanonenkaliber« ausgerüstet sein sollte.

Die Deutschen hatten gegen Ende des 19. Jahrhunderts als erste das Konzept eines »Schlachtschiffes mit nur einem großen Kanonenkaliber« eingeführt. Ihre Vorstellungen wurden von Vittorio Cuniberti in seinem Entwurf übernommen, den er bei der Admiralität einreichte und »ein ideales Schlachtschiff für die Royal Navy« nannte. Dieses Schiff hatte eine Wasserverdrängung von 17000 Tonnen (größer als die Royal Navy je zuvor gebaut hatte), zwölf 30,5-cm-Schnellfeuerkanonen und 18 7,62-cm-Schnellfeuerkanonen, und es sollte eine Geschwindigkeit von 24 Knoten erreichen. Die Panzerung und die Kanonen konnte England leicht selbst herstellen, aber eine derartige Geschwindigkeit war mit der konventionellen Kolben-Dampfmaschine unerreichbar.

Es traf sich, daß zur Zeit der Jahrhundertwende die britische Mittelmeerflotte einen äußerst ungewöhnlichen Befehlshaber hatte – einen Mann, der sich schon lange zu dem Gedanken einer Schlachtflotte mit Schiffen mit nur einem großen Kaliber hingezogen fühlte. Es war Admiral Lord Fisher, ein Mann mit sehr freien Ansichten und offenem Charakter, der mehr hohe Offiziere aus der Fassung bringen und mehr »Weisheiten« der Marine in Frage stellen sollte als irgend jemand vor oder nach ihm. Im Oktober 1904 wurde Fisher zum Ersten Seelord ernannt, und er schuf sofort ein »Schiffbaukomitee«, in das er acht Marineoffiziere und acht Zivilisten (Wissenschaftler, Industrielle und Ingenieure) berief. Ihnen wurde die Aufgabe übertragen, die Konstruktionsprinzipien von zwei modernen Kriegsschiffstypen zu entwickeln – zunächst ein »Schlachtschiff mit nur einem schweren Kaliber« und zweitens einen modernen Panzerkreuzer. Fisher hatte die Lektionen gelernt, die aus dem Geschehen im Fernen Osten zu ziehen waren, und er hatte auch entschieden, etwas zu tun, was der althergebrachten britischen Marinepolitik, nämlich nicht der erste beim Auslösen eines neuen Schrittes zu sein, völlig widersprach. Er und sein Komitee arbeiteten ungestüm daran und entwickelten schließlich zuerst das Allerwichtigste – das neue Schlachtschiff. Außerdem sollte dieses Schiff im Gegensatz zu allen zuvor gebauten neuen Schiffstypen aller Marinen (bei denen es üblich gewesen war, Vertreter anderer Seemächte einzuladen, um die eigenen Waffen vorzuführen) sehr schnell und unter völliger Geheimhaltung gebaut werden – wobei Schnelligkeit allein schon geboten war, um die Geheimhaltung sicherzustellen. Fishers Ziel war, allen anderen Mächten den Rang abzulaufen, insbesondere Deutschland, dessen neue Marine er seit langer Zeit im Auge gehabt hatte, und einen Vorsprung vor ihnen zu erzielen, so daß England zu dem Zeitpunkt, zu dem sie es eingeholt hatten, mit einer verbesserten Version schon wieder einen Schritt weiter sein würde.

Der Bau eines Großkampfschiffes ist wegen der Größe und der damit verbundenen hohen Kosten stets eine langsame und wohlüberlegte Sache. Aber jetzt sollte sich alles ändern, was natürlich den Verfechtern der alten Methode nicht gefiel, aber zum Vorteil von Fishers Idee wurde – wenn auch diese neue Methode unvermeidbar das Wettrüsten beschleunigte, das für Europa mit einer Katastrophe enden sollte. Der Kiel des neuen Schlachtschiffes wurde in Portsmouth (nicht weit von der Baustätte der *Mary Rose* entfernt) am 2. Oktober 1905 aufgelegt, und Fisher – der damit seinen eigenen Rekord von zwei Jahren für den Bau eines Großkampfschiffes schlug – sah darauf, daß das neue Schiff schon genau ein Jahr und einen Tag später fertig und sogar bereit für die Versuchsfahrten war.

Die *Dreadnought* sollte ihren Namen einer ganzen Klasse von Kriegsschiffen geben, die ihr weltweit folgten. Als erstes in Dienst gestelltes »Schlachtschiff mit nur einem schweren Kanonenkaliber« führte sie auf fünf Geschütztürmen zehn 30,4-cm-Kanonen, drei in der Mittellinie und zwei an den Seiten, so daß sechs Kanonen nach vorn, sechs nach achtern und acht bei der Breitseite abgeschossen werden konnten. Sie hatte auch eine Anzahl von kleinen Schnellfeuerkanonen auf den Geschütztürmen, dem Deckaufbau und dem Achterdeck zur Abwehr von Torpedobootangriffen. So wie die anderen Schlachtschiffe ihrer Zeit besaß sie unter der Wasserlinie fünf Torpedorohre. Aber abgesehen von ihrer Bewaffnung zeichnete sich die *Dreadnought* gegenüber allen anderen Schlachtschiffen dadurch aus, daß sie einen Turbinenantrieb hatte. Sir Charles Parsons selbst hatte Lord Fisher bei der Konstruktion unterstützt und garantiert, daß seine Firma Turbinen ausreichender Größe bauen konnte, um ein Schlachtschiff anzutreiben. Die *Dreadnought* hatte vier Turbinen, die vier Propeller antrieben, mit 18 Kesseln, die Öl und auch Kohle verbrennen konnten – was ebenfalls erstmalig war. Da ein solches Schiff im Hinblick auf Seegefechte über große Reichweiten mit schweren Kanonen konstruiert war, wurde der Rammsporn, der über eine lange Zeit ein Merkmal des Schlachtschiffes gewesen war – wenn auch nur aufgrund einer Fehlinterpretation der Schlacht vor Lissa –, bei der *Dreadnought* und ihrer Klasse aufgegeben. Ihre Geschützbänke bestanden aus 28 Zentimeter dicker Panzerung, und auch mittschiffs war sie mit einem Panzer von 28 Zentimetern bedeckt, der sich zum Bug und zum Heck auf 15 bis zehn Zentimeter verdünnte. Das Schiff war bei einer Breite über alles von 25 Metern 160 Meter lang, hatte einen Tiefgang von fast acht Metern und verdrängte 17900 Tonnen. Bei den Versuchsfahrten erreichte es über 22 Knoten, aber seine Nenngeschwindigkeit war 21 Knoten, und damit war sie das schnellste Schlachtschiff der Royal Navy. Die Schnelligkeit und die Geheimhaltung, mit der die *Dreadnought* gebaut worden war, zahlte sich gewiß dadurch aus, daß der Rest der Marinewelt überrascht wurde, aber damit hatte Fishers Konzeption genau die Auswirkung, die die Royal Navy über all die Jahre hatte vermeiden wollen. Sie löste eine Welle des Großkampfschiffbaus aus, und jedes Land, das sich selbst als Großmacht auf den Meeren ansah, wollte es dem britischen Beispiel gleichtun. Deutschland legte zum Beispiel in dem Jahr, in dem das Original vom Stapel lief, zwei »Dreadnoughts« auf Kiel, und auch Frankreich und die Vereinigten Staaten folgten kurz darauf. Wenn auch die Amerikaner weit größere und viel stärker bewaffnete Schiffe bauten, wurden sie kaum als so gewaltig angesehen wie die von Deutschland gebauten, und angesichts des politischen Klimas wurden sie auch ohnehin nicht als starke Bedrohung für Englands Herrschaft auf den Weltmeeren angesehen.

Zu der ganzen Atmosphäre vor dem Ausbruch des Ersten Weltkrieges – den kolonialen Ambitionen europäischer Mächte, den Intrigen von Politikern, der Konkurrenz des Handels und der Industrie und dem schrecklichen Fadenspiel der Monarchien und der Geheimdiplomatie – trug ohne Zweifel die Ausbreitung des Baus von Großkampfschiffen bei, dem sich die Mächte jetzt hingaben.

10. Vorwärts – in die Sackgasse

Immer größer und größer wurden die Schiffe, ihre Panzerung immer dicker und dicker, und das Gewicht des Metalls, das sie Hunderte von Meilen über den Ozean tragen konnten, wurde immer schwerer. Es schien, als ob es kein Ende der Geldmittel geben würde, die die Regierungen für das Großkampfschiff verschwenderisch ausgeben wollten. Bei den deutschen Großschiffen, die der *Dreadnought* folgten, war etwas bemerkenswert, das alle deutschen Großschiffe während der kommenden Jahre auszeichnen sollte – ihre größere Breite über alles und ihre wabenartige Bauweise, bei der das Innere durch Schotten unterteilt war. Deutschland, das keine langen imperialen Seeverbindungen aufrechtzuerhalten hatte und auch keine Schiffe bauen mußte, die ebenso geeignet für die Tropen wie für den Norden waren, konnte sich darauf konzentrieren, seine Flotte hauptsächlich für den Einsatz in der Nordsee zu bauen. Anders als die Engländer, die gezwungen waren, Scapa Flow auf den Orkney-Inseln zu ihrem kalten und ungastlichen Hauptflottenstützpunkt zu machen, konnten die Deutschen nach Kiel und in andere Heimathäfen zurückkehren, und die Matrosen konnten, wenn sie nicht auf See waren, in bequemen Kasernen untergebracht werden. Dies bedeutete, daß die deutschen Schlachtschiffe nicht nur eine viel größere Torpedokapazität hatten als die aller anderen Marinen, sondern auch, daß die Mannschaftsunterkünfte so klein gehalten werden konnten, wie es für Matrosen, die tatsächlich monatelang auf ihren Schiffen leben mußten, nicht erträglich gewesen wäre. Die so gebauten deutschen »Dreadnoughts«, die *Naussau*-Klasse mit einer Wasserverdrängung von 18900 Tonnen, waren etwas kürzer und breiter als die *Dreadnought*, hatten eine zwölf

Millimeter dickere Panzerung und konnten etwas unter 21 Knoten laufen. Anstelle der zehn 30,5-cm-Kanonen der Briten führten sie zwölf 28-cm-Geschütze. Diese guterprobten, ballistisch nur etwas unterlegenen deutschen Kanonen wurden von Tirpitz als ausreichend für jedes Gefecht angesehen, das in der Nordsee stattfinden würde – ein Gebiet, in dem normalerweise schlechte Sichtbedingungen herrschen und wo deshalb Gefechte über große Reichweite unwahrscheinlich waren.

Die wegen der inzwischen verstrichenen Zeit gegenüber Fishers *Dreadnought* besser durchdachte *Nassau*-Klasse sollte sofort Fishers Ansicht widerlegen, daß Deutschland niemals in der Lage sein würde, der britischen Schiffbauindustrie ebenbürtig zu sein. Mit einem Schlag war die ganze Theorie, auf die sich seine große Idee gegründet hatte, zerschmettert. Im Jahre 1908 war durch eine Novelle des Gesetzes über das Flottenbauprogramm in Deutschland sichergestellt, daß die Deutschen 1914 16 Großkampfschiffe und fünf Schlachtkreuzer einsatzbereit haben würden. Der Schlachtkreuzer war eine weitere Idee Fishers, mit der er hoffte, der Bedrohung durch schnelle Kreuzer (wie sie Japan gegen China und Rußland eingesetzt hatte) für Englands Seeverbindungen im Falle eines internationalen Krieges ein Ende zu setzen. Die Japaner hatten schon 1905 mit der *Tsukuba,* die 15000 Tonnen verdrängte, einen Kreuzerrumpf und vier 30,5-cm- sowie zwölf 15-cm-Geschütze hatte, den Weg gewiesen.

Der erste britische Schlachtkreuzer (für den der Name geprägt wurde) war die 1907 vom Stapel gelaufene *Invincible,* die – wie die *Dreadnought* – ein Jahr später die Versuchsfahrten aufnahm. Sie war mit 173 Metern länger, aber ihr sonst äußerlich ziemlich ähnlich, hatte acht 30,5-cm-Geschütze auf Geschütztürmen, zwei in der Mittellinie und einen auf jeder Seite. Ihr großer Unterschied lag in ihrem Panzer, denn wegen der zur Erzielung der Geschwindigkeit erforderlichen Gewichtsreduzierung hatte sie nur einen 18 Zentimeter dikken Panzer statt dem 28 Zentimeter dicken der *Dread-*

nought. Die Geschwindigkeit, die dem Schlachtkreuzer seinen Schutz bieten sollte, brachten Turbinen mit insgesamt 41000 PS, die vier Schrauben trieben und ihn bei den Versuchsfahrten auf 26,5 Knoten brachten. Die ursprüngliche Hauptforderung an die Schlachtkreuzer der *Invincible*-Klasse war, die schnellen Kreuzer des Feindes überholen zu können und weiter schießen zu können als der Feind. Eine sekundäre Überlegung, die später entwickelt wurde, war, daß die Schlachtkreuzer als Vorhut der Großen Flotte fahren und die feindliche Flotte orten und sie beschatten sollten, bis die Große Flotte sich genähert hatte. Sie würden dann weiter als Vorhut dienen, bis die beiden Hauptflotten in ein größeres Gefecht verwickelt waren.

Sie erwiesen ihren Dienst bei der ersten Gelegenheit während der Schlacht bei den Falkland-Inseln im Dezember 1914, als die *Invincible* und ihr Schwesterschiff *Inflexible* die deutschen Kreuzer *Scharnhorst* und *Gneisenau* vernichteten. Solche Gelegenheiten des Einsatzes der Schlachtkreuzer kehrten jedoch nicht wieder, und es zeigte sich, daß sie für ihre sekundäre Aufgabe ungeeignet waren. Der Verlust britischer Schlachtkreuzer in der Schlacht am Skagerrak zeigte auf, daß sie sich für die Schlachtlinie als untauglich erwiesen – eine Tatsache, die zwar niemanden hätte überraschen sollen, aber es dennoch tat. Diese schön anzusehenden Schiffe, denen ihre Länge eine Eleganz gab, die das schwerere Schlachtschiff nie erreichen konnte, erinnern uns naturgemäß an ihre fernen Ahnherren, die Galeassen. Sie waren Hybriden zwischen dem Schlachtschiff und dem Kreuzer, so wie die Galeasse ein Hybrid zwischen der Galeone und der Galeere gewesen war. Aber während bei Lepanto die von Don Juan d'Austria nach vorn geworfenen Galeassen den türkischen Verband aufbrachen und zum Sieg beitrugen, wurden die im Skagerrak vorausgeschickten Schlachtkreuzer selbst zum Opfer. Sowohl die Galeone wie das Schlachtschiff überlebten während ihrer Zeit, weil sie genauso gut schweres Feuer hinnehmen wie es austeilen konnten. Die exotischen Hybriden

verschwanden, weil ihnen die eine Eigenschaft, die Ausdauer, fehlte.
Siegfried Breyer faßt in seinem Werk *»Schlachtschiffe und Schlachtkreuzer«* die durch den britischen Zug, die »Dreadnoughts«, die Schlachtkreuzer und alles, was ihnen folgte, zu bauen, verursachte Grundhaltung zusammen:

»Ohne Zweifel hatte (Großbritannien) zunächst einen erheblichen Vorsprung gewonnen; als aber auch Deutschland mit dem Bau solcher Schiffe folgte, mußte man sehr bald einsehen, daß man die zahlreichen eigenen älteren Schiffe geradezu entwertet hatte. In den 90er Jahren hatte sich die britische Marine eine beachtliche Überlegenheit gesichert, auf die sie wohl mit Recht stolz sein durfte. So hatte sie seit dem Jahre 1889 – dem Inkrafttreten des ›Naval Defence Act‹ – bis 1905 insgesamt 46 Linienschiffe erbaut, denen die deutsche Marine lediglich 24 eigene gegenüberstellen konnte. Rechnete man die ältesten – d. h. alle vor 1893 erbauten – ab, so ergab dies ein Verhältnis von 40 britischen gegenüber 20 deutschen Schiffen ... Großbritannien hatte seine Rechnung ohne die übrigen Marinen – insbesondere ohne die deutsche Marine – gemacht, indem es selbst seinen erheblichen Bestand an Linienschiffen und Panzerkreuzern entwertet hatte. Zur Wahrung seines Vorsprungs war es nunmehr gezwungen, immer größere und stärkere Bauten in Auftrag zu geben, um dann in der Entwicklung doch immer wieder bedrängt zu werden, als andere Marinen – besonders auch hier wieder die deutsche – nachstießen. Der Bau dieser Machtinstrumente erlegte dem britischen Reich erhebliche finanzielle Lasten auf. Und die anderen Marinen, die bisher in aussichtsloser Position standen, erhielten dadurch die Gelegenheit zum neuen Start. Damit erwies sich die Entwicklung von *Dreadnought* und *Invincible* machtpolitisch als ein wenig taugliches Mittel.«

Es ist schwierig, diesem Urteil nicht zuzustimmen, und im Rückblick scheint es, als ob Fishers kühne Neuerungen und sein Bruch der alten Faustregel der Royal Navy, keinen Schritt zu tun, wenn sie nicht dazu gezwungen war, sich als Fehler erwiesen. Mit Sicherheit führten sie zu dem starken Marinewettrüsten und dazu, daß ab 1909 den Dreadnoughts Super-Dreadnoughts folgten. Die Tonnage stieg von ursprünglichen 17900 Tonnen der *Dreadnought* auf die 30000 Tonnen der *Queen Elizabeth*-Klasse, deren erstes Schiff 1912 auf Kiel gelegt wurde. Mit einer Geschwindigkeit von 25 Knoten (so schnell wie die ersten Schlachtkreuzer) und einer Bewaffnung von acht 38-cm-Kanonen auf vier Geschütztürmen in der Mittellinie (zwei auf dem Vorschiff und zwei achtern) kombinierten sie die Geschwindigkeit des Schlachtkreuzers mit der Panzerung des Schlachtschiffes (mittschiffs 33 Zentimeter) und verbrannten nur Öl. Die Schiffe *Queen Elizabeth, Barham, Malaya, Valiant* und *Warspite* gehörten zweifellos der höchsten Klasse aller Schlachtschiffe an, die je gebaut wurde, nicht nur, weil es niemals größere und schnellere und stärker bewaffnete Schlachtschiffe als sie gab, sondern auch, weil sie in beiden Weltkriegen eingesetzt wurden und jeweils eine bedeutende Rolle spielten, auch weil sie den größten Gegenwert an Leistung gegenüber dem Kapitalaufwand in der Seekriegsgeschichte erbrachten. Nur die *Barham* wurde im Krieg versenkt, als sie im November 1941 vor der ägyptischen Küste von einem U-Boot torpediert wurde. Die anderen vier Schiffe überlebten viele Gefechte, darunter die Schlacht am Skagerrak, und Beschädigungen durch Granaten, Minen, Torpedos und Fliegerbomben in zwei Weltkriegen, bis sie nach dem Zweiten Weltkrieg in ihrem Heimatland verschrottet wurden. Es gibt nur wenige Schiffe, die mehr im Einsatz waren und mehr Schlachtruhm erworben haben.

Im Rückblick scheint es, als ob alle Länder – aber insbesondere England und Deutschland – bei diesen riesigen Schiffbauprogrammen vor dem Ersten Weltkrieg in der Tat versuchten, sich gegenseitig mit der großartigen Erscheinung und Größe ihrer Schiffe zu verblüffen. Die Vereinigten Staaten,

Frankreich, Italien und Japan bauten gleich große – wenn auch nicht so viele – Großkampfschiffe, aber diese stehen nicht im Vordergrund der Geschichte, weil sie nie in das grelle und entblößende Licht der Schlacht geblickt haben. Auch wenn sie bedeutend weniger erfolgreich als die *Queen Elizabeth*-Klasse waren, markieren die britischen Schiffe *Lion, Princess Royal* und *Queen Mary* den Gipfelpunkt des Großkampfschiffes in der langen Erbfolge seit dem Linienschiff und der großen Karacke. Die von der Royal Navy liebevoll »splendid cats« (prächtige Katzen) genannten Super-Schlachtkreuzer verdienten ihren Namen, aber sie litten unter ähnlichen Mängeln wie ihre Vorgänger, die Schlachtkreuzer.
Die *Lion,* die in der Schlacht am Skagerrak Admiral Beattys Flaggschiff sein sollte, war das erste Schiff ihrer Klasse und 1908 bereit für die Versuchsfahrten. Sie war mit einer Verdrängung von fast 30000 Tonnen (so weit und so schnell hatten sich die Dinge entwickelt) gewaltiger als die größten Schlachtschiffe. Bei einer Breite über alles von 26,8 Metern war sie 213,4 Meter lang und hatte einen Tiefgang von 8,8 Metern. Mit vier Parsons-Turbinen, die vier Propeller antrieben, entwickelte sie 70000 PS, die ihr eine Geschwindigkeit von 27 Knoten verliehen. Damit war sie schneller als jedes andere große Schiff der Welt. Ihre Hauptbewaffnung bestand aus acht 34-cm-Kanonen in vier Geschütztürmen, die alle in der Mittellinie des Schiffes angeordnet waren. Wie ausländische Marinen, vor allem die der Vereinigten Staaten, hatte man festgestellt, daß man größere Stabilität (die zu größerer Zielgenauigkeit führte) erreichte, wenn die Hauptbewaffnung in der Mittellinie angeordnet war. So wie die Schlachtkreuzer vor ihr hatten die *Lion* und ihre Schwesterschiffe weniger Panzerung als die Schlachtschiffe, an der dicksten Stelle 23 Zentimeter, die am Bug und am Heck auf 15 bis 10 Zentimeter zurückgingen. Die *Lion* konnte ihre vorderen Kanonen bis zur Brücke schwenken, und mit dem wuchtigen Einzelmast und den geduckten Schultern des Feu-

erleitturmes bot sie einen Eindruck großer Stärke und Anmut. Die Anmut wurde besonders offenbar, wenn man sie von der Seite sah und so an ihren Linien vollen Gefallen finden konnte. Solche Schiffe sind selten in der Geschichte großer Kampfschiffe. Ihresgleichen sollte man nie wieder sehen. Um nicht ausgestochen zu werden, reagierte Deutschland mit der *Derfflinger* und ihren Schwesterschiffen *Lützow* und *Hindenburg*. Die im Jahre 1913 vom Stapel gelaufene *Derfflinger* wurde gerade noch vor dem Ersten Weltkrieg fertig, in dem sie sich wie kein zweiter Schlachtkreuzer auszeichnete. Sie markierte den Übergang der deutschen Kriegsmarine zur 30,5-cm-Kanone, und ihre Hauptbewaffnung bestand aus acht Kanonen dieses Kalibers auf vier Geschütztürmen in der Mittellinie. Sie hatte jedoch dickere Panzerplatten als die *Lion* und ihre Klasse: 30 Zentimeter an der Wasserlinie und 25 bis 27 Zentimeter an den Geschützbänken und -türmen, aber sie war etwas langsamer, denn ihre 63000 PS gaben ihr nur eine Geschwindigkeit von 26,5 Knoten. Mit ihrer Länge von 207 Metern, einer Breite über alles von 29 Metern und einem Tiefgang von 8,2 Metern verdrängte sie etwas über 26000 Tonnen und war ohne Zweifel mit ihrem langen Vorschiff und der sanft ansteigenden Deckerhöhung einer der schönsten dieser Schiffsriesen, die je gebaut wurden. Inzwischen hatten Russen, Franzosen, Österreicher, Italiener und Amerikaner ebenfalls begonnen, Schiffe des Dreadnought-Typs zu bauen, aber sie unterschieden sich von den deutschen und den englischen dadurch, daß ihre Geschütztürme mit drei statt mit zwei Kanonen bestückt waren.

Im Jahre 1890 hatte Lord Salisbury einen großen politischen Fehler begangen, der zunächst nicht von Bedeutung zu sein schien. Er hatte Deutschland die Insel Helgoland überlassen, die England seit dem Beginn des 18. Jahrhunderts in Besitz gehabt hatte. Die vor der Elbmündung gelegene Insel, die nur 28 Meilen vom nächstgelegenen Punkt auf dem Festland entfernt war, schien nur geringen Wert zu haben, und im Gegenzug hatte Salisbury die Aufgabe deutscher Ansprüche auf die

offenbar wertvolle Insel Sansibar erreicht. Aber nur zwei Jahre vorher hatte Kaiser Wilhelm II. seine Herrschaft angetreten, und der junge Monarch hatte bereits angedeutet, daß er Bismarcks Politik, das Deutsche Reich auf Europa zu beschränken, mißbilligte. Bismarck hatte erklärt, daß Kolonien »nur eine Quelle der Schwäche seien, weil sie nur mit mächtigen Flotten verteidigt werden konnten und Deutschlands geographische Lage nicht erforderte, daß es sich zu einer erstklassigen Seemacht entwickelte«. Der Aufbau der großen neuen deutschen Marine, der ab 1900 ehrgeizig betrieben wurde, war von der Umwandlung Helgolands von einer unbedeutenden Fischerinsel zu einer massiven Festung mit starken Wellenbrechern begleitet, die einen guten vorgeschobenen Hafen bot, in den sich Deutschlands neue Schiffe hinter Minenfelder und in den Schutz starker Küstenbatterien zurückziehen konnten. Die Insel war tatsächlich zu einer auf das Herz Englands gerichteten Kanone geworden, und diese kaum verhüllte Drohung hatte vielleicht zum großen Teil Fishers Reaktion provoziert – die ihrerseits wieder zu einer Eskalation des Marinewettrüstens führte.
Noch während der Erste Weltkrieg wie eine Gewitterwolke am Horizont sichtbar wurde, gab es weitere Entwicklungen des Industriezeitalters – Entwicklungen, die schließlich dem Großkampfschiff seine vorherrschende Stellung so sicher nehmen sollten, wie die Kanone und das leistungsfähige Segelschiff die Galeere beseitigt hatten. Die Fernmeldemittel wurden durch die drahtlose Telegrafie drastisch verändert, die die Japaner erstmals in der Schlacht vor Tsushima eingesetzt hatten, und die Fähigkeit, Informationen und Befehle über große Distanzen zu senden, bedeutete, daß das unabhängige Kommando seinem Ende entgegenging. Aber in diesem frühen Stadium erhöhte die neue Technik die Komplexität – und die Verwirrung – der Steuerung größerer Flottenoperationen. (Schlechter Einsatz der Nachrichtenmittel sollte sich als eine der Hauptschwächen Englands in der Schlacht am Skagerrak erweisen.)

Wie sich in den Kriegen im Fernen Osten gezeigt hatte, stellten sowohl die Mine wie der Torpedo große Gefahren für Schlachtschiffe dar. Die von England und Deutschland entwickelten Minen sollten im Ersten Weltkrieg eine bedeutende Rolle spielen, denn neben der Versenkung feindlicher Schiffe konnte mit ihnen bestimmt werden, welche Seegebiete jeweils für den Einsatz zur Verfügung standen. Die U-Boote waren seit ihren ersten Anfängen im amerikanischen Bürgerkrieg zu wirklich leistungsfähigen Kriegsschiffen geworden, und die Gefahr für die Großkampfschiffe lag mehr bei den von U-Booten abgeschossenen Torpedos als bei Angriffen durch Torpedoboote. Es mußte so viel bedacht werden, und es mußten noch mehr Sicherheitsvorkehrungen getroffen werden. Aber noch hatte sich die größte Revolution im Seekrieg nicht gezeigt. Nur am Horizont und nur für den Weitsichtigsten erkennbar war das primitive Flugzeug die Maschine, die schließlich das Großkampfschiff von den Meeren verdrängen sollte.
Wie beim U-Boot waren es auch beim Flugzeug die Amerikaner, die zuerst seinen Einsatz in Verbindung mit Kriegsschiffen versucht hatten. Schon 1910 war es einer »Flugmaschine« geglückt, von einer speziellen Plattform, die auf das Vorschiff eines Zerstörers der amerikanischen Marine gebaut war, zu starten und die Küste zu erreichen. Vielleicht weil die Amerikaner keine Notwendigkeit sahen, die vielleicht ein Krieg erzwungen hätte, verfolgten sie die Sache nicht weiter, wenn auch derselbe »kühne Luftfahrer« Eugene Ely es nicht nur fertigbrachte, auf einem Schlachtschiff zu starten, sondern auch auf ihm zu landen. Die Engländer folgten und rüsteten 1913 den Kreuzer *Hermes* mit einem Flugdeck aus, aber die Unmöglichkeit, die Flugzeuge jener Zeit im Kampf einzusetzen, zu starten und zu landen, wenn das Schiff Fahrt machte, brachte den frühen Naval Air Service zu der Ansicht, daß es kaum eine Zukunft für Flugzeuge mit Rädern gab. Das Seeflugzeug bot eindeutig bessere Möglichkeiten für den Einsatz bei der Flotte, sowohl um gegen den Feind aufzuklären

wie zum Abwerfen von Bomben oder Torpedos. Seeflugzeuge konnten mit einem Kran zu Wasser gelassen und wieder zurück an Bord gehievt werden, wenn ihr Einsatz ausgeführt war. Die *Hermes* selbst wurde im ersten Kriegsjahr torpediert, aber die Admiralität übernahm eine Anzahl von Paketdampfern für den Einsatz als Seeflugzeugträger. Einer von ihnen, die *Engadine,* war bei der Großen Flotte am Skagerrak, als sein Pilot der erste Flieger der Geschichte war, der meldete, daß er feindliche Schiffe gesichtet hatte. (Die Tatsache, daß diese Meldung nie an die Admirale Jellicoe und Beatty weitergeleitet wurde, ist für sich selbst gesehen ein Beweis für die Unzulänglichkeit des Fernmeldesystems der Royal Navy, die die Taktik in Unordnung bringen sollte.) Während des Ersten Weltkrieges wurden einige Schiffe für den Einsatz als echte Flugzeugträger, die Flugzeuge mit Rädern aufnahmen, umgebaut, und bevor der Krieg vorüber war, besaß die Royal Navy drei dieser Schiffe – die erste Marine der Welt, die so ausgerüstet war.

Als Lord Fisher kurz vor dem Kriegsausbruch im Jahre 1914 gefragt worden war, wie er sich eine zukünftige große Seeschlacht vorstellte, hatte er geantwortet: »Niemand weiß es oder kann es wissen, bis sie kommt.« Von der Bevölkerung Englands und auf dem Kontinent konnte sich nach einer so langen Zeit des Friedens niemand vorstellen, wie ein Krieg aussehen würde – vor allem nicht in England, dessen Einwohner stets von einer übermächtigen Marine vor dem Militarismus geschützt worden waren, der Europa seit einiger Zeit ergriffen hatte. In England war der Soldat im allgemeinen nicht sehr angesehen (wie Kiplings Geschichten und Balladen beweisen), doch der Seemann galt seit langer Zeit als Erretter und Beschützer des Landes, und deshalb wurden unmögliche Dinge von ihm erwartet – zum Beispiel ein sofortiger Sieg, der die anmaßenden Deutschen ein für alle Male zum Schweigen bringen und den streitsüchtigen Ausländern auf dem Kontinent Frieden und Ordnung bescheren würde.

Das große Seegefecht, das die britische Öffentlichkeit erwartete, ließ zwei Jahre auf sich warten, und als es kam, erwies es sich, zumindest oberflächlich gesehen, als so enttäuschend, daß es ein tiefes Gefühl des Mißerfolges und der Bestürzung hervorrief. Die Tatsache, daß die Royal Navy während der ersten Kriegsmonate alle feindlichen Kreuzer von den Meeren verdrängt und zwei bedeutende Gefechte in den Schlachten von Coronel und bei den Falkland-Inseln geschlagen hatte, war vergessen. Daß sie ständig die Seeverbindungen mit dem Empire offenhielt und den ununterbrochenen Strom der Truppenschiffe zwischen England und Frankreich behütete, waren Leistungen, die als selbstverständlich galten. Nachdem Generationen im Geiste der Heldentat eines legendären Nelson erzogen worden waren, hatte das Volk etwas gleichermaßen Dramatisches erwartet, das die Wirkung haben würde, den Krieg sofort zu beenden – was natürlich Nelsons Siege für sich allein gesehen nie bewirkt hatten.

So ausgezeichnet die deutsche Hochseeflotte auch war, niemand war davon ausgegangen, daß sie der britischen Großen Flotte in einem einzigen entscheidenden Gefecht gegenübertreten sollte. Ihr Ziel, das in den ersten Jahren erfolgreich verwirklicht wurde, war, das Gros der Großen Flotte konzentriert zu halten, während sie sich bemühte, schwächere Verbände der Engländer in plötzlichen starken Vorstößen aus der Festung Helgoland und aus den Minenfeldern vor der friesischen Küste anzugreifen. Die deutschen Schlachtkreuzer waren angesichts ihrer Geschwindigkeit für »Einbruchangriffe« auf England, bei denen sie vorstießen, angriffen und sich schnell zurückzogen, vorgesehen, und natürlich sollten ihre britischen Gegenstücke nach Süden geschickt werden, um zu versuchen, sie zu fangen. Bei einer dieser Operationen, die zur Schlacht an der Doggerbank führte, stießen Schlachtkreuzer unter Admiral Beatty auf eine aus Schlachtkreuzern bestehende Aufklärungsgruppe unter Admiral Hipper. Die Deutschen suchten kein Gefecht, und sie wußten natürlich nicht, daß ein Großteil des deutschen Marinefunkverkehrs von der britischen Admiralität abgehört wurde, wodurch es

Beatty gelungen war, sie zu finden. In dem kurzen Gefecht, das ausgetragen wurde, bevor das deutsche Aufklärungsgeschwader sich zurückziehen konnte, wurde sein Flaggschiff *Seydlitz* schwer beschädigt, und ein weiterer Schlachtkreuzer, die *Blücher*, versenkt, während Beattys Flaggschiff *Lion*, das die britische Linie anführte, so schwer beschädigt wurde, daß es außer Gefecht gesetzt war. Aus dieser kurzen Begegnung auf der Nordsee wurden auf britischer Seite keine Lehren gezogen, aber die Deutschen hatten eine wichtige Lektion für den Schiffbau gelernt, die die Engländer erst am Skagerrak mit einem fürchterlichen Preis bezahlen sollten. Die Hauptursache für die Versenkung der *Blücher* und die schweren Schäden auf Hippers *Seydlitz* war dieselbe – Zündfunken von zersprengten Granaten, die durch die Geschütztürme eindrangen und die dort liegende Munition zündeten. Die Deutschen, die dies erkannt hatten, bauten Klappen an die Geschütztürme ihrer Schiffe, die nur zum Durchreichen von Granaten und Ladungen zu den Aufzügen geöffnet wurden. Bei diesem kurzen Gefecht, in dem beide Seiten zum ersten Mal die neuen Großkampfschiffe einsetzten, die der Höhepunkt des Wettrüstens waren, war bemerkenswert, daß Beattys *Lion* über eine Entfernung von elf Meilen das Feuer auf die *Blücher* eröffnete – in der Tat etwas ganz anderes als die vielen Schlachten auf Kernschußweite, die von anderen Großkampfschiffen in den Gewässern um die Britischen Inseln gekämpft worden waren.

Im Jahre 1916 übernahm Vizeadmiral Scheer das Kommando über die deutsche Hochseeflotte, und innerhalb kurzer Zeit hatte er gezeigt, daß eine etwas weniger bewegungslose Methode eingeführt werden mußte, indem Schlachtkreuzer im April ausgeschickt wurden, um die britischen Küstenhäfen Lowestoft und Yarmouth zu bombardieren. Wie er in seinen nach dem Kriege verfaßten Memoiren klarstellte, war es nie seine Absicht gewesen, eine entscheidende große Seeschlacht zu provozieren, sondern solche ärgerlichen und – für die britische Öffentlichkeit – demoralisierenden plötzlichen

Angriffe durchzuführen, um eine größere Abteilung von Admiral Jellicoes Flotte nach Süden zu locken und ihr einen stärkeren Verband der Hochseeflotte entgegenzustellen. Es ist möglich, daß er hoffte, mit einem oder zwei erfolgreichen Einsätzen stärkerer gegen schwächere Verbände sowie durch die ständige Abnutzung der britischen Großkampfschiffe durch U-Boote die Übermacht der Großen Flotte auf einen Punkt zu reduzieren, an dem er ihr eines Tages zu etwa gleichen Bedingungen gegenübertreten könnte.
Ende Mai 1916 befahl Scheer Admiral Hippers fünf Schlachtkreuzern, in den Eingang des Skagerraks zu laufen, wo sie vielleicht britische Handelsschiffe auf der Ostseeroute aufbringen konnten. Er wußte, daß dieser Schritt zwangsläufig eine Reaktion provozieren würde, und hoffte, eine starke Abteilung, wahrscheinlich die britischen Schlachtkreuzer, in diese Richtung zu locken. Scheer selbst würde dann hinter Hippers Schlachtkreuzern mit dem Gros der Hochseeflotte folgen und sich 40 Meilen weiter südlich halten. Scheer, der nicht wußte, daß die britische Admiralität einen Teil seiner Funksprüche auffing, konnte nicht ahnen, daß sein jüngster Funkverkehr die Engländer auf eine größere Bewegung aufmerksam gemacht hatte. Während Beattys Schlachtkreuzergeschwader, das durch das 5. Schlachtgeschwader der *Queen Elizabeth*-Klasse verstärkt war, Befehl erhielt, auf die dänische Küste zuzulaufen, wurde gleichzeitig Admiral Jellicoe der Befehl erteilt, mit der gesamten Großen Flotte in See zu stechen. Beatty sollte auf einen Punkt nördlich der Doggerbank zuhalten, etwa 100 Meilen vor der dänischen Küste. Danach sollte er auf Kurs Nord drehen und zur Großen Flotte stoßen, die sich von Nordwesten her näherte. Am 30. Mai um Mitternacht waren alle Verbände auf See. Für die Große Flotte ähnelte das ganze Unternehmen vielen anderen, die sie in der Vergangenheit durchgeführt hatten und die gewöhnlich damit geendet waren, daß alle Schiffe zu ihren Stützpunkten zurückkehrten, nachdem sie keine Feindberührung gehabt und nur die graubraunen Weiten der Nordsee gesehen hatten.

Über eine Sache war Jellicoe falsch informiert worden – die Admiralität empfing weiterhin Funksprüche von Scheers Flaggschiff, als ob sie von seinem Stützpunkt in Wilhelmshaven kämen, und so hatte sie ihn informiert, daß das Gros der feindlichen Flotte noch an der Jade zu stehen schien. Tatsächlich hatte Scheer jedoch das Funkrufzeichen seines Flaggschiffs auf eine starke Funkstation an Land übertragen – eine Täuschung, auf die der britische Funkhorchdienst hereinfiel.

Am 31. Mai – einem klaren Tag mit ruhiger See – ließ Beatty um 14 Uhr 15 das Signal für seine Schiffe geben, nach Norden zu drehen, wie es für das Zusammentreffen mit der Großen Flotte vorgesehen war. Seine sichernden Leichten Kreuzer deckten seine Bewegungen nach Osten und Süden. Hipper stand mit seinem Schlachtkreuzergeschwader zu diesem Zeitpunkt etwa 20 Meilen weiter ostwärts und Beattys Kursänderung bedeutete, daß die beiden Verbände sich jetzt auf zusammenlaufenden Kursen befanden. Der Kreuzer *Galatea* meldete als erster einen ostwärts stehenden deutschen Zerstörer und eröffnete um 14 Uhr 20 das Feuer auf ihn – der erste Schuß des Tages. Kurz darauf sichtete er weitere Zerstörer und Leichte Kreuzer, die eindeutig die Sicherung einer Flotte waren, und signalisierte die Nachricht an Beatty und Jellicoe.

Die Große Flotte, die sich auf Marschfahrt befand, gab jetzt Volldampf und änderte den Kurs, um zu Beattys Geschwadern zu stoßen. Während der ganzen Skagerrak-Schlacht war die Unzulänglichkeit des britischen Funkverkehrs zu verzeichnen, wie zwei Beispiele aus der Anfangsphase zeigen: Das Schlachtgeschwader der schnellen *Queen Elizabeth*-Klasse hatte Beattys erste Anweisung nicht empfangen, nach Norden zu drehen und fünf Meilen achteraus von seinen Schlachtkreuzern Station zu beziehen. Bevor das Signal mit Licht wiederholt wurde und die Schiffe gedreht hatten und gefolgt waren, und bis sie ihre Geschwindigkeit auf 24 Knoten erhöht hatten (die Geschwindigkeit, mit der die

Schlachtkreuzer jetzt vorausdampften), lagen sie zehn Meilen zurück. Ein für die Nordsee typischer Dunst begann jetzt über die See zu kriechen, und von der *Engadine,* dem umgebauten Kanaldampfer, der bei Beattys Geschwader stand, wurde ein Seeflugzeug gestartet. Und jetzt ging die äußerst wichtige Meldung dieses Beobachters, die kurz nach 15 Uhr gesendet wurde, in dem Fernmeldesystem der Briten »verloren«. Zu diesem Zeitpunkt hatte noch keine der beiden Seiten erkannt, daß die Hauptmacht der gegnerischen Flotte auf See war. Beatty glaubte, daß er deutsche Schlachtkreuzer angreifen und sie verfolgen sollte, bis Jellicoe heran war, während Hipper glaubte, daß Scheers Kriegslist Erfolg gehabt hatte und daß er Beattys Verband angreifen und auf Scheer zulocken sollte, so daß er sie mit der Hochseeflotte vernichten konnte. Beide Schlachtkreuzerverbände fuhren nun in Kiellinie auf langsam zusammenlaufenden Kursen, und ihre Zerstörer und Leichten Kreuzer waren voraus und auf beiden Flügeln ausgeschwärmt. Zum Osten hin war der Himmel wolkig und dunstig, was die Deutschen begünstigte, während es im Westen hell war und so die Silhouetten der Briten hervorgehoben wurden. Das Gefecht begann zwischen zwei Schiffen des Vorhutgeschwaders, Beattys *Lion* und Hippers *Lützow.* Das Feuer wurde um 15 Uhr 48 von der *Lion* über 14850 Meter eröffnet. Mit ihren 41-cm-Geschützen wäre es ihr möglich gewesen, früher zu schießen und außerhalb der Reichweite der deutschen 30,5-cm-Kanonen zu bleiben, aber sie versäumte dies und fand auch die Entfernung nicht schnell genug, während Hippers Schiffe die Engländer bald eingabelten. Wie später zugegeben wurde, waren die optischen Instrumente der Deutschen bei weitem besser, und es ist auch möglich, daß ihre ständigen Schießübungen, die sie unbelästigt in der Ostsee durchgeführt hatten, ihnen einen Vorteil einräumten. Außerdem ist natürlich bekannt, daß ihre panzerbrechenden Granaten mit Verzugszündern besser waren als die britischen. Drei Minuten nach Feuereröffnung war die *Lion* zweimal getroffen, ebenso die *Princess Royal,* während die *Tiger* vier Treffer erhalten hatte. Hipper hatte gegenüber Beattys sechs Schlachtkreuzern nur fünf. Erst als die Entfernung weniger als 11800 Meter betrug, beschädigte das britische Feuer die *Seydlitz.* Am Ende der Schlachtlinie endete das Duell zwischen der *Indefatigable* und der *Von der Tann* abrupt, als eine Salve des deutschen Schlachtkreuzers den britischen Gegner traf, sein Deck durchschlug und ein Magazin in die Luft flog. Er sank nach einer fürchterlichen Explosion, und nur zwei Mann der Besatzung von über 1000 Mann wurden gerettet.

Während des ganzen bisherigen Gefechtes waren der Einsatz der Schlachtkreuzer und insbesondere der Fernmeldeverkehr mangelhaft gewesen, und erst zu diesem Zeitpunkt gelang es dem 5. Schlachtschiffgeschwader, zu Beattys Schiffen aufzuholen und durch die treibenden Pulverrauchwolken die Silhouetten des Feindes zu erkennen. Sie eröffneten das Feuer über 17300 Meter, fanden sehr schnell die Entfernung, und Hippers Schlachtkreuzer liefen in ein Dickicht von um sie herum einschlagenden 38-cm-Granaten. Die *Von der Tann* und die *Moltke* wurden getroffen und schwer beschädigt, aber bevor die englischen Schlachtschiffe eingegriffen hatten, war ein weiterer Schlachtkreuzer Beattys genauso in die Luft geflogen wie die *Indefatigable* – die *Queen Mary,* die von zwei Salven getroffen wurde, die in ihre Magazine einschlugen und sie in die Luft sprengten. Sowohl Beatty wie Hipper drehten jetzt voneinander ab, während beide Seiten ihre Zerstörer vorschickten. Es folgte ein verworrenes, wildes Gefecht zwischen den kleinen Schiffen, in dessen Verlauf die *Seydlitz* durch einen Torpedotreffer am Bug schwer beschädigt wurde. Auf beiden Seiten gingen je zwei Zerstörer verloren, aber die Beschädigung der *Seydlitz* und die Tatsache, daß die Engländer allen deutschen Torpedos hatten ausweichen können, gab der Moral der Engländer wieder einigen Auftrieb, die zuvor durch die Tatsache erschüttert worden war, daß sie mit sechs Schlachtkreuzern gegen Hippers fünf angetreten waren und jetzt nur noch vier

hatten, von denen die *Lion* durch Granatfeuer auch noch schwer beschädigt war.
Während dieses Zerstörergefechtes sah Admiral Beattys Leichtes Kreuzergeschwader, das vier Meilen vor seinen Schlachtkreuzern stand, um 16 Uhr 30 ein ehrfurchterregendes Bild. Hinter einer Vorhut von Leichten Kreuzern, die mit Nordkurs auf die Engländer zuhielt, waren die Toppmasten einer Linie von Großkampfschiffen sichtbar. Die deutsche Hochseeflotte unter Admiral Scheer, der zuversichtlich war, daß die Engländer den Köder gefressen hatten, war dabei, die Falle um die Schlachtkreuzer zuschnappen zu lassen. Commodore Goodenough, der das zweite Leichte Kreuzergeschwader befehligte und auf der *Southampton* fuhr, sandte den dringenden Funkspruch: »Habe feindliche Schlachtflotte gesichtet. Peilung Südost. Kurs des Feindes Nord.« Er gab dann seine eigene Position durch, und befehlsgemäß stieß er weiter auf den Feind vor, denn er wußte, daß sein Flottenchef die Größe und die Zusammensetzung des feindlichen Verbandes erfahren wollte. Beatty erkannte seine gefährliche Lage, befahl, auf Gegenkurs zu gehen und auf die Große Flotte zuzulaufen, die noch außerhalb der Sichtweite unter dem Horizont stand. Admiral Hipper führte seinen Auftrag, sich an die britischen Schlachtkreuzer zu halten, aus und wendete ebenfalls. Währenddessen lief Goodenough mit dem 2. Leichten Kreuzergeschwader weiter auf den Feind zu, bis er in der Lage war, genau zu erkennen, daß mindestens 16 oder 17 Großkampfschiffe in Kiellinie auf ihn zufuhren. In dem nebligen, undurchsichtigen Wetter hielten die Deutschen ihren Verband wahrscheinlich für einige von Hippers Leichten Kreuzern, und erst als die Entfernung nur noch 11 800 Meter betrug und Goodenough seine Schiffe auf Nordkurs drehte, waren sie durch ihre Silhouetten leicht zu erkennen, und die führenden deutschen Schiffe eröffneten das Feuer. Goodenough konnte ohne ernsthaften Schaden entkommen und sandte die Bestätigungsmeldung, daß die deutsche Hochseeflotte auf See war und Nordkurs lief.

Admiral Scheer war zuversichtlich, daß sein Plan gelungen war und er die britischen Schlachtkreuzer in der Falle hatte und sie bald vernichten würde. Er war zunächst beunruhigt gewesen, als er von dem Schlachtschiffgeschwader gehört hatte, hatte aber daraus nur geschlossen, daß er auf einen etwas größeren Teil der britischen Flotte getroffen war und daß er leicht in der Lage sein würde, auch diese noch größere Beute mit der Kampfkraft seiner Schiffe zu vernichten.

Es scheint, daß in der Verwirrung des Gefechtes und wegen des plötzlichen Wendens auf Gegenkurs das Signal an die achteraus von Beattys Schlachtkreuzern laufenden Schlachtschiffe, das gleiche zu tun, nie gegeben wurde. Als Beattys Schiffe an ihnen jetzt vorbeifuhren, erhielten sie das Signal, hinter ihm nacheinander den Kurs um 180 Grad zu ändern. Das richtige Signal wäre jedoch gewesen, zu drehen. Das befohlene Manöver bedeutete, daß die führenden Schiffe der deutschen Hochseeflotte in der Lage waren, ein konzentriertes Feuer auf die Briten abzugeben, als ein Schiff nach dem anderen wendete. Zwei Schiffe wurden ziemlich schwer getroffen, die *Barham* und die *Malaya,* aber nicht so schwer, daß sie aus der Linie gezogen werden mußten, während sie ihrerseits Treffer auf zwei der führenden deutschen Schlachtschiffe erzielten. Als sie sich wieder zur Kiellinie formierten und nordwärts hinter Beatty herliefen, gerieten sie ihrerseits hinter die deutschen Schlachtkreuzer und erzielten Treffer auf der *Lützow* und der *Derfflinger* und beschädigten die bereits torpedierte *Seydlitz* schwer. Es war der deutschen Bauweise der Abschottung des Torpedoraums und der Schottenbauweise allgemein zu verdanken, daß dieser Schlachtkreuzer noch über dem Wasser und in der Linie blieb. Hätte es sich um ein britisches Schiff gehandelt, hätte es wahrscheinlich aus der Linie gezogen werden müssen oder wäre sogar gesunken.

Jellicoes Große Flotte fuhr noch in ihrer dichtgedrängten Marschordnung mit 20 Knoten nach Süden. Sie wußte noch nicht – so schlecht waren die Fernmeldeverbindungen –, daß die deutsche Hochseeflotte so dicht hinter Beatty und seinen Schiffen stand. Admiral Scheer wiederum wußte noch nicht einmal, daß die Große Flotte auf See war, und nachdem das Geschwader britischer Schlachtschiffe und seine Schlachtkreuzer sich vor Hipper zurückgezogen hatten, nahm er an, daß er sich ihnen näherte, um sie zur Strecke zu bringen, und signalisierte die »allgemeine Jagd«.

Scheers Geschwindigkeit mußte begrenzt werden, weil er einige der älteren deutschen Schlachtschiffe bei sich hatte, aber auch so liefen die beiden riesigen Flotten fast blind mit einer kombinierten Geschwindigkeit von etwa 35 Knoten aufeinander zu. Scheer, der keine Meldungen von den U-Booten hatte, die zur Beobachtung Scapa Flows abgestellt waren, hatte keine Vorstellung davon, daß ein großes Gefecht bevorstand.

Admiral Hood war mit drei Schlachtkreuzern als Vorhut der Großen Flotte vorausgeschickt worden, um den Schiffen, die gegen Beatty gekämpft hatten, jede Fluchtroute durch das Skagerrak abzuschneiden, während sich Admiral Jellicoe aufgrund von Navigationsfehlern (sowohl an Bord seines eigenen Flaggschiffes *Iron Duke* wie auf Beattys *Lion)* nicht darüber im klaren war, wie nah die Hochseeflotte stand. Erst als um 18 Uhr 14 die *Lion* vorbeistürmte, um ihre Position vor Jellicoes führenden Schlachtschiffen zu beziehen, wurde die beunruhigende Nachricht an das Flaggschiff geblinkt, daß die deutsche Hochseeflotte in Sichtweite im Südwesten stand. Die Große Flotte konnte sich aus ihrer Marschformation gerade noch rechtzeitig zur Gefechtsformation entfalten. Dies wurde großartig ausgeführt, und 20 Minuten später, als die 24 Schlachtschiffe in Kiellinie fuhren, wurden sie von dem Kurs, den sie gesteuert hatten, weiter südlich gedreht, um sie auf die gewünschte Linie gegenüber dem Feind zu bringen.

Die Schlachtkreuzer unter Admiral Hood hatten inzwischen das Feuer eröffnet und den Kreuzer *Wiesbaden* kampfunfähig geschossen. Ungefähr zu dieser Zeit erkannte Vizeadmiral

Scheer plötzlich und niedergeschmettert, was geschah, als Konteradmiral Behncke, der sich in der Vorhut an Bord der *König* befand, in der Ferne vor sich eine scheinbar endlose Linie von großen grauen Schiffen sah, die über den Horizont drehten und sein »T« kreuzten. Aus einer »allgemeinen Jagd« auf britische Schlachtkreuzer und ein Schlachtschiffgeschwader, die in eine sorgfältig vorbereitete Falle gehen sollten, war, wie die Deutschen jetzt erkannten, eine noch größere Falle für sie selbst geworden. Es muß jedoch dazu angemerkt werden, daß dies zwar genau nach Jellicoes Plan war, aber er genauso überrascht von der Schnelligkeit war, mit der seine Falle zuschnappte.
Hippers bereits beschädigte Schlachtkreuzer gerieten jetzt ebenso wie die führenden Schiffe der Vorhut der Hochseeflotte in einen Feuersturm. Zur gleichen Zeit befanden sich die Vorreiter der Flotten, die Zerstörer und die Leichten Kreuzer, bereits im Gefecht, während der Leichte Kreuzer *Wiesbaden*, der aufgrund Feuers von Hoods Schiffen manövrierunfähig war und gestoppt hatte, sich als zu große Verlockung für Admiral Arbuthnot erwies, der auf der *Defence* das 1. Schwere Kreuzergeschwader führte und ihr den Fangschuß versetzte. Die scheinbare Unzerstörbarkeit der deutschen Schiffe zeigte sich in der Tatsache, daß die *Wiesbaden* trotz des Feuerhagels, durch den sie gegangen war, nicht sank, und während Arbuthnots Kreuzer sie bekämpften, erlitten sie selbst eine Katastrophe. Das an der Spitze ihrer Kiellinie laufende deutsche 3. Schlachtschiffgeschwader tauchte plötzlich aus dem Nebel und dem Rauch auf, und da es kein größeres Ziel fand, eröffnete es das Feuer auf die britischen Kreuzer. Arbuthnots Flaggschiff wurde schwer getroffen, geriet in Brand, und seine Munition flog in die Luft. Es blieb nicht mehr als eine Rauchwolke über der Szene, während die schwergetroffene und brennende *Warrior* gerade noch beidrehen und in den Schutz des 5. Schlachtgeschwaders gelangen konnte. Die schwer angeschlagene *Black Prince* blieb hinter der Flotte zurück und wurde vergessen, als ob sie versenkt worden wäre. Im glei-

chen Augenblick, in dem sich die *Warrior* dem 5. Schlachtgeschwader näherte, blockierte das Ruder der *Warspite* in Steuerbord, und es war nicht möglich, mit den Maschinen gegenzusteuern. Sie brach – für die deutsche Vorhut gut sichtbar – aus und wurde mehrfach von schweren Granaten getroffen. Allmählich wurde sie wieder notdürftig unter Kontrolle gebracht, war aber im Kampf nicht mehr einsetzbar und mußte sich aus dem Gefecht zurückziehen. Später wurde sie vom Seeflugzeugträger *Engadine* in Schlepp genommen. Während dieser Phase beschossen Admiral Hoods Schlachtkreuzer Hippers Schlachtkreuzer, die bereits aus den vorhergegangenen Kämpfen mit Beattys Geschwader beschädigt waren, und nur ihre gute Bauweise rettete sie vor der völligen Vernichtung, die bald Hood selbst einholen sollte. Hippers *Lützow* griff trotz ihrer schweren Beschädigungen weiterhin die *Invincible* an, während gleichzeitig Behnckes Schlachtschiff *König* in der Vorhut der vorgehenden Linie der Hochseeflotte das Feuer auf sie eröffnete. Die Wirkung war vernichtend, als die Salven auf sie herabfielen und sie durch die fürchterliche Explosion ihrer Magazine zerrissen wurde.
Der Rauch der Schlacht hatte sich wie ein grauer Vorhang über das Meer gebreitet, so daß das Gros der Flotten sich nicht hatte sehen können, aber, wie Scheer sich in seinen Memoiren erinnert, entdeckte er selbst plötzlich vor sich die mehrere Meilen lange Linie der großen Schiffe, deren beide Enden im Nebel verschwanden. Genau in diesem Augenblick blitzte entlang dieser im Norden stehenden Linie das Mündungsfeuer auf, und auf die Schiffe der deutschen Vorhut ging ein Granatenhagel nieder. Es war zu keinem Zeitpunkt Scheers Absicht gewesen, die Große Flotte selbst herauszufordern, und er erkannte, daß seine Schiffe in die Vernichtung liefen, während der Feind sich wie ein Netz um sie legte. Eine derartige Situation war in vielen taktischen Übungen vorausgesehen worden. Um 18 Uhr 35 gab er das Signal an alle Schiffe, um 180 Grad nach steuerbord zu wenden, und als die Schlachtschiffe ihren Rückzug begannen, eilten

Zerstörer nach vorn, um das Manöver zu decken, und legten eine dicke Nebelwand zwischen sich und den Feind. Jellicoes Schiffe konnten jetzt außer der hohen Nebelwand, die vor ihnen lag und sich mit den Wolken und dem Seenebel vermischte, nichts sehen. Hippers Schlachtkreuzer führten die Wende achteraus der Hauptflotte ebenfalls aus, aber sein brennendes und manövrierunfähiges Flaggschiff *Lützow* konnte nicht mithalten und schleppte sich beinahe sinkend nach Südwesten durch den schützenden Nebel davon.

Als sich nach dem ohrenbetäubenden Kanonenfeuer und dem Donner der Explosionen eine große Stille über der See ausbreitete, hatten beide Seiten eine kurze Atempause, um sich über die Lage klarzuwerden. Scheer wußte, daß er seinen gegenwärtigen Kurs nicht lange beibehalten konnte, denn er dampfte von der Jade, seinem Zufluchtsort, weg, während seine einzige Hoffnung darin bestand, zu entkommen. Jellicoe seinerseits hielt stetigen Südkurs, weil er annahm, daß die deutsche Flotte Kurs Südwest lief, und hoffte, sich zwischen die Deutschen und die Minenfelder in der deutschen Bucht zu stellen. Obwohl Jellicoe es nicht wissen konnte, hatte er seine große Chance verpaßt, und in der Tat sollte seine überlegene Leistung, die Große Flotte so perfekt vor die Hochseeflotte zu postieren, während der nächsten Stunden schwinden. Seine Aufklärungskräfte erwiesen ihm schlechte Dienste, und die Kreuzer, die ihm hätten Informationen geben sollen, scheinen kaum eine Anstrengung unternommen zu haben, durch die Dunkelheit vorzustoßen und am Feind zu bleiben. Schlechtes Signalisieren und schlechter Funkverkehr erwiesen sich während des ganzen Unternehmens als die größte Schwäche der Engländer. Scheer, der annahm, daß ihn die Große Flotte verfolgte, entschied sich für eine zweite Kursänderung, dieses Mal nach Osten, in der Hoffnung, hinter der Großen Flotte vorbeizulaufen, um den nördlichsten der Kanäle durch die deutschen Minenfelder zu erreichen und damit in die Sicherheit Wilhelmshavens zu gelangen. Bei diesem Manöver lief er in die Nachhut der Großen Flotte und war noch einmal gezwungen, schnell abzudrehen. Um seinen weiteren Rückzug zu decken, schickte er seine bereits arg mitgenommenen Schlachtkreuzer, gefolgt von Torpedobooten, in einem heroischen letzten Versuch vor, um zu versuchen, den Feind zu verwirren und, wenn möglich, seine Linie aufzubrechen. Mit diesem Versuch war er erfolgreicher, als er es erwartet hatte, denn er traf, ohne es zu wissen, Jellicoes Achillesferse. Der britische Admiral, der selbst Artillerist war, hatte eine fast panische Furcht vor der Möglichkeit von Massenangriffen mit Torpedos auf eine Linie von Schlachtschiffen. In den Gefechtsbefehlen für die Große Flotte hatte er festgelegt:

»Wenn der Feind nicht durch Geschützfeuer geschlagen wird, ist es nicht meine Absicht, einen Angriff durch seine Torpedos zu riskieren ... Generell gesprochen ist es meine Absicht, außerhalb der Torpedoreichweite der Schlachtlinie des Feindes zu bleiben.«

Die Worte: »Generell gesprochen« waren vor den letzten Satz gestellt, und jetzt war gewiß eine Lage eingetreten, in der die Flotte dem Feind entgegengestellt werden sollte, denn die Deutschen versuchten zu entkommen. Es ist immer leicht, nach den Geschehnissen klüger zu sein (und die Skagerrak-Schlacht provozierte in den kommenden Jahren zahllose Bücher und endlose Argumentationen), aber in diesem Augenblick vergab Jellicoe, als er das Signal zum Abdrehen gab, die Chance, den triumphalen Abschluß der Schlacht herbeizuführen, auf die er sich so lange vorbereitet hatte. Es wurden viele Torpedos abgeschossen, aber nicht ein einziger Treffer erzielt, wodurch sich eine Lektion bestätigte, die aus den Gefechten im Fernen Osten hätte gelernt werden können – die ziellose Art und die Ungewißheiten von Torpedobootangriffen. Die deutschen Schlachtkreuzer, die ihr Ablenkungsmanöver ausgeführt hatten, verschwanden hinter dem Rauch und dem dunkler werdenden Nebel. Durch die ungeheure Wucht des Feuers der sekundären Bewaffnung der britischen Schlachtschiffe waren mehrere Torpedoboote verlorengegangen. In diesem Augenblick dampften beide Flotten voneinander fort, und Scheers Hochseeflotte verschwand in der Dunkelheit.

Die Gelegenheit der Schlacht am Skagerrak war verpaßt, und im eigentlichen Sinn des Wortes war die Schlacht vorüber. Zu dem Zeitpunkt, zu dem Jellicoe gewendet und seinen Südkurs wieder aufgenommen hatte, war jede Chance auf ein größeres Gefecht und auf das Zuspringen der gut gelegten Falle vergangen. Jellicoes Annahme, die sich auf widersprüchliche Meldungen und irreführende Informationen gründete, war falsch gewesen. Scheer hatte seinen Südostkurs wieder aufgenommen, und eine Stunde vor Mitternacht passierte das Gros der deutschen Flotte achteraus der Großen Flotte in die Sicherheit. Die vorbeifahrenden Verbände blieben bei den Sicherungen leichter Fahrzeuge in der Nachhut der britischen Flotte nicht unbemerkt und verursachten eine Reihe von verzweifelten und hastig begonnenen Angriffen durch Zerstörer, die sich plötzlich in der Mitte der deutschen Flotte wiederfanden. Bei diesen Scharmützeln gingen mehrere britische Zerstörer verloren, aber es erfolgten auch die einzigen erfolgreichen Torpedoangriffe des Tages – die Versenkung des Leichten Kreuzers *Rostock* und des alten Schlachtschiffes *Pommern.* Der unglückselige Kreuzer *Black Prince,* der manövrierunfähig auf dem Kurs der Deutschen lag, wurde von Schiff auf Schiff beschossen und flog mit der ganzen Besatzung in die Luft.

Die Blitze von diesen Nachtgefechten waren für Jellicoes Nachhut klar zu erkennen, und es ist erstaunlich, daß die Meldung, daß schwere Schiffe des Feindes seinen Kurs achteraus kreuzten, den Admiral nie erreicht zu haben scheint. Feindliche Zerstörerangriffe waren gewiß erwartet worden, und es scheint angenommen worden zu sein, daß es sich um solche handelte. Es bleibt einigermaßen erstaunlich, daß Jellicoe und sein Stab nicht wegen der Ursache der Unruhen bei der Nachhut nachfragten. In der Zuversicht, den Feind bei Morgengrauen zu sichten, dampfte die Große Flotte in der falschen Richtung weiter. Um 3 Uhr morgens, als die Briten unruhig den Horizont absuchten, stand Scheer querab vom Feuerschiff Horns Riff, und die Hochseeflotte war so gut wie im Heimathafen. Während der Nacht hatte er neben den beiden Versenkungen durch britische Zerstörerangriffe einen Leichten Kreuzer durch eine Kollision mit einem Schlachtschiff verloren und war gezwungen, Hippers *Lützow* durch einen Torpedoschuß zu versenken, nachdem die gesamte Besatzung übernommen worden war. Scheer konnte sich zu seinem glücklichen Entkommen gratulieren, und er wußte nicht einmal, daß seine Flotte wie durch ein Wunder durch eine Lücke in einem Minenfeld passiert war, das wenige Stunden zuvor auf Befehl Jellicoes vom Minenleger *Abdiel* gelegt worden war.

Die Skagerrak-Schlacht war die plötzliche Enttäuschung nach Jahrzehnten der Hochstimmung für das gepanzerte Großkampfschiff. Die ungeheuer hohen Hoffnungen der britischen Öffentlichkeit wurden gedemütigt, während die Deutschen sich dazu gratulieren konnten, daß sie einer überlegenen Streitkraft gegenübergetreten waren, ihr beträchtlichen Schaden zugefügt und sich mit großem Geschick aus einer tödlichen Falle herausgewunden hatten. Es überrascht nicht, daß dies in Deutschland als Sieg bejubelt wurde. Für den Verlust eines alten Schlachtschiffes, eines Schlachtkreuzers und vier Leichter Kreuzer hatten die Deutschen im Gegenzug drei Schlachtkreuzer und drei Panzerkreuzer versenkt. Beide Seiten hatten auch eine Anzahl von Zerstörern eingebüßt, aber die Briten hatten mehr durch ihre Nachtangriffe verloren, als sie durch das Vorbeifahren der deutschen Flotte überrascht wurden. Die auf beiden Seiten entstandenen Schäden waren natürlich zu jener Zeit unbekannt. Spätere Berichte sollten enthüllen, daß bei den Zerstörern und bei sieben größeren britischen Schiffen umfangreiche Reparaturen erforderlich waren, während sich 17 ihrer deutschen Gegenstücke monatelang auf der Werft befanden. Die britischen Verluste an Offizieren und Mannschaften waren jedoch, vor allem durch den Verlust ihrer Schlachtkreuzer, doppelt so hoch wie die deutschen.

Ein deutscher Marineexperte erkannte, daß »... am 1. Juni 1916 es jedem denkenden Menschen klar war, daß diese Schlacht die letzte sein mußte und sein würde«. Dies war gewiß auch die Meinung von Vizeadmiral Scheer, der erkannte, daß die Hochseeflotte am Rande einer Katastrophe gestanden hatte, weil sie sich selbst einer Situation ausgesetzt hatte, für die sie niemals vorgesehen war. Bald darauf sollte er den Kaiser über seine Ansicht informieren. Er sagte klar, daß der Sieg auf der hohen See nicht durch das Großkampfschiff und den Überwasserkrieg zu erreichen sei, sondern mit jener neuen Waffe, die Deutschland auf den Höchststand entwickelt hatte – dem U-Boot –, und dem U-Boot-Krieg gegen eine Insel, die von ihren Handelsrouten abhängig war.

Die Streitereien, die in England wegen der Schlacht am Skagerrak tobten und die jahrzehntelang andauerten, liegen heute weit zurück, nicht nur wegen der vielen Jahre, sondern auch durch den in der Zwischenzeit eingetretenen Zweiten Weltkrieg. Die Meinungsrichtungen Pro-Beatty oder Pro-Jellicoe sind, außer für den Historiker, bedeutungslos, aber eine Sache bleibt klar: »Jellicoe war der einzige Mann, der den Krieg an einem Nachmittag hätte verlieren können.« Es mag sein, daß er übermäßig vorsichtig war, aber er trug die ungeheure Verantwortung. Beatty ist auf der anderen Seite vor allem wegen des schlechten Einsatzes der neuen *Queen Elizabeth*-Klasse (der vier schnellsten und besten Schlachtschiffe auf beiden Seiten) in der Eröffnungsphase der Schlacht zu tadeln, während sein Vorgesetzter Jellicoe in den späteren Phasen gleichermaßen gravierende Fehler machte. Nur eine Sache lag auf der Hand: Die unzulängliche horizontale Panzerung der britischen Schlachtkreuzer gegen herabfallende Granaten war die Ursache ihrer traumatischen Verluste. Wie Fisher zuvor angemerkt hatte:

»Niemand kann den Ausgang einer solchen Schlacht kennen, bis sie kommt.«
Auf der technischen Seite zeigte sich, daß die Deutschen viel bessere optische Geräte zum Entfernungsmessen hatten und daß ihre panzerbrechenden Granaten tödlich waren, während die britischen Granaten mittelmäßig waren und oft beim Aufschlag explodierten – was beim Einsatz gegen stark gepanzerte Schiffe vollkommen sinnlos ist. Mit ihrer Fähigkeit, mehr Schäden zu erleiden, ohne zu sinken oder in die Luft zu fliegen, erwies sich die deutsche Bauweise als viel brauchbarer, aber, wie gesagt, die deutschen Schiffe waren nur für eine Aufgabe geeignet, die sich auf den Einsatz in der Nordsee beschränkte. Die britischen Schiffbauer konnten nicht dafür getadelt werden, daß ihre Schiffe auf der ganzen Welt operieren mußten, weit entfernt von den Heimathäfen und den Kasernen für ihre Besatzungen. Dem Schutz der Magazine wurde die sofortige Aufmerksamkeit gewidmet, nachdem die Engländer im Skagerrak eine bittere Lektion erhalten hatten, die die Deutschen auf genauso harte Weise zuvor gelernt hatten. Der Schutz der lebenswichtigen Teile des Schiffes gegen herabfallende Granaten durch horizontale Panzerung hatte noch nicht genügend Aufmerksamkeit gefunden, und ein Riese unter den Schiffen, der vor Kriegsende auf Kiel gelegt wurde, sollte unter diesem Mangel leiden, und er sollte im Zweiten Weltkrieg aus dem gleichen Grunde sterben, aus dem Beattys drei Schlachtkreuzer gesunken waren.
Die Schlacht am Skagerrak hatte niemand gewonnen, aber auf lange Sicht war die Tatsache, daß die deutsche Hochseeflotte sich nie wieder mit großen Verbänden auf See wagte, entscheidend. Es war gewiß die größte und zugleich die letzte Schlacht, in der das Großkampfschiff – in der Form, wie es bis dahin bekannt gewesen war – die Szene beherrschte.

11. Die Jahre des Niedergangs

In der deutschen Hochseeflotte, die während der Jahre, in denen sie in ihren Häfen eingesperrt war, demoralisiert worden war, war die Revolution ausgebrochen, die 1918 zum Zusammenbruch des Kaiserreiches führte. Nach der Kapitulation im November wurden die Großkampfschiffe, die sich bei dem einen Aufeinandertreffen mit ihrem britischen Gegner in jeder Hinsicht als ebenbürtig erwiesen hatten, in Reichweite der Geschütze der Royal Navy in Scapa Flow interniert. Englands Alliierte, die nicht wollten, daß England sich die deutsche Flotte einverleibte, bestanden darauf, daß die Schiffe bis zu einer Entscheidung über ihr Schicksal in den Händen ihrer internierten Besatzungen bleiben sollten. Die Lösung dieses bohrenden Problems wurde am 21. Juni 1919 gefunden, als mit Ausnahme eines Schlachtschiffes und fünf Leichten Kreuzern die gesamte Hochseeflotte – mit allen ihren großen Schlachtschiffen und Schlachtkreuzern – von ihren eigenen Besatzungen versenkt wurde. So gingen in einer Geste, die beinahe symbolisch für das Schicksal des Großkampfschiffes war, die letzten Schiffe der kaiserlichen Marine in den grauen Wassern des Nordens unter.

Obwohl während der Jahre zwischen den Kriegen alle großen Industrienationen in unterschiedlichem Ausmaß weiterhin neue Schlachtschiffe bauten, gestanden sich selbst die konservativsten Geister innerlich ein, daß die Schlacht am Skagerrak gezeigt hatte, daß das Schlachtschiff nicht mehr der Erringer großer Siege war. Das Schiff, das den Zweiten Weltkrieg, vor allem im Pazifik, beherrschen sollte, war vielmehr der Flugzeugträger. Die Engländer waren die ersten, die ein aktives Interesse an ihm gezeigt hatten. Aber solange die Jah-

re eines beklommenen Friedens herrschten, bestand für die Länder noch immer die Notwendigkeit, ihre Macht und Bedeutung durch das Zeigen ihrer Flagge an verschiedenen Orten der ganzen Welt zu demonstrieren. Dies galt insbesondere für alle Nationen mit Kolonialreichen und auch für die Länder, die wie die Vereinigten Staaten und Japan versuchten, Einflußsphären außerhalb ihrer eigenen Gebiete aufzubauen. Vor allem für das große britische Empire, das sich von der Karibik bis Indien und den Fernen Osten erstreckte, mußte die schützende Gegenwart des Mutterlandes demonstriert werden, und hierfür war noch nichts Besseres auf den Plan getreten als das Großkampfschiff.
Außerdem bestand stets die Notwendigkeit, starke Marinekräfte in Gebieten zu unterhalten, in denen andere Länder kriegerische Absichten zeigten, insbesondere wenn dies in irgendeiner Weise die britischen Versorgungswege nach Indien und in den Fernen Osten betraf. Die Labilität der Länder im Mittelmeerraum verlieh diesem Gebiet vor allem wegen des Suezkanals besondere Bedeutung. Mit dem Aufstieg Mussolinis und der Faschisten in Italien und ihrem zunehmenden Interesse an Kolonien in Afrika wurde die britische Mittelmeerflotte mit ihrem Hauptstützpunkt auf der Insel Malta besonders wichtig, und dies verstärkte sich noch durch den Krieg in Abessinien und im spanischen Bürgerkrieg. Eines der Schlachtschiffe, das im Ersten Weltkrieg vom Stapel gelaufen war (und das im Zweiten Weltkrieg noch hervorragende Dienste leisten sollte), war die HMS *Warspite.* Dieses Schiff der *Queen Elizabeth*-Klasse gehörte mit seinen Schwesterschiffen zur schönsten Schlachtschiffklasse, die je bei einer Marine im aktiven Dienst stand, bevor die großen Panzerschiffe abgeschafft wurden. Während der Jahre zwischen den Kriegen wurden die Schiffe regelmäßig modernisiert, und sie dienten England nicht nur beim »Flagge zeigen« in anderen Ländern oder in britischen Kolonien und Dominions, sondern verschiedene Male auch durch die Demonstration ihrer Macht in den Krisengebieten der Welt. Vor dem

Ausbruch des Zweiten Weltkrieges waren die *Warspite* und drei ihrer Schwesterschiffe fast vollständig umgebaut worden – neue Maschinen, Verstärkung der Deckpanzerung, Flugabwehrbatterien, Torpedoabwehrwülste –, so daß es sich fast um neue Schiffe handelte. Damit waren in diesen Jahren der finanziellen Anspannung die Kosten der Entwicklung und des Baus einer völlig neuen Schlachtschiffklasse abgewendet worden.

Eines der berühmtesten Schiffe dieser Zeit, das wegen seiner ständigen Fahrten in alle Teile des britischen Empire bekannt war, war das größte Schiff der Welt, die HMS *Hood.* Sie war 1916 auf Kiel gelegt worden, nachdem Informationen vorlagen, daß die Deutschen einen Schlachtkreuzer mit 38-cm-Kanonen bauten. Die erst drei Monate vor der Kapitulation der deutschen Flotte vom Stapel gelaufene *Hood* war zu ihrer Zeit das teuerste Schiff, das jemals gebaut worden war, und sie sollte für einige Jahre das in jeder Hinsicht größte Kriegsschiff bleiben. Mit einer Länge von 262 Metern, einer Breite über alles von 31,7 Metern und einem Tiefgang von 8,7 Metern verdrängte sie 41 200 Tonnen und hatte eine Geschwindigkeit von 32 Knoten. Ihre Hauptbewaffnung bestand aus acht 38-cm-Geschützen in Zwillingstürmen auf dem Vorschiff und dem Heck, und sie hatte eine sekundäre Bewaffnung von zwölf 14-cm-Kanonen. Später kamen Flugabwehrkanonen hinzu. Die Erfahrungen der Schlacht am Skagerrak waren nur teilweise umgesetzt worden, und während ihre seitliche Panzerung von 23 auf 30,5 Zentimeter verstärkt worden war, blieb ihre Deckpanzerung noch relativ schwach. Doch es war die Wirkung der auf die Schlachtkreuzer herabfallenden Granaten gewesen, die die Hauptursache für die Verluste am Skagerrak gewesen waren. Der Name *Hood* ist auf eine Familie großer Seeleute zurückzuführen, unter denen sich vor allen Dingen Graf Samuel Hood ausgezeichnet hatte, der wegen seiner brillanten Kämpfe gegen die Franzosen in der Karibik während des späten 18. Jahrhunderts berühmt geworden war. Einer seiner direkten Nachkommen war Konteradmiral Hood, der vor dem Skagerrak auf dem Schlachtkreuzer *Invincible* gefallen war. Ein Augenzeugenbericht darüber, wie er seinem Ende entgegenging, war in unheimlicher Weise prophetisch für den Untergang des Schiffes, das seinen Namen trug.

»Hood stürmte bei seinem Angriff vor, und es war ein erregender Anblick, sein Schlachtkreuzergeschwader zu sehen, wie es, aus allen Rohren feuernd, auf den Feind zustürmte. Auf der Brücke der *Lion* hatten wir das Gefühl, Hochrufe auf sie ausbringen zu müssen, denn es schien, daß der entscheidende Augenblick der Schlacht gekommen war. Unsere Gefühle erlitten jedoch einen plötzlichen Wandel, denn gerade als wir den Erfolg zu packen schienen, wurde die *Invincible* mittschiffs von einer Salve getroffen. Es folgten mehrere starke Explosionen, aus ihrer zerrissenen Seite schossen hohe Flammenzungen hervor, die Masten brachen zusammen, das Schiff brach in zwei Teile, und eine enorme Wolke schwarzen Rauches stieg zum Himmel. Im einen Augenblick war sie das stolze, von Leben erfüllte Flaggschiff, das sich ganz auf seine Beute konzentrierte; im nächsten war sie nur noch zwei Teile verbogenen Metalls, der Bug und das Heck ragten wie zwei riesige Grabsteine aus dem Wasser hervor, die plötzlich zu Ehren von 1026 britischen Gefallenen aufgestellt worden waren. Ein erstaunlicher Anblick, wahrscheinlich einmalig im Seekrieg.«

Die im November 1923 beginnende Weltumrundung der *Hood* erscheint uns heute wie ein Bild einer fernen Welt, aber sie verdient es, wenn auch nur kurz, betrachtet zu werden, denn sie ist so typisch für die Reisen der Großkampfschiffe der Großmächte, auf denen während des Jahrhunderts vor dem Ersten Weltkrieg und in den folgenden unruhigen Jahren zwischen den Kriegen »Flagge gezeigt« wurde. (In jüngerer Zeit erfolgen ähnliche Machtdemonstrationen auch durch die Nuklearriesen, aber sie werden heruntergespielt, denn sie sind bei den anderen Nationen nicht sehr willkommen.) Die *Hood* und ihre Besatzung als Führer eines besonderen Geschwaders, das auf diese elf Monate dauernde Weltreise geschickt wurde, war sicher willkommen. Mit ihr fuhren die *Repulse,* ein älterer und konventioneller Schlachtkreuzer (der 1941 durch einen japanischen Luftangriff versenkt werden sollte), und das aus der *Delhi,* der *Dauntless,* der *Dragin* und der *Dunedin* bestehende 1. Leichte Kreuzergeschwader. Sie folgten dem heute vergessenen Weg des Empire über Freetown in Westafrika, Kapstadt und andere südafrikanische Häfen, Sansibar, Ceylon und Singapur nach Australien. Hunderttausende von Menschen besichtigten in Australien und Tasmanien die *Hood* und die anderen Schiffe des Geschwaders. Daß solche Reisen in der Tat dem Zweck dienten, für den sie beabsichtigt waren, wird durch einen Leitartikel in der Melbourner Zeitung *Sun* aus jener Zeit bestätigt:

»Zu sagen, daß Australien in den starken Armen der britischen Marine gewiegt wurde, ist mehr als eine Redewendung. Es war die Herrschaft über die Meere, die ein britisches Australien möglich gemacht hat. Es ist der britischen Seemacht zu verdanken, daß Australien der einzige Kontinent ist, der niemals eine Invasion erleiden mußte ...«

Von Neuseeland, wo der Empfang dem in Australien glich (in Wellington besichtigten 78000 Menschen die *Hood),* fuhr das Geschwader quer über den Pazifik zu den Fidschi-Inseln, einer britischen Kolonie, und dann über weitere britische Inselkolonien zum amerikanischen Honolulu und nach Kanada, wo in Victoria und Vancouver fast eine Viertelmillion Besucher an Bord der Schiffe kamen. Auf ihrem Weg nach Süden zur Passage durch den Panamakanal liefen die *Hood* und das Geschwader San Francisco an, um ein Willkommen zu erleben, das kaum bei dem Besuch eines Souveräns oder eines Staatsoberhauptes erwiesen worden wäre. Ein Reporter des *New York Herald Tribune* wirft ein enthüllendes Licht auf das puritanische Gewissen des Amerika jener Tage:

»Im grellen Lärm von Pfeifen und Salutschüssen dampfen sieben Kriegsschiffe durch die Golden Gate und gehen im Hafen von San Francisco vor Anker. In tiefer Achtung vor der unerklärlichen Eigentümlichkeit unserer Institutionen befiehlt der Admiral, daß während der drei Tage des Besuches kein Rum an Bord ausgeschenkt wird (und die Bars der Offiziersmessen blieben ebenfalls geschlossen), und man empfindet die Erhabenheit der Geste, denn seine Flagge ist auf der HMS *Hood* gehißt, dem mächtigsten Schiff der britischen Marine. San Francisco meldet, daß dies seit 40 Jahren das stärkste britische Geschwader ist, das in einem amerikanischen Hafen ankert ...«

Ein abschließender Seitenblick auf die Schwierigkeiten, die allein die Größe der *Hood* verursachte, ist aus dem Jahresbericht des Panamakanals für jenes Jahr ersichtlich. Die *Hood* und die *Repulse* waren die beiden größten Schiffe, die bis zu jener Zeit jemals den Wasserweg benutzt hatten. Die Hauptschwierigkeit bestand in der Breite der *Hood*, denn die Breite der Schleusenkammern betrug damals nur 33,5 Meter, so daß an jeder Seite des Kriegsschiffes nur ein geringer Abstand von 75 Zentimetern blieb, während die unter Wasser liegenden Torpedoabwehrwülste ein weiteres Problem darstellten. Auch am Bug und am Heck blieb nicht viel Platz, jeweils nur circa 20 Meter, denn die nutzbare Länge der Schleusen betrug 305 Meter. Zur Zeit der Passage betrug die Wasserverdrängung des Schlachtkreuzers 44 799 Tonnen. Die Tatsache, daß die *Hood* während ihres ganzen Dienstes das größte Großkampfschiff der Welt blieb, war auf die Washingtoner Konferenz von 1921 zurückzuführen, auf der Großbritannien, Frankreich, Italien und Japan auf Einladung des amerikanischen Präsidenten Harding ihre Delegierten zu Gesprächen über die Begrenzung der nationalen Rüstungen entsandt hatten. In jener Zeit blies, besonders in Amerika, ein starker Wind aus dem fernen Genf, und die Bestrebungen der Pazifisten konnten die weitere Aufrüstung wirksam begrenzen.

Der amerikanische Außenminister schlug sofort vor, daß »für einen Zeitraum von nicht weniger als zehn Jahren kein weiterer Bau von Großkampfschiffen stattfinden soll«. Dies wurde von England zu jener Zeit akzeptiert, denn als die Hüter der Lebensadern des Empire wurden die Kreuzer angesehen, und im europäischen Bereich gab es für ihre seinerzeitige vorherrschende Stellung keine Herausforderung. In jenen Jahren konnte man natürlich nicht voraussehen, wie nahe die Ära der Diktatoren bevorstand oder daß Deutschland – das an der Washingtoner Konferenz nicht einmal teilnahm – beginnen würde, seine Kriegsmarine wieder aufzubauen. Unter Hitler sollten die für die neuen Schiffe Deutschlands veröffentlichten Zahlen wie für die »Westentaschenkreuzer« und selbst für die »echten« Schlachtschiffe wie die *Bismarck* und die *Tirpitz* keinerlei Beziehungen zur Wahrheit haben.
Im Dezember 1921 wurde in Washington die Übereinkunft erzielt, daß die Vereinigten Staaten und Großbritannien für ihre Marinen eine Parität von je 525000 Tonnen an Großkampfschiffen behalten sollten, Japan sollte 315000 Tonnen und Italien und Frankreich je 175000 Tonnen haben. Die Japaner hatten erbittert darum gekämpft, ihre zusätzliche Tonnage zu sichern, was von England nur unter der Bedingung akzeptiert wurde, daß es zwei neue Schlachtschiffe von nicht mehr als je 35000 Tonnen bauen durfte, während die Vereinigten Staaten zwei neue Schiffe fertigstellen wollten, die sich bereits im Bau befanden. Die beiden neuen britischen Schiffe *Nelson* und *Rodney*, die unter der Beschränkung gebaut wurden, daß Schlachtschiffe nicht mehr als 35000 Tonnen haben sollten, wurden wegen ihres gedrängten Aussehens, das sich aus diesem Vertrag ergab, »Washington-Schiffe« genannt. Da die Japaner zu jener Zeit bereits zwei Schlachtschiffe mit 40,6-cm-Kanonen herstellten, wurde dieses Kaliber anstelle der 38-cm-Rohre zum Standard. Infolgedessen waren sowohl die *Nelson* wie die *Rodney* mit neun 40,6-cm-Kanonen bewaffnet, die in drei Drillingstürmen auf dem Vorschiff untergebracht waren. Die beiden Schiffe wa-

ren 216 Meter lang und hatten eine Breite über alles von 32,3 Metern und einen Tiefgang von neun Metern. Ihre Panzerung war 35 Zentimeter dick, und ihre Geschwindigkeit betrug 23 Knoten. Um der Vorschrift zu entsprechen, betrug ihre Verdrängung 33950 Tonnen, aber bei voller Beladung tatsächlich 38000 Tonnen. Eine weitere Folge des Washingtoner Vertrages war die sogenannte »Zehn-Jahres-Regel«, die sich auf die Annahme gründete, daß es mindestens zehn Jahre lang keinen größeren Krieg geben würde. Dies führte in England zu einem Rückgang der Ausgaben für die Marine, und als der Gang der Dinge in Europa auch den Friedfertigsten klargeworden war, waren das Deutschland Adolf Hitlers und das faschistische Italien Mussolinis fest etabliert.

Zum Beispiel wurde 1929 der Kiel des »Westentaschenkreuzers« *Deutschland* aufgelegt. Ihm folgten die *Admiral Scheer* und die *Admiral Graf Spee.* Sie waren schneller als jedes Schlachtschiff jener Zeit, wenn auch nicht so schnell wie der Schlachtkreuzer *Hood.* Ihre Dieselmotoren verliehen ihnen eine große Reichweite, und mit 28-cm-Kanonen waren sie schwerer bewaffnet als jeder Kreuzer. Schon bald genehmigte Hitler, der jeden Anschein, sich an irgendeinen Vertrag (und insbesondere an den Versailler Vertrag) zu halten, aufgab, 1934 den Bau der Schlachtschiffe *Scharnhorst* und *Gneisenau* mit je 31300 Tonnen. Ihnen folgten 1939 die Stapelläufe der *Bismarck* und der *Tirpitz,* die offiziell 35000 Tonnen, aber eine Berechnungsverdrängung von 45000 Tonnen hatten und bei voller Beladung tatsächlich sogar 52600 Tonnen verdrängten. Mit einer Geschwindigkeit von über 30 Knoten und einer Hauptbewaffnung von acht 38-cm-Kanonen waren sie zu jener Zeit ohne Zweifel die größten Großkampfschiffe der Welt. Nachdem der Zweite Weltkrieg begonnen hatte, wurden selbst sie noch von den japanischen Riesen *Yamato* und *Musashi* übertroffen. Selbst die großen amerikanischen Schlachtschiffe der *Iowa*-Klasse, die 1940 auf Kiel gelegt wurden und etwas länger, schmaler und schneller waren, erreichten nicht ganz die Stärke der *Yamato.* Sie war 262,9 Meter lang, hatte eine Breite über alles von 39 Metern und einen Tiefgang von 10,7 Metern und verdrängte bei voller Beladung 70321 Tonnen. Neben ihrer Bewaffnung von neun 45,7-cm-Kanonen (die größten, die je auf einem Schiff eingebaut wurden) und buchstäblich Hunderten von anderen Kanonen von 15 Zentimetern bis zu kleinkalibrigen Flugabwehrkanonen führte sie sieben Flugzeuge mit, die von Katapulten gestartet wurden, und konnte 27,7 Knoten laufen. Die politische Zielsetzung bei diesen Riesen war, in jeder Hinsicht so stark zu sein, daß selbst die industriell und wirtschaftlich überlegenen USA sich schwer damit tun würden, ihnen in der näheren Zukunft irgend etwas entgegenzusetzen, und in der Tat konnten solche Schiffe nicht an der amerikanischen Ostküste gebaut werden, weil sie nicht in der Lage gewesen wären, den Panamakanal zu passieren. Weder sie noch die großen amerikanischen Schlachtschiffe sollten je in irgendeine Art von Überwassergefecht verwickelt werden, die auch nur im entferntesten an die Schlacht am Skagerrak erinnerte, denn bei dem Krieg, der sich jetzt im Pazifik entwickelte, war der Riese, der zählte, der Flugzeugträger. Die Schlachtschiffe im Pazifik wurden in ihrer herkömmlichen sekundären Aufgabe, vom Feind gehaltene Stellungen, Truppenkonzentrationen und befestigte Gebiete zu bombardieren, eingesetzt. Es war außerdem nötig, sie als Schutz für Geleitzüge einzusetzen, einfach für den Fall, daß der Feind ein Schlachtschiff auf einen Geleitzug ansetzte.

Die starke Kritik, die in den zwanziger Jahren gegen das Großkampfschiff laut wurde, war angesichts der Zeit verständlich, aber es blieb die Tatsache, daß ein Großkampfschiff nicht mehr war als die größte Einheit einer Flotte, und solange andere Länder sie besaßen, mußte auch England, das von seinen Überseeverbindungen abhängig war, sie besitzen. Und so wurden, während Schiffe der alten Marine wie die *Warspite* ständig modernisiert wurden, in den zwanziger Jahren die *Nelson* und die *Rodney* gebaut. Aber erst 1937 wurde die neue Klasse der *King George V.*-Schlachtschiffe auf Kiel

gelegt. Zehn 35,5-cm-Kanonen bildeten die Hauptbewaffnung, davon jeweils vier in zwei Geschütztürmen auf dem Vorschiff und dem Heck und zwei in einem weit nach vorn verlegten Turm. Wie bei allen für den Zweiten Weltkrieg entwickelten Großkampfschiffen wurde der Flugabwehrbewaffnung große Aufmerksamkeit geschenkt. Sie bestand aus 16 hochschießenden 13,3-cm-Kanonen, ähnlich wie sie auch auf den neuen Leichten Kreuzern der Royal Navy vorhanden waren, und 16 doppelläufigen Flugabwehrkanonen sowie vielen Bofors- und Oerlikon-Kanonen.
Englands Hauptbeitrag in dieser Zeit wurde von seinen Wissenschaftlern geleistet, die das Asdic-System für die Unterwasserortung weiter entwickelt hatten als jedes andere Land, und dieses System sollte sich im Zweiten Weltkrieg in der Schlacht gegen die U-Boote als überaus wichtig erweisen. Die andere englische Erfindung war das Radar, das zwar zunächst als Warnsystem gegen Flugzeuge entwickelt worden war, aber schnell auf Schiffen zum Orten von Flugzeugen und Schiffen eingebaut wurde. Eine weitere Verbesserung war seine Anwendung beim Entfernungsmessen für die Artillerie, bei dem ein durch das normale Radar entdecktes Schiff von dem Schießradar übernommen und seine Entfernung sehr genau bestimmt werden konnte.
Es gab keine weiteren Gefechte in der Nordsee, die auch nur im entferntesten an die Kämpfe zwischen den Schlachtkreuzern des Ersten Weltkrieges, geschweige denn an das verworrene Aufeinandertreffen der Schiffsriesen vor dem Skagerrak erinnerten. Die großen deutschen Überwasserschiffe waren gering an der Zahl, und sie waren für nichts anderes vorgesehen als für Blitzangriffe auf Geleitzüge im Atlantik, gefolgt von einer schnellen Rückkehr durch die nördlichen Gewässer in die Nordsee. Ende 1940 brach zum Beispiel das kleine Schlachtschiff *Admiral Scheer* mit Erfolg in den Atlantik durch und versenkte eine Anzahl britischer Handelsschiffe. Es hätte noch mehr versenken können, aber die selbstmörderische Tapferkeit des Hilfskreuzers *Jervis Bay*, der seinen Ge-

leitzug verteidigte, hielt es davon ab. Im Frühjahr 1941, zu einer Zeit, als England seine dunkelste Stunde erlebte und es klar war, daß die eigentliche Schlacht im Atlantik begonnen hatte, während Deutschland Europa beherrschte und nur die von Geleitzügen abhängigen Britischen Inseln standhielten, wurde das deutsche Unternehmen *Rheinübung* in Szene gesetzt. Der ursprünglich für den April vorgesehene Einsatz verzögerte sich um einige Wochen, weil eines der beiden beteiligten Schiffe, der Schwere Kreuzer *Prinz Eugen,* einen Minenschaden erlitten hatte. Nach der Reparatur lief er gemeinsam mit dem großen Schlachtschiff *Bismarck* aus. In klarer Mißachtung des Washingtoner Vertrages verdrängte die *Prinz Eugen* 14500 Tonnen, während die Kreuzer der britischen *County-Klasse* nur ihre vorgeschriebenen 10000 Tonnen hatten. Die *Prinz Eugen* führte eine Hauptbewaffnung von acht 20,3-cm-, zwölf 10,4-cm- und 30 leichten Flugabwehrkanonen sowie zwölf Torpedorohren. Mit dieser Bewaffnung und einer Höchstgeschwindigkeit von 33 Knoten hatte sie ein Ziel erreicht, für das in früheren Tagen amerikanische Schiffe wie die *Old Ironsides* entwickelt worden waren – die Fähigkeit, den Schlachtschiffen auszuweichen und gleichzeitig andere Schiffe, die theoretisch zu ihrer Klasse gehörten, in der Bewaffnung zu übertreffen. Wie die *Bismarck* war sie in mehr wasserdichte Abteilungen aufgeteilt als jedes vergleichbare britische Schiff, und ihre wirtschaftliche Marschgeschwindigkeit von 20 Knoten gab ihr einen Aktionsradius von 18000 Kilometern. Der Plan des Unternehmens *Rheinübung* für die *Bismarck* und die *Prinz Eugen,* die gemeinsam viele Manöver in der Ostsee durchgeführt hatten, war, durch die Dänemarkstraße zwischen Island und Grönland in den Atlantik zu stoßen und dort Geleitzüge anzugreifen. Zu dieser Jahreszeit ließ das Grönland-Packeis in der Meerenge nur eine schiffbare See von etwa 60 Meilen Breite, und die Wetterbedingungen waren so, daß die britischen Luft- und Seepatrouillen wahrscheinlich verringert würden. Mit dem Ziel, die Engländer zu der Annahme zu verleiten, daß, wenn in der Tat ein Durchbruch beabsichtigt war, er auf einer der südlichen Routen zwischen Schottland und Grönland erfolgen würde, machten die beiden Schiffe Bergen in Norwegen zu ihrem Ausgangspunkt, von dem bekannt war, daß es regelmäßig von der britischen Luftaufklärung beobachtet wurde. Am 21. Mai wurden sie in der Tat dort entdeckt und von einem britischen Aufklärungsflugzeug korrekt identifiziert, und die Vermutung hätte nahegelegen, daß Bergen als Ausgangspunkt für eine Fahrt durch die Dänemarkstraße unwahrscheinlich war. Alles wies darauf hin, daß einer der vier südlicheren Kanäle vorgesehen war. Während der englische Flottenbefehlshaber Admiral Tovey das Gros der Flotte zurückhielt, bis weitere Informationen vorlagen, befahl er dem Kreuzer *Suffolk,* der in Island bunkerte, wieder zu seinem Schwesterschiff *Norfolk* zu stoßen, das bereits in der Dänemarkstraße patrouillierte. In dem Gebiet hatten sich die Wetterbedingungen ständig verschlechtert, und während Tovey die südlicheren Zugänge zum Atlantik von seinem Flottenstützpunkt aus ziemlich schnell decken konnte, war er wegen des nördlichsten Durchgangs besorgt, der zwar aufgrund der letzten bekannten Position der *Bismarck* und der *Prinz Eugen* der unwahrscheinlichste und doch zugleich aus diesem Grunde der wahrscheinlichste von allen war. Vor dem geplanten Durchbruch der *Bismarck* und der *Prinz Eugen* hatten die Deutschen fünf Öltanker und zwei Versorgungsschiffe mit Munition und Proviant in den Atlantik entsandt, die festgelegte Positionen in einem Gebiet von der Küste Grönlands bis zum Südatlantik bezogen. Wenn für die Kampfschiffe alles gutging, konnten sie durch die Versorgung ihren Kreuzerkrieg verlängern. Vizeadmiral Lütjens hatte auf seinem Flaggschiff *Bismarck* den Oberbefehl für das Unternehmen. Bei schlechtem Wetter liefen die Schiffe am 21. Mai aus Bergen aus und nahmen Kurs Nord. Nur zwei Stunden später liefen um Mitternacht aus Scapa Flow die von dem Oberbefehlshaber ausgewählten zwei Großkampfschiffe aus, um die Dänemarkstraße zu

überwachen. Es waren die *Hood* und die *Prince of Wales.*
Admiral Tovey hatte nicht genügend Schiffe zur Verfügung, um die verschiedenen Durchbruchsrouten zu decken, die Tausende von Quadratkilometern groß waren – die *Hood,* die *Prince of Wales,* sein eigenes Flaggschiff *King George V.* und den alten Schlachtkreuzer *Repulse.* Die *Hood* war alt, aber besser bewaffnet als die *Repulse,* doch ihr Hauptmangel, die Unzulänglichkeit ihrer Deckpanzerung, war aus unerklärlichen Gründen während all der vorausgegangenen Jahre des unsicheren Friedens nie behoben worden, als sie von einem Krisengebiet zum anderen gehetzt worden war. Die *Prince of Wales* andererseits war erst wenige Wochen zuvor in Dienst gestellt worden. Ihre Besatzung und das neue Schiff selbst waren noch nicht »eingearbeitet«, und ihre 35,5-cm-Geschütztürme waren ein neuer Typ, der noch unter zahlreichen Kinderkrankheiten litt. Nur auf dem Papier hätten die Schiffe es leicht mit dem deutschen Schlachtschiff und dem Schweren Kreuzer aufnehmen können. In Begleitung von sechs Zerstörern liefen sie jetzt nach Island, um dort zu bunkern und sich in Bereitschaft zu halten.
Der neue Flugzeugträger *Victorious* wurde ebenfalls dem Befehlshaber unterstellt, aber er litt unter denselben Mängeln wie die *Prince of Wales.* Er war neu in Dienst gestellt und gerade von einem Gibraltar-Geleitzug abberufen worden, der sein erster wirklicher Einsatz gewesen wäre. Eine Meldung der Luftaufklärung, daß das Schlachtschiff und der Schwere Kreuzer Bergen verlassen hatten, brachte die gesamte britische Flotte auf Gefechtsstation. Während der Befehlshaber allen Schiffen befahl, sich bereit zum Auslaufen zu machen, wurden die *Hood* und die *Prince of Wales* von Island umgeleitet, um südwestlich der Insel zu patrouillieren, so daß sie in der Nähe waren, wenn der Feind durch die Island-Färoer-Passage oder durch die nördlichere Dänemarkstraße kommen sollte. Der Befehlshaber lief mit seinen Schiffen Nordkurs, um die Lücke zwischen den Orkneys und der Patrouillenlinie

zu schließen, auf der die *Hood* und die *Prince of Wales* operierten. Das Wetter in der Dänemarkstraße war so dick, daß die Sicht nur 100 Meter betrug, und in dieses Wetter hinein fuhr der deutsche Admiral in der Zuversicht, daß keine britischen Luftpatrouillen – selbst wenn sie überhaupt geflogen wurden – seine beiden Schiffe sehen konnten. Er vertraute darauf, daß die Engländer keine Seepatrouillen in der Straße stehen hatten und durch seine Finte, aus Bergen auszulaufen, getäuscht worden waren. Tatsächlich deckten jedoch die *Suffolk* und die *Norfolk* das Gebiet, durch das die *Bismarck* und die *Prinz Eugen* jetzt vorstießen, aber es stellte eine breite Front dar, und beide Kreuzer hatten zwar ein früh entwickeltes Radargerät, aber noch nicht den neuen Typ, der 360 Grad abdecken konnte. Um 19 Uhr 22 wurden die beiden großen Schiffe von einem Ausguck auf der *Suffolk* in der Dämmerung gesichtet. Ihre Entfernung betrug weniger als 12 700 Meter. Das Ruder der *Suffolk* wurde hart herumgerissen, und sie glitt in den an Backbord liegenden Nebel, bevor sie selbst vom Feind gesehen worden war. Die Deutschen steuerten einen Kurs von 240 Grad und liefen mit einer hohen Geschwindigkeit von 28 bis 30 Knoten. Die beiden britischen Kreuzer konnten nichts weiter tun, als ihnen durch die arktische Nacht zu folgen. In etwa 300 Meilen Entfernung erhielt Admiral Holland an Bord der *Hood* die Meldung der Sichtung. Er änderte mit seiner Kampfgruppe den Kurs, um die Schiffe abzufangen, während etwa 600 Meilen weiter südöstlich der Befehlshaber auf der *King George V.* den Kurs änderte, so daß, wenn der Feind nach Süden drehte, um Admiral Holland zu entgehen, er auf ihn stoßen würde. Admiral Lütjens wußte nicht, daß er entdeckt worden war und daß der Feind sich schon darauf vorbereitete, ihn abzufangen, bis die *Norfolk* um 20 Uhr 30 versehentlich mit voller Geschwindigkeit aus einer Nebelbank hervorbrach. Noch während das Schiff beidrehte, schlug die erste einer Serie von drei 38-cm-Salven um sie herum ins Wasser. Die deutsche Treffsicherheit war bewundernswert. Die Splitter riesiger Granaten schlugen an Bord ein, während die *Norfolk* mit voller Geschwindigkeit im Zickzackkurs abdampfte und eine Nebelwand hinter sich legte.

In dieser Jahreszeit wird die arktische Nacht nie ganz dunkel, und in dieser unheimlichen Düsterkeit stürmten Verfolger und Verfolgte durch die eisige Dänemarkstraße. Nur ein britischer Kreuzer war gesichtet worden, und Admiral Lütjens beschloß, das Risiko zu wagen, weiter in den Atlantik vorzustoßen, statt das Unternehmen in diesem frühen Stadium abzubrechen. Die Engländer würden kein Großkampfschiff in der Nähe haben, und wenn seine beiden Schiffe in der Lage waren, den Kreuzer abzuschütteln, konnten sie vor Tagesanbruch in der Weite des Atlantiks verschwunden sein. Schneegestöber, Regenstürme und Nebelschwaden machten die Nacht noch verwirrender, und wenn die Kreuzer ihr Radar nicht gehabt hätten, hätten sie in der Tat die Fühlung mit dem Feind verlieren können. Dies geschah auch über einen kurzen Zeitraum, als die *Bismarck* in einem Schneesturm verschwunden war. Die *Suffolk*, der einzige Kreuzer, der in diesem Augenblick Radarverbindung hatte, verlor sie in den durch den Schneesturm verursachten »Störungen« auf ihrem Radarschirm. Erst um 2 Uhr 47 morgens wurde die *Bismarck* wieder aufgespürt, und von jetzt an konnte nichts das letzte Gefecht aufhalten.

Bei Tagesanbruch mochte Vizeadmiral Lütjens noch geglaubt haben, daß, selbst wenn der von ihm angegriffene britische Kreuzer noch Radarverbindung mit ihm hatte, er und seine Schiffe aus der schmalen und gefährlichen Meerenge fast heraus waren und in Kürze weit weg sein könnten. Um 5 Uhr 30 morgens wurde jedoch im Süden Rauch gesichtet. Er kam von der *Hood* und der *Prince of Wales*, die mit voller Geschwindigkeit heranstürmten, um ihn abzufangen. Sie standen noch unter dem Horizont, und niemand konnte wissen, um welche Schiffe es sich handelte. Der Befehl »Alle Mann auf Gefechtsstation« wurde auf der *Bismarck* und der *Prinz Eugen* fast in derselben Minute gegeben wie auf der *Hood* und der *Prince of Wales*.

Uns fehlt der Platz für eine Analyse des Gefechts, und alles, was gesagt werden kann, ist, daß es kurz, aber schrecklich war – und ein Erfolg für die deutsche Artillerie. Um 5 Uhr 52, als die Entfernung auf 22 700 Meter abgefallen war, eröffnete die *Hood* als erste das Feuer. Innerhalb von Sekunden folgten ihr die *Bismarck* und die *Prince of Wales,* die der *Hood* in einer Entfernung von 700 Metern folgte. Die durch die Ähnlichkeit zwischen den Silhouetten der beiden Deutschen irregeführte *Hood* hatte zuerst auf die *Prinz Eugen* gefeuert, die den deutschen Verband anführte. Die erste Salve der *Bismarck* fiel vor den Bug der *Hood* und ihre zweite achteraus, während Beobachter auf der *Norfolk* und der *Suffolk* glaubten, daß die zweite Salve der *Hood* (nachdem der Fehler erkannt war, hatte sie das Ziel gewechselt) in der Nähe des deutschen Schlachtschiffes einschlug, während die dritte es zu streifen schien. Die dritte Salve der *Bismarck* brachte einen Treffer auf der *Hood,* der einen Brand am Oberdeck bewirkte. Die beiden britischen Schiffe, die das Feuer auf einem Annäherungskurs eröffnet hatten, drehten jetzt, eins hinter das andere, so daß sie das volle Gewicht ihrer Salven zum Tragen bringen konnten. Die Salven beider Seiten waren in der Luft, als die *Bismarck* mit ihrer fünften der *Hood* den Todesstoß versetzte. Der große Schlachtkreuzer starb fast genauso wie die *Invincible* vor dem Skagerrak mit Konteradmiral Hood an Bord. Kanonen und Geschütztürme wurden wie Spielzeug in die Luft geschleudert, das Rückgrat der *Hood* brach, und aus den hohen Flammen und dem Rauch der Explosion hoben sich ihr Bug und ihr Heck für einen Augenblick wie Grabsteine. Die *Prince of Wales* folgte ihr so dicht achteraus, daß sie gezwungen war, den Kurs zu ändern, um den Wrackteilen auszuweichen. Die unerprobte *Prince of Wales* (einer ihrer vorderen Geschütztürme war nach der ersten Salve beschädigt worden) erlitt jetzt einen Treffer, der ihre Brücke zerstörte und am Achterschiff schweren Schaden verursachte. Fast gleichzeitig hatte sie drei Treffer auf der *Bismarck* erzielt. Diese führten Vizeadmiral Lütjens zu dem

Schluß, daß das Unternehmen *Rheinübung* tatsächlich vorüber war. Auf dem großen deutschen Schlachtschiff war ein Kesselraum überflutet, und seine Geschwindigkeit war dementsprechend reduziert, und ein Treffer in seinem Backbord-Ölbunker hatte sein Treibstoffsystem verschmutzt und zu einem gravierenden Verlust an Treibstoff geführt. Inmitten der driftenden Regenschauer, die die Sicht praktisch auf Null reduzierten, ging das Gefecht zwischen den großen Schiffen jetzt zu Ende.

Die schwerbeschädigte *Prince of Wales* blieb bei den verfolgenden Kreuzern. Vizeadmiral Lütjens konnte die *Prinz Eugen* entlassen, so daß sie durch das blind machende Wetter entkam, während die *Bismarck* versuchte, zur Reparatur Brest anzulaufen. Der Rest dieses klassischen Dramas der Hetzjagd auf die *Bismarck* ist wohl bekannt. Von Schlachtschiffen, trägergestützten Torpedoflugzeugen, Kreuzern und Zerstörern angegriffen, sank sie schließlich, nicht weit von der Luftdeckung entfernt, die ihr von Frankreich aus hätte gegeben werden können. Sie kämpfte tapfer bis zum Ende, und von ihrer ganzen Besatzung wurden nur 115 Überlebende gerettet.

Die *Bismarck* hatte nicht nur die Qualität der deutschen Marineartillerie bewiesen (die schon im Ersten Weltkrieg offenbar geworden war), sondern auch, daß der deutsche Schiffbau mit seinen speziellen Einschränkungen Schiffe herstellen konnte, die fast unsinkbar waren. Daß es keine »unsinkbaren« Schiffe gab, sollte sich später im fernen Pazifik zeigen. Die Seeleute haben immer gewußt, daß dieser Ausdruck zur Beruhigung der Landratten geprägt wurde. Er war in der Tat auf die *Bismarck* und auch auf die riesigen Schiffe *Yamato* und *Musashi* angewandt worden. Beide wurden schließlich von amerikanischen Flugzeugen versenkt – 40 direkte Bombentreffer und 18 Torpedotreffer brachten die *Musashi* 1944 im Golf von Leyte zur Strecke, und fast genauso viele besiegten die *Yamato* in der Endphase des Krieges im Fernen Osten. Am Ende des Zweiten Weltkrieges stand fest, daß das Flugzeug auch den allergrößten Schiffen überlegen war.

12. Das Finale

Nach dem Kriegseintritt Italiens im Jahre 1940 hätte man erwarten können, daß es zu Kämpfen zwischen den Schlachtflotten kommen würde, denn die Royal Navy hatte drei in Alexandria stationierte Schlachtschiffe mit mehreren Kreuzern und einer Anzahl Zerstörer im Mittelmeer. Außerdem stand bei der Mittelmeerflotte der Flugzeugträger *Eagle.* Zwar stand nur eine begrenzte Zahl von Gladiator-Jägern zur Deckung der Flotte zur Verfügung, aber diese hatte eine Anzahl von Torpedobombern für offensive Aufgaben zur Verfügung. Die Italiener hatten dagegen zwei völlig umgebaute und modernisierte Schlachtschiffe der *Conte di Cavour*-Klasse mit 30,5-cm-Geschützen sowie ein oder zwei ältere, und der Bau von vier Schiffen der neuen *Vittorio Veneto*-Klasse stand vor dem Abschluß.

Bei dem einzigen Mal, bei dem sich etwas ereignete, das auch nur im entferntesten an ein Gefecht zwischen Schlachtschiffen erinnerte, standen die britische und die italienische Flotte mit der Aufgabe auf See, die sie während des ganzen Krieges im Mittelmeer erfüllen sollten – der Deckung von Geleitzügen für den Fall, daß der Feind sie mit Schlachtschiffen angriff. Ein Flugboot aus Malta sichtete als erstes die italienische Flotte, die aus zwei Schlachtschiffen der *Cavour*-Klasse, sechs Kreuzern mit 20,3-cm-Geschützen und zehn mit 15,2-cm-Geschützen sowie 36 Zerstörern bestand, in 145 Meilen Entfernung von der britischen Flotte. Diese bestand aus dem modernisierten Veteranen der Skagerrak-Schlacht *Warspite* und den beiden alten und langsamen Schlachtschiffen *Malaya* und *Royal Sovereign* – die letztere war besonders langsam –, fünf Kreuzern mit 15,2-cm-Geschützen, 16 Zer-

störern und dem Flugzeugträger *Eagle.* Während die Flotten aufeinander zuliefen und der britische Befehlshaber darum bemüht war, sich zwischen den Feind und Tarent zu stellen, identifizierte auf beiden Seiten die Luftaufklärung den Kurs und die Position des Feindes. Von der *Eagle* aus wurden Flugzeuge eingesetzt, hatten aber keinen Erfolg. Der italienische Admiral Campioni hatte jedoch wohlweislich beschlossen, in die Sicherheit der Straße von Messina zu laufen, wo er Luftdeckung von seiner landgestützten Luftwaffe ebenso erwarten konnte wie Luftangriffe auf die britische Flotte, die in der Tat während der vorausgegangenen Tage auf See von den Italienern schon schwer bombardiert worden war. Das Flugzeug reduzierte das Mittelmeer zu einem »kleinen See«.
Am Nachmittag jenes Tages hatte einer der britischen Kreuzerkommandanten, Kapitän zur See Rory O'Connor, das Privileg, zum ersten Mal seit den Tagen Nelsons im Mittelmeer das Signal »Feindliche Schlachtflotte in Sicht« zu geben. Kurz darauf eröffnete die als Vorhut der beiden älteren britischen Schlachtschiffe (die nicht in der Lage waren, mit ihr mitzuhalten) laufende *Warspite* das Feuer aus einer Distanz von über 23600 Meter. Die italienischen Schlachtschiffe erwiderten das Feuer. Beide Seiten schossen gut, und ihre Salven lagen im Ziel. Sieben Minuten nach dem Beginn des Gefechtes sah Admiral Cunningham auf der Brücke der *Warspite* »den großen orangefarbenen Blitz einer schweren Explosion am Fußpunkt des Schornsteins des feindlichen Flaggschiffes«. Über die ungeheure Entfernung von 13 Seemeilen war ein direkter Treffer mittschiffs auf dem italienischen Flaggschiff *Giulio Cesare* erzielt worden. Mit einer schweren Beschädigung seines Kesselraumes und 115 blutigen Verlusten drehten es und seine Begleitschiffe im Schutz einer dikken Nebelwand bei, und nun folgte ein verworrenes Gefecht zwischen Zerstörern und Kreuzern. Dies war das einzige Mal in den langen Jahren des Krieges im Mittelmeer, daß sich die Schlachtflotten gegenseitig sichteten. Die Italiener ließen sich wohlweislich nicht provozieren und hielten ihre Groß-

kampfschiffe als die wesentliche Bedrohung zurück, die durch die »Existenz der Flotte« dargestellt wird, und setzten sie für wenige wichtige Geleitzüge zu ihrer nordafrikanischen Kolonie ein. Die britischen Schlachtschiffe, die sich wieder der Aufgabe zuwandten, die in diesem Meeresgebiet erstmals im 16. Jahrhundert gegen türkische Truppen bei Prevesa erfüllt worden war, bombardierten feindliche Häfen und Stellungen, und in der Endphase des Krieges deckten sie alliierte Truppenlandungen. Tatsächlich wurden die alliierten Landungen bei Salerno im Jahre 1943 (gegen die sich die Deutschen erbittert wehrten) nur durch das ungeheure Gewicht des schweren Geschützfeuers aus den vor der Küste stehenden Schiffen möglich. Allein bei dieser Aufgabe spielten die Schlachtschiffe auf den Kriegsschauplätzen Europas und des Pazifiks während des ganzen Zweiten Weltkrieges noch eine bedeutende Rolle.

Das wirkliche Ende des Großkampfschiffes, dieses stark bewaffneten und gepanzerten, von Dampfturbinen getriebenen Nachfolgers des Linienschiffes, wurde am 11. November 1940 in Tarent in Süditalien signalisiert. Im Sommer jenes Jahres war Admiral Cunninghams Flotte in Alexandria durch das Eintreffen des neuen Flugzeugträgers HMS *Illustrious* mit seinem gepanzerten Flugdeck und den neuen Fulmar-Jägern und Doppeldecker-Torpedobombern Swordfish, die zwar langsam, aber sehr wirkungsvoll waren, verstärkt worden. Mit diesem starken Angriffspotential in Händen planten Cunningham und sein Stab einen Großangriff auf den italienischen Hauptflottenstützpunkt bei Tarent, der vorher für Luftangriffe außerhalb der Reichweite gelegen hatte. Verhängnisvollerweise mußte der alte Flugzeugträger *Eagle* wegen schwerer Maschinenschäden, die durch viele Treffer bei den italienischen Bombenangriffen entstanden waren, zurückgezogen werden, so daß die *Illustrious* allein das Kernstück des Unternehmens bildete. Der Angriff sollte während der Durchfahrt eines großen Geleitzuges von Gibraltar in das östliche Mittelmeer und anderer Aktivitäten, darunter briti-

sche Geleitzüge nach Griechenland und Angriffe von Flotteneinheiten auf italienische Stellungen in Albanien, erfolgen.
Tarent wurde ständig durch Flugzeuge der Royal Air Force aus Malta von der Luft aus überwacht, und während die durch ein Schlachtschiff und ein Zerstörergeleit gedeckte *Illustrious* auf ihre Startposition für die Flugzeuge westlich von Griechenland zulief, ging der Bericht ein, daß die sechs italienischen Schlachtschiffe soeben in den Hafen von Tarent eingelaufen waren. Wie Admiral Cunningham anmerkte: »... alle Fasanen waren heimgekommen, um sich zum Schlafen hinzuhocken.« (Lord Cunningham, *A Sailor's Odyssey).* Am Abend des 11. November 1940 erfolgte der Angriff. Dieser wurde in zwei Wellen von je zwölf Flugzeugen mit einem Zeitabstand von einer Stunde geflogen und war trotz schweren Flugabwehrfeuers ein voller Erfolg. Er veränderte das Kräfteverhältnis im Mittelmeer und beeinflußte den gesamten Verlauf des Seekriegs in diesem Raum. Zwei italienische Schlachtschiffe wurden versenkt, und ein drittes, das in den Bug getroffen war, mußte auf den Strand gesetzt werden. Auch ein Kreuzer und zwei Zerstörer waren beschädigt. »Tarent und die Nacht vom 11. auf den 12.«, wie Admiral Cunningham später schreiben sollte, »sollte für immer dafür im Gedächtnis bleiben, daß ein für allemal gezeigt wurde, daß die Marine in den Marinefliegern ihre schlagkräftigste Waffe hat.«
Dies traf zu, aber natürlich war diese »schlagkräftige Waffe« von den großen und relativ schwerfälligen Schiffen abhängig, die die Flugzeuge trugen. Ihre größte Schwäche war unvermeidbar: Obwohl sie schnell waren, stellten sie große Ziele dar. Anders als die Schlachtschiffe konnten sie nicht mit Torpedoabwehrwülsten ausgerüstet werden, und da ihre großen Aufbauten tatsächlich kaum etwas anderes als schwimmende Flugzeughallen waren, konnten sie nicht in ausreichendem Maße in Schottenbauweise gebaut werden. Zwei britische Flugzeugträger fielen im Verlaufe der Flotten- und Ge-

leitschutzaufgaben im Mittelmeer deutschen U-Booten zum Opfer, und zwei andere wurden trotz ihrer gepanzerten Flugdecks so schwer durch Angriffe landgestützter Sturzkampfbomber beschädigt, daß sie nicht mehr eingesetzt werden konnten und monatelang in weit entfernten Werften repariert werden mußten. Das Auftreten der starken deutschen Luftwaffe im Mittelmeerraum zeigte bald auf, daß in einem begrenzten Gebiet, in dem landgestützte Flugzeuge fast jeden Teil der See erreichen können, der neue Nachfolger des Schlachtschiffes sehr verwundbar war.

Daß der Flugzeugträger sich auf dem Kriegsschauplatz im Pazifik als vorherrschendes Schiff erwies, beruhte auf den ungeheuren Entfernungen, die außerhalb der Reichweite irgendeines damals verfügbaren Aufklärungsflugzeuges lagen. Nachdem in der Nachkriegszeit die Aufklärung durch Satelliten möglich wurde, war klar, daß selbst die riesigen nukleargetriebenen Flugzeugträger der US-Marine auf keinem Ozean, wie groß er auch sei, vor der Entdeckung sicher waren. Lange vor dem letzten Viertel des 20. Jahrhunderts war selbst der Pazifik auf eine Dimension geschrumpft, die der des Mittelmeeres im Zweiten Weltkrieg glich.

Eines der letzten Gefechte im Mittelmeer, bei dem ein italienisches Schlachtschiff, die *Vittorio Veneto,* beinahe von der britischen Flotte in ein Gefecht verwickelt wurde, ereignete sich im März 1941. Nachdem ein Luftangriff von Torpedobombern der HMS *Formidable* gegen Admiral Iachinos *Vittorio Veneto* fehlgeschlagen war, hatten dieser und ein großer Teil seiner Flotte sich wohlweislich zurückgezogen, weil sie ein Großkampfschiff nicht der gefährlichen Nähe eines Flugzeugträgers aussetzen wollten. Bei einem weiteren Luftangriff wurde jedoch ein italienischer Schwerer Kreuzer torpediert und mußte stoppen. Admiral Iachino, der nicht wußte, daß die Briten Großkampfschiffe in das Gebiet schickten, sandte in der Nacht zwei Kreuzer derselben Klasse zurück, die ihrem Schwesterschiff beistehen und entweder die Besatzung übernehmen und es versenken oder aber das Schiff in

Schlepp nehmen sollten. Diese drei Kreuzer und ihr Zerstörergeleit hatten das Pech, genau auf dem Kurs der vorrückenden britischen Flotte zu liegen. Nachdem sie zunächst durch Radar geortet worden waren (das die Italiener überhaupt noch nicht hatten), wurden sie in Stücke geschlagen, fast genau auf Kernschußweite für die 38-cm-Geschütze, während die *Vittorio Veneto,* die die Engländer suchten, mit hoher Geschwindigkeit nach Westen entkam. Das Schicksal dieser schönen 10000 Tonnen großen Kreuzer mit 20,3-cm-Geschützen zeigte, daß die Italiener sich ein Nachtgefecht nicht vorstellen konnten. Dies illustriert die Tatsache, daß die Hauptbewaffnung aller drei Schiffe unbemannt war und die Geschütze noch vorne und achteraus gerichtet waren, als die Kreuzer kurz vor ihrer endgültigen Vernichtung gesichtet wurden. Admiral Cunningham faßte das Gefecht vor Kap Matapan zusammen:

»Sie hatten gute Schiffe, gute Geschütze und Torpedos, mündungsfeuerfreie Munition und vieles andere, aber selbst ihren neuesten Schiffen fehlte das Radar, das uns so gut gedient hatte, während sie in der Kunst des Nachtgefechtes mit schweren Schiffen nicht weiter fortgeschritten waren, als wir es 25 Jahre zuvor am Skagerrak gewesen waren.«

Obwohl die trägergestützten Flugzeuge ihre wichtigste Aufgabe nicht erfüllt hatten – das italienische Schlachtschiff zu beschädigen und seine Geschwindigkeit zu reduzieren –, war es ihnen mit dem Lahmschießen der italienischen Kreuzer gelungen, das Nachtgefecht herbeizuführen. Während des ganzen Unternehmens hatten sie Admiral Cunningham in die Lage versetzt, ein ziemlich genaues Bild der Bewegungen des Feindes auf See zu haben – etwas, was Admiral Iachino, wie er später zugab, überhaupt nicht hatte. Nach Matapan ordnete der italienische Diktator den Bau eines Flugzeugträgers an. Es war zu spät, denn bevor der Bau einen wirklichen Fortschritt nehmen konnte, erfolgte die italienische Kapitulation.

Die an ihre Häfen gebundenen italienischen Schlachtschiffe übten durch ihre mächtige Gegenwart weiterhin eine merkliche Wirkung auf die britische Politik aus, denn sie machten es für die Engländer erforderlich, einen Flugzeugträger im Mittelmeer zu halten, und nachdem die Japaner in den Krieg eingetreten waren, zwangen die italienischen Schiffe die Engländer, schwere Schiffe im Mittelmeer zu halten, die sich im Fernen Osten als nützlich erwiesen hätten. Genauso zwang nach der Versenkung der *Bismarck* die Existenz ihres Schwesterschiffes *Tirpitz,* das in einem norwegischen Fjord versteckt war, die Engländer, stets mindestens zwei Schiffe ihrer Klasse (denn sie wußten, was die *Bismarck* gekostet hatte) und einen Flugzeugträger in jenen Gewässern im Norden zurückzuhalten, in denen einst die Große Flotte genauso gebunden gewesen war.

Der japanische Angriff auf Pearl Harbor am 7. Dezember 1941 hatte zwar ein viel größeres Ausmaß, bestätigte aber im Grunde einfach, was in Tarent schon gezeigt worden war. (Angesichts der japanischen Begabung, Ideen des Westens aufzugreifen und sie zu verbessern, kann das Unternehmen der Royal Navy gegen die italienische Flotte sehr wohl als Vorlage für die Vernichtung der Schlachtschiffe der US-Marine gedient haben.) Aber Admiral Yamamoto, der mit seinem vorausschauenden Ausblick in die Zukunft des Seekrieges den meisten voraus war, sah Pearl Harbor nicht als den überwältigenden Sieg, auf den er gehofft hatte. Ihm war bereits bewußt, daß insbesondere im Pazifik das Schlachtschiff eine Sache der Vergangenheit war, weil das trägergestützte Flugzeug viel weiter reichte als jedes Marinegeschütz. Die Tatsache, daß zur Zeit des Angriffs die drei amerikanischen Flugzeugträger nicht in Pearl Harbor lagen, schmälerte den Sieg in seinen Augen beträchtlich. Um den Kern dieser drei Schiffe und eines vierten, das zu jener Zeit in den Vereinigten Staaten umgebaut wurde, sollten die Amerikaner ihre Flugzeugträger-Kampfgruppen aufbauen, die den Krieg im Fernen Osten beherrschen sollten. Nach einem ersten Erfolg mit von

Zerstörern und Kreuzern gesicherten Flugzeugträgern in der Schlacht in der Korallensee gingen die Amerikaner zu einem Sieg über, der die Wende des Krieges im Pazifik einleitete. Es war die Schlacht bei Midway im Juni 1942, in der auf beiden Seiten nur trägergestützte Flugzeuge kämpften. In dieser klassischen Begegnung einer neuen Art, die teilweise über große Entfernungen gekämpft wurde, verloren die Japaner alle vier Flugzeugträger zusammen mit der Blüte ihrer Flieger, mit denen sie in den Konflikt eingetreten waren. Die Wirkung war die gleiche, als ob in früherer Zeit ein großer Teil der Schlachtflotte vernichtet worden, oder noch früher die Hauptschiffe der Linie verlorengegangen wären. Der Flugzeugträger hatte jetzt deren Platz eingenommen. Wie schon gesagt wurde, sollten Schlachtschiffe in späteren Phasen des Krieges im Pazifik eingesetzt werden, als das »Inselspringen« der Amerikaner die japanisch beherrschten Gebiete des Meeres zurückrollte – deren Beherrschung sie in erster Linie durch den Einsatz ihrer Flugzeugträger erreicht hatten. Im ganzen Krieg im Pazifik trafen nur zweimal Schlachtschiffe beider Seiten aufeinander. Beim ersten Mal, im November 1942, kam es zu einem Nachtgefecht, in dem – wie bei Matapan – die Amerikaner einen gewaltigen Vorteil durch Radar hatten und bei dem das japanische Schlachtschiff *Kirishima* versenkt wurde. In einer späteren Schlacht im Golf von Leyte wurden zwei japanische Schlachtschiffe von einer viel stärkeren, aus sechs amerikanischen Schlachtschiffen bestehenden Kampfgruppe buchstäblich überwältigt.
Wie die bei Zeremonien eingesetzten Salutkanonen und die Kavallerie mit Kürassen an Land wurden diese Großkampfschiffe bis zum Ende des Zweiten Weltkrieges als Begegnungsplätze für die alliierten Führer (Roosevelt und Churchill im Atlantik) oder als Hauptquartier des Oberbefehlshabers bei Invasionen von See aus eingesetzt. Als der Krieg in Europa und im Pazifik seinem Ende entgegenging, wurden sie sowohl im Mittelmeer wie im Pazifik als imposante Symbole der Macht genutzt, als an Bord dieser Schiffe die Besieg-

ten unter den Augen der Sieger ihre Kapitulationsurkunden unterschreiben mußten.

Das größte je in England gebaute Schlachtschiff und das letzte, das auf der ganzen Welt fertiggestellt wurde, war die HMS *Vanguard.* Sie ist aber nur eine Fußnote in der Geschichte. Das im Jahre 1941 auf Kiel gelegte Schiff, das ursprünglich als Verstärkung der Marinekräfte in Singapur dienen sollte, wurde von dem Gang der Ereignisse überholt, und die Arbeit an ihm wurde zurückgestellt – und erst später wieder im Hinblick auf eine Verstärkung der britischen Marinekräfte in der Endphase des Krieges im Pazifik verstärkt. Wiederum wurde sie von den Ereignissen überholt und erst 1946 endgültig fertiggestellt. Es war angemessen, wenn auch keineswegs beabsichtigt, daß das letzte große Schlachtschiff oder Linienschiff in England gebaut werden sollte, wo während der Herrschaft König Heinrichs VIII. auch das erste vom Stapel gelaufen war. Er war es gewesen, der die Royal Navy gegründet und mit dem Bau der *Great Harry* und der *Mary Rose* diese Linie von »Großkampfschiffen« begonnen hatte, die vier Jahrhunderte lang ihre Herrschaft über die Meere und Ozeane ausüben sollten.

Aus ihrer anfänglichen Unbeholfenheit, als die Konstruktion und der Stil sich noch nicht der Funktion angepaßt hatten, war das Segelschiff gewachsen, um die Kanonen aufzunehmen, die seine Existenzberechtigung waren und mit denen es später einen Grad schlichter Erhabenheit erreichte. Wie in der Kunst war die Tendenz gefolgt, weiter daran zu arbeiten, wenn auch nur, um zu beeindrucken und zu erstaunen. Dem Barock folgte die Klassik. In den großen Seegefechten des 18. Jahrhunderts hatte die Funktionalität die Oberhand über die Verzierungen gewonnen, was schließlich zur Perfektion des großen Linienschiffes führte. Als der Dampf dem Segel folgte und das Holz vor Eisen und Stahl zurückwich, folgte wiederum wie bei der Kunst in einer Zeit des Wechsels und der Ungewißheit ein Durcheinander der Konstruktion und der Stile. Schiffbauer und Seeleute sahen sich der von der industriellen Revolution ausgelösten Verwirrung ausgesetzt. Als alles sich so schnell und in so viele Richtungen veränderte, war es nicht so sehr überraschend, wie lange es dauerte, bis sich ein neuer Schiffstyp entwickelte, sondern wie schnell dies geschah.

Von der *Dreadnought* an sollte sich das Großkampfschiff in dem kurzen halben Jahrhundert, das ihm noch verblieb, nur sehr wenig ändern. Das Zeitalter der Verzierungen war lange vorüber, aber vor seinem Ende hatte sich das große Schlachtschiff zu einer gewaltigen Kombination von Stärke und Schönheit entwickelt, die zwar niemals seinen Vorgängern unter Segeln gleichkam, die aber dennoch mehr war, als nur allein ein Ausdruck vernichtender Macht. Es blieb der Rakete und dem nukleargetriebenen U-Boot überlassen, ihre versteckte Macht über die Bevölkerung der Welt auszuüben. Am Ende dieser ganzen Entwicklung, in einer Zeit, in der die lange Geschichte des Großkampfschiffes abgeschlossen ist, blickt die Menschheit noch immer herunter auf die Mündung der Bronzekanone ...

Literaturverzeichnis

Brennecke, Jochen: Schlachtschiff Bismarck. Höhepunkt und Ende einer Epoche. Jugenheim (Bergstr.) 1960

ders./Hader, Herbert: Panzerschiffe und Linienschiffe, 1860–1910. Herford 1976

Breyer, Siegfried: Großkampfschiffe, 1905–1970. 3 Bände, Stuttgart 1975

ders.: Schlachtschiffe und Schlachtkreuzer, 1907–1970. München 1970 (mit 922 Seitenrissen, Deckplänen, Querschnitten und Detailskizzen)

Corbett, Julian S.: Die Seekriegsführung Groß-Britanniens. Berlin 1939

Eickhoff, Ekkehard: Seekrieg und Seepolitik zwischen Islam und Abendland. Das Mittelmeer unter byzantinischer und arabischer Hegemonie. Berlin 1966

Giese, Fritz Ernst: Die deutsche Marine 1920–1945. Aufbau und Untergang. Frankfurt/M. 1956

Güth, Rolf: Die Marine des Deutschen Reiches, 1919–1939. Frankfurt/M. 1972

Landström, Björn: Das Schiff. Vom Einbaum zum Atomboot, München 1976

Mattingly, Garrett: Die Armada, München 1988

Mondfeld, Wolfram: Ruder hart backbord! Aufmarsch und Verlauf der Viertageschlacht 1666. England und Holland als Rivalen zur See. Würzburg 1974

Mondfeld, Wolfram: Die Galeere vom Mittelalter bis zur Neuzeit. Bielefeld/Berlin 1972

Mordal, Jacques: 25 Jahrhunderte Seekrieg. München 1963

Neukirchen, Heinz: Krieg zur See. Berlin 1968

Parsons, Iain (Hrsg.): Kriegsschiffe und Seeschlachten von den ersten Panzerschiffen bis heute. Stuttgart/München 1978

Potter, Elmer Belmont/Nimitz, Chester William (Hrsg.): Seemacht. Eine Seekriegsgeschichte von der Antike bis zur Gegenwart. München 1974

Preston, Antony/Batcheler, John: Schlachtschiffe, 1856–1919. München 1977

diess.: Schlachtschiffe, 1919–1977. München 1978

Raven, Alan/Roberts, John: Die britischen Schlachtschiffe des Zweiten Weltkrieges. Entwicklung und technische Geschichte der

Schlachtschiffe und Schlachtkreuzer der Royal Navy von 1911–1946. München 1980
Roskill, Stephen Wentworth: Der Seekrieg im Wandel der Zeiten. Von Heinrich VIII. bis zur Neuzeit. Tübingen 1964
Scheer, Reinhard: Deutschlands Hochseeflotte im Weltkrieg. Persönliche Erinnerungen. Berlin 1920
Schüssler, Wilhelm (Hrsg.): Weltmachtstreben und Flottenbau. Witten-Ruhr 1956
Tirpitz, Alfred von: Erinnerungen. Leipzig 1919
Troeltsch, Rudolf: Deutschlands Flotte im Entscheidungskampf. Berlin 1914

Sachregister

Namenregister